BELLA ITALIA

Du même auteur

Le Grand Large, Paris, Albin Michel, 2021.
Dictionnaire amoureux des saints, Paris, Plon, 2019.
Lettre à un jeune chrétien et à ceux qui ignorent qu'ils le sont, Paris, Tallandier, 2017.
En pleine lumière. Carnets spirituels, Paris, Albin Michel, 2016.
La Passion de Thérèse d'Avila, Paris, Albin Michel, 2015.
François, un pape parmi les hommes, Paris, Albin Michel, 2014.
Prenez-moi tout mais laissez-moi l'extase. Méditation sur la prière, Paris, Seuil, 2012.
Tolstoï. Le pas de l'ogre, Paris, Seuil, 2010.
Simone Weil, le courage de l'impossible, Paris, Seuil, 2009.
Jésus, Paris, Gallimard, 2008.
On ne fait que passer, Paris, NiL, 1999.

Christiane Rancé

BELLA ITALIA

Un itinéraire amoureux

TALLANDIER

48, rue du Faubourg-Montmartre – 75009 Paris
www.tallandier.com

Due mondi – e io vengo d'all'altro.
Cristina Campo.

Avant-propos

Chère Christiane,

D'abord tous mes vœux, pour votre vie, votre travail. Ils sont intéressés, car j'espère de vous cette année un nouveau livre, quelle que soit l'ampleur de votre travail en cours.

Un entretien sur Rome, et avec vous, je le voudrais bien. Mais mon programme de travail des mois à venir, bien trop chargé, m'interdit d'y penser avant l'automne. Sauf que vos questions, me venant comme le hasard de vos réflexions les déciderait, seraient à toute époque les bienvenues. Ce sont ces questions qui donneront du sens à cet entretien, qu'avec d'autres je ne voudrais pas, car je n'ai pas le sentiment d'avoir présentement beaucoup à dire sur Rome. Et il les faudrait donc aussi vôtres, aussi personnelles que possible.

Donnons-nous tous ces mois.

J'étais heureux de vous revoir l'autre jour, même dans ce lieu inusuellement trop bruyant.

Bien amicalement à vous,

Yves

Je n'ai jamais pu écrire ce livre d'entretiens sur Rome avec Yves Bonnefoy, comme nous en étions convenus dans un courriel le 1er janvier 2012. J'avais tant aimé son recueil *L'Arrière-pays*, qu'il inaugurait par cette phrase de Plotin, « personne n'y marcherait comme sur terre étrangère ». C'était cela même, pour moi, Rome ! Rome et l'Italie tout entière. Je le lui avais dit. Il avait souri avec ce sérieux dont il ne se départait jamais. Si j'ai abandonné les questions qu'alors j'avais notées dans l'idée de les lui adresser plus tard, parce que lui seul pouvait y répondre, j'ai gardé au cœur le projet de ce livre, sur cette ville et ce pays « où personne n'y marcherait comme sur terre étrangère ». Je l'ai écrit sans lui qui n'est plus là, mais dans la présence de son souvenir et de notre dialogue, avec l'impératif qu'il avait formulé dans sa lettre, que ce soit « aussi personnel que possible ».

Prologue

« Au pays qui te ressemble », chante Baudelaire. Et moi, à quel pays aimerais-je ressembler ? Nul besoin de réfléchir longtemps, ni même d'hésiter : l'Italie ! C'est sa beauté que j'envie, ses paysages que j'aimerais avoir pour portrait à défaut de miroir. À chacun des voyages qui me mènent vers elle, je la rêve contagieuse. Je la contemple, je l'aspire, je lui demande de pénétrer mon âme pour en capter la douceur, et cette fierté guerrière qui lui a donné ses plus beaux villages, ses tours de guet, ses saints et ses rebelles, le piquant de ses flèches et de ses campaniles, ses artistes et ses lumières. Si seulement elle laissait son empreinte sur tout mon être ! L'Italie est le seul pays où je n'ai jamais le sentiment d'aller, mais toujours d'arriver, avec le songe d'y vivre un jour et d'y finir ma vie, quand bien même je ne fais rien pour qu'il s'accomplisse. Longtemps, je me suis interrogée sur cette impression d'allégresse qui me submerge à l'idée d'y partir, et sur ce *dolce tormento* que chante Monteverdi et qui me pince le cœur lorsque je suis restée trop loin de ses rivages. Pourquoi cette joie, bien plus grande qu'à la perspective d'une autre destination ? Pourquoi, d'elle, ce qui est bien plus qu'un désir – un besoin ? C'est en revenant à Rome, après la pandémie, que j'ai compris quel charme elle opérait sur mon âme, sur nous tous. À peine la ville en approche, je me suis sentie consolée sans même avoir de chagrin. Tout m'est apparu léger, joyeux, festif. Timbré de clarté. Je respirais. Je venais de retrouver, en un instant, un goût que je pensais perdu – celui du bonheur de vivre. Il est donc là le secret de l'Italie – être le pays où l'on peut encore goûter à cette joie, et le seul pays à nous y faire croire. Là, même aux moments terribles, lorsqu'il y croit moins lui-même. Il nous fallait donc si peu, et tant à la fois : son luxe offert à foison : sa lumière, ses côtes, sa beauté, ses parfums, sa douceur, et ce je-ne-sais-quoi qui n'appartient qu'à elle, qu'à son peuple – sa foi contagieuse en l'éternité.

Deux ou trois autres choses me viennent à l'esprit lorsque je tente d'expliquer le pouvoir de l'Italie sur tout mon être : ce sentiment que nous avons tous d'y être à notre place, jamais étranger, enfin ajusté au lieu qui nous reçoit – chez soi. En amour. Cette sensation que dans ses paysages, ses ciels, ses mers, quelque chose de soi est toujours présent. Des colonnes et des temples d'autres siècles, « où le pampre à la rose s'allie » nous offrent un appui, l'instant d'un repos. Des cœurs d'autres temps nous accueillent. Peintres, poètes, musiciens. Plus qu'ailleurs, ils nous chuchotent, eux qui n'y sont plus : « C'est votre tour de vivre. »

En Italie – une terre bienheureuse où le chant s'accorde à la transparence –, nous voilà de nouveau cette personne singulière qui donne sa mesure aux paysages, aux villes et aux êtres. « Mettez un peu de vie dans votre art, et un peu d'art dans votre vie », conseillait Jouvet à ses élèves. L'Italie, à sa manière, nous redit cette leçon. Ce pays est l'expression la plus naturelle de l'âme au contact de tout ce qui la touche. Aucun autre ne nous donne cette impression d'une existence plénière – l'expérience réussie de la beauté, que notre destin nous invite à tenter. Il y a cette *dolce vita*, une douceur un peu désabusée au sens noble du terme – l'art de vivre d'un peuple qui a déjà traversé trois millénaires, et sait qu'à la fin, au terme des querelles et des révoltes qu'il est toujours prompt à inventer, cette terre des césars et des papes abolit toutes les frontières entre le profane et le sacré, le charnel et le spirituel, le passé et le présent, le sublime et le populaire. En Italie, Peppone est le complice de don Camillo. Il sait aussi, ce peuple - il a appris -, que les grandes vagues qu'il aura soulevées le laisseront épuisé sur la grève, sans autre recours que lui-même pour se relever hormis son courage, un peu de *furbizia* - de débrouillardise -, la *santa Madre*, la famille et l'amour de sa terre - ville, village, quartier, simple maison, aux lendemains desquels il croit. Ingénu dans sa cruauté, inspiré dans son énergie à vivre, sage et bouffon. Non pas « sympa », cette épithète dont nous affublons tout ce que nous avons aseptisé, mais follement sympathique. Et l'on se prend à rêver à ce que la France pourrait retrouver si elle se trempait aux sources de sa sœur latine. Si elle aimait à l'identique sa langue, ses ciels, ses patois, son histoire et ses mythologies comme l'Italien aime les siens. Et quelle énergie dans la douceur ! Quel art de la relativité, de la fatalité parfois, quel esprit de finesse ! Quelle subtile mélancolie aussi, qui n'altère pas l'éclat des délices qu'ont chantées tous les poètes. C'est qu'il y a toujours, derrière cette image de *dolce vita* à quoi nous sommes tant attachés, ce *dissidium* qu'avouait déjà Pétrarque, dont on perçoit le tourment dans la poésie de Michel-Ange et de Leopardi - le tiraillement entre les contraires, l'ascèse et la jouissance, la gloire et l'amour, l'action et le *farniente* -, jusqu'à l'instant où l'on comprend qu'il s'agit de cueillir le jour.

Dès que je l'ai pu, dès que je le peux, je cours vers l'Italie comme Juliette à son balcon et ce n'est pas une image de dire combien mon cœur y bat bien plus fort qu'ailleurs, et se rappelle qu'il existe. J'ai la joie, depuis des années, d'y aller souvent. Pour y faire mon éducation - mon Grand Tour, en quelque sorte. Au cours de ces voyages, je suis allée explorer ces lieux qui nous font rêver et leur histoire - les grands lacs, Venise, la baie de Naples, la Sicile. L'Ombrie secrète et ces coins de Toscane merveilleux et ignorés du touriste, telle la Lunigiana. La baie des poètes et ses fantômes. Impossible de les citer tous. J'ai par ailleurs rencontré des hommes politiques, des acteurs de cinéma et des écrivains, quelques-uns des nouveaux *condottieri* qui cultivent le génie italien – comme Agnelli, ou comme Alessi. J'ai rencontré aussi des papes, des cardinaux et de simples curés. J'ai poussé la porte des églises et des couvents, des musées. Suivi des processions. Interrogé ces enfants qui avaient vu la Vierge à Oliveto Citra. J'ai mis mes pas dans ceux de quelques saints, d'Assise à Rome, de Sienne au val d'Orcia. J'ai pris les voies anciennes et des chemins de traverse – et des bateaux aussi –, les ferries pour les îles, et des gondoles à Venise. J'ai admiré les décors des palais et leur envers : la pauvreté, la lèpre de la Mafia – et mon cœur se serre toujours au souvenir du père Puglisi qui m'avait raconté, à Palerme, son engagement contre la Cosa Nostra ; le père Puglisi que la Mafia assassinerait quelques mois plus tard. J'ai couvert les initiatives les plus folles de quelques Italiens – les faussaires de timbres à Naples pour dénoncer les errements du pays ou la vente des îles de la lagune à Venise, ou, à Venise encore, la tentative française d'y restaurer Napoléon. C'est toute cette Italie que j'ai voulu raconter. Mon Italie, ou la vôtre. Cette Italie où tout encore reste à vivre, et par-dessus tout le bonheur si fugace de ce monde.

Vers le Sud

En vérité et en esprit, tout a commencé à Toulouse. La Ville rose, la si bien nommée, m'a donné un avant-goût de vie à l'italienne lorsque j'y étais étudiante – une manière de *dolce vita.* Et je serais bien ingrate si je ne lui rendais pas hommage. C'est à Toulouse que j'ai appris le premier geste de tout Italien quand il se lève : regarder le ciel. À juste titre, *O sole mio !*, le soleil y règne en maître et l'azur est le mieux fréquenté de France : merles dès mars et hirondelles en mai, cloches à vêpres et aux soirs, ces mêmes lumières d'or qui baignent les automnes de Toscane. D'ailleurs, l'azur y a la même transparence, et pour ne jamais le perdre de vue, tout bon Toulousain peaufine son choix de terrasses. Celles du bistrot à matines, du petit noir de dix heures ou du café-addition de midi. Places Saint-Georges, Rouaix ou du Capitole, Sainte-Scarbe ou Esquirol, les tables de plain-pied et plein air grignotent le trottoir pour suivre le soleil. À vif l'hiver, à l'ombre l'été. Et si l'œil décroche de l'éther, c'est pour mieux sourire à celui du passant. Toulouse a une façon toute italienne de concilier ses guelfes et ses gibelins. Jugez-en : on se réclame héritiers des cathares en omettant qu'on fut sacrée ville sainte au XVIIe siècle. On se vante républicain en oubliant que les bourgeois, s'ils prirent le pouvoir au XIIIe siècle, prêtèrent immédiatement allégeance à leur comte déchu. On y encouragea la prolifération des congrégations religieuses mais on devint, au XIXe siècle, le cœur du radical-socialisme, Jean Jaurès en tête, et bien décidé à bouffer du curé. Ici, vieux ou jeune, ouvrier ou bourgeois, hobereau de vieille souche ou parachuté de la dernière pluie, tous s'accordent pour défendre la ville. Qu'il est bon de flâner, dès la porte du bureau fermée, dans les petites rues du centre, entre Saint-Étienne et Saint-Sernin, se glisser dans l'inépuisable ravissement que dispense, cloître des Augustins, la Vierge de Notre-Dame de Grasse et, en l'église des Jacobins, la merveille architecturale du palmier de pierre. Et les cours des hôtels Renaissance avec leurs briques où le rose s'orange, élégants comme un rêve d'Italie, où l'on retrouve un peu de Venise et un peu de Sienne, frisés de balcons et de tours capitulaires ? Et les promenades au Bazacle, sur les berges autrefois boudées de cette fantasque Garonne et qui ressemblent, comme deux gouttes d'eau, à celles du Tibre quand il se prélasse à Rome ou de l'Arno à Pise ? Et les glissades à bicyclette, sur les chemins de halage du canal de Midi, dans l'ombre généreuse des platanes, pareils à ceux du *lungotevere* ?

De l'Italie, le Toulousain a développé la même indépendance d'esprit qui lui fait voir Rome – pardon, Paris ! – mieux que de haut – de loin. Que pourrait-on lui opposer, de la capitale, qui lui fasse envie ? Le climat ? Pas de couillonnade, je vous prie. La jeunesse ? Elle y est nombreuse à pratiquer le mot d'ordre d'outre-Alpes : « *Mangia bene, ridi spesso, ama molto.* » Comme l'Italien encore, le Toulousain a le sens de l'hospitalité et sait accueillir. D'ailleurs, la Ville rose a toujours été ville refuge. Elle a absorbé les vagues de républicains de la guerre d'Espagne, mais, bien avant eux, bien avant les Pieds-noirs à leur retour d'Algérie, la vague des émigrés italiens, qui ont fui la misère des lendemains de la Grande Guerre, puis la montée du fascisme et l'ère de Mussolini. Leurs enfants sont quelque cinq cent cinquante mille aujourd'hui dans la ville, sans compter ceux des campagnes environnantes. C'est d'ailleurs à Toulouse que Silvio Trentin et Giuseppe Saragat

– futur président de la République italienne – ont posé leurs valises et fondé la cellule antifasciste la plus importante de France, pendant la Seconde Guerre mondiale, et le mouvement de résistance Libérer et Fédérer. Toulouse ne fut jamais assez riche – hors la parenthèse du Pastel qui fit sa gloire et sa beauté au XVIe siècle – pour fonder ses valeurs sur l'argent. Mais discret dans son excellence ? Non, trois fois non. Qu'on « s'avise » de contester qu'il n'y a pas mieux en France, et le Toulousain vous fera miroiter son anneau magique : la musique et… le *bel canto*. Elle est ici un don de Dieu. N'était-ce pas le prénom du compositeur de la région, Déodat de Séverac ? La ville et sa campagne ne possèdent-elles pas le plus beau patrimoine d'orgues de France ? Et la chapelle Saint-Antonin, au cloître des Jacobins, ne recèle-t-elle pas la plus importante iconographie musicale du XVe siècle avec ses fresques d'anges musiciens qui, le soir, dit-on, quand tous dorment, quand s'exhale le parfum des buis et des cyprès, susurrent quelques airs de Pergolèse et de Monteverdi ? Enfin, il y a la Toulousaine ! Elle est une Carmen fille de la Joconde. À la fois Naples et Florence. Italienne dans l'élégance, espagnole dans l'arrogance, la Toulousaine n'a jamais renoncé à sa féminité. Chacune se sait héritière de Paule de Viguier, *alias* la Belle Paule, si éblouissante qu'un édit de 1540 signé des capitouls l'obligeait à apparaître deux fois par semaine sur son balcon, devant la foule en extase. Ce n'est d'ailleurs pas un hasard si dans la Ville rose s'est tenue la plus jolie cour d'amour courtois. À l'époque des Jeux floraux, on y rimait en latin ou en oc – la langue de Dante – pour enlever le cœur de ces dames, quand les rois de France signaient toujours leurs édits d'une croix maladroite et pas même occitane. Comme en Italie, ce sens du panache s'arbore dans l'architecture. De Rome, la Ville rose a pris le Capitole, et de Venise, les terrasses sur les toits, d'où l'on admire les quelque cinquante tours capitulaires qui, tels des périscopes joyeux, se dressent encore au-dessus des cheminées. Rarement visibles de la rue, elles jettent à la tête du ciel leurs clochetons de brique et leurs terrasses rondes, balcons uniques sur les cavalcades de tuiles, les campaniles et les clochers. Dès la fin du Moyen Âge, les tours rivalisent d'élégance dans l'azur et se poussent du col. On pare les façades des merveilleux hôtels Renaissance que les marchands de drap et de pastel ont admirés à Rome ou à Florence. On ferronne aux balcons, on « vérone » dans les cours intimes des hôtels particuliers, pavées de galets ronds, jamais vraiment fermées, il suffit de pousser la porte et la magie est là, dans un temps suspendu aux glycines et aux merveilles romanes de son art religieux. On éprouve un vertige – ces encorbellements, les douces volées de pierre de ces escaliers, ces voûtes romanes et ces arcades de brique –, sommes-nous à Sienne ou à Padoue ? Entrez, jetez un coup d'œil, rien n'est à cacher, bien au contraire, ici, depuis des siècles, on est fier d'être beau, les secrets sont pour les cœurs. Toulouse n'est ni belle ni guindée, elle est mieux que cela : jolie et même ravissante, et timide dans son parfum de violette, qui est celui des printemps d'Italie.

Sur un air d'Italie

Quand on arrive en Italie pour la première fois, on s'étonne de ne pas constater la déconfiture clamée par la légende, les descriptions alarmistes des banqueroutes de l'État, le délabrement général annoncé par les experts en faillite. C'est que la meilleure spécialité italienne n'est ni la *pizza* ni la *pasta*, mais le miracle. Et il est vrai qu'on se demande souvent « comment font-ils ? » pour garder *bella figura*. Miné par les crises gouvernementales – soixante et onze gouvernements se sont succédé depuis 1947 –, le pays est néanmoins toujours debout. Rongé par le chômage et l'archaïsme de ses institutions, il reste compétitif. On le laisse, telle Assise, dévasté par quelque séisme politique ou économique ; on le retrouve, une poignée de mois plus tard, reconstruit, reconstitué. Ainsi il y a plus de vingt ans, pour l'entrée dans la zone euro, dont les spécialistes s'accordaient à claironner que l'Italie n'y parviendrait pas. Mais comment aurait-elle manqué le train de l'euro, cette Italie qui fut un des membres fondateurs de la Communauté ; qui reste sans aucun doute le pays des Quinze d'alors où l'Europe est la mieux incarnée ? À l'encontre de tous les pronostics et dans un sursaut qualifié, comme toujours, de miraculeux, l'Italie est parvenue à répondre aux attentes. De la même façon, quand il s'est agi du Jubilé de l'an 2000, Quirinal et Vatican ont passé contrat ; les syndicats ont signé une trêve de Noël étendue à l'année. Plus extravagant encore pour un Français : le gouvernement, alors sous l'égide d'un président communiste, a alloué de nouveaux fonds pour restaurer le patrimoine et moderniser les structures d'accueil de ce qui fut la plus grande fête catholique de tous les temps. Encore un miracle au lieu de l'enfer annoncé. À qui, à quoi attribuer cette faculté d'échapper *in extremis* aux prédictions désastreuses ? À la population tout entière, avec son franc-parler et sa débrouillardise de prestidigitateur, son inventivité et, quoique *farniente* soit un mot italien, son travail. « Tout Italien qui se lève le matin se demande s'il sera assuré de toucher son salaire du jour, et comment le trouver », m'a déclaré un jour Davide, mon cousin par alliance, romain de vieille souche. C'est qu'il n'existe pas vraiment d'État italien. L'Italie comme nation unie dotée d'un pouvoir centralisé est restée au stade d'ectoplasme, quand bien même, de Dante à Sciascia, de Machiavel à Cavour, les esprits les plus visionnaires du pays en ont rêvé. Ce n'est donc pas au politique que l'on doit les miracles. D'ailleurs, les deux partis clé de voûte de l'édifice, Parti communiste et démocratie chrétienne, se sont écroulés. L'un victime de la chute du Mur ; l'autre de l'opération *Mani Pulite*.

Pour autant l'Italie existe bien, et fortement : dans une culture, un patrimoine, un esprit, voire un état d'esprit. Elle s'exprime dans des circuits parallèles à l'État. On l'applaudit dans ses réussites : ces fameux districts industriels du Nord, auto-inventés, composés d'une myriade de petites entreprises ultra-spécialisées, édifiée en réseaux et qui ont pris des secteurs de pointe : armement, lunetterie, acier, composants automobiles ou céramiques… Les trésors de la terre et de l'épuisant labeur qu'elle exige au Sud… On loue, chez l'Italien, cette formidable capacité à s'adapter à toutes les situations, à trouver chaussure à sa botte. À ne croire qu'en lui, en son effort – il a, pour les hommes politiques, la plus grande défiance, et ne leur accorde plus un euro de crédit. Il se méfie aussi de tout centralisme ; le sentiment de terroir reste d'autant plus fort que l'État est faible et s'est toujours peu préoccupé de son sort. L'absence de politique familiale a renforcé cette solidarité particulière qui préserve les familles, si ce n'est de la pauvreté, du moins de la misère. Dès lors, comme secours, chacun compte sur les siens, son réseau d'amis et d'obligés, dont il se sent le « proche » ; et garde sa méfiance pour la ville ou la région voisines, surtout pour le Nord quand on est du Sud, et pour le Sud quand on est du Nord. (La frontière est très haute, de La Spezia à Rimini.) À Milan, dans un embouteillage, le Napolitain s'entendra traiter de *Terrone*, bouseux du Sud. Dans le Sud, celui du Nord, de *Polentoni fascisti*, bouffeur de polenta fasciste. D'ailleurs, chaque région tient à son phrasé, à ses expressions, voire à son dialecte – avez-vous déjà écouté deux Vénitiens s'entretenir ? Voire à ses rivalités : « Ah ! me dit une amie toscane, l'accent de Livourne, il n'y a rien de plus vulgaire en Italie ! » Comment s'en étonner d'une langue aussi musicale, et d'un pays dont la musique a propagé tant d'expressions pour dire toutes ses subtilités – *allegro ma non troppo*, *prestissimo*, *pianissimo*, *adagio*, *furioso*, *andante*, *andantino* ?

La forte référence au catholicisme, fût-ce en réaction à la toute-présence de l'Église, fût-ce encore assortie de la superstition la plus convaincue, est un élément de l'identité italienne. C'est l'Église qu'évoquèrent en dernier recours les plus ardents résistants à la loi de la sénatrice Lina Merlin – la Marthe Richard de la Botte – pour que l'Italie ne « tolère » plus. Pourquoi, soulignaient-ils, cette intolérance de l'État, dans un pays où le divorce était encore interdit, la contraception inspectée alors que le Vatican s'abstenait de lancer ses foudres contre les « maisons » ? Mais l'Église n'est-elle pas consubstantielle à la Péninsule ? N'est-ce pas grâce au Vatican, si l'Italie est restée le centre du monde pour des millions d'hommes et de femmes, alors même que le marasme de l'économie engloutissait le pays ? N'est-ce pas la santa

Madonna qui protège toujours (quoique fortement concurrencée dans le Sud par le Padre Pio) et qu'on retrouve, dans ses châsses aux coins des rues, au-dessus des portes des maisons et des immeubles, dans les *trattorie* et la chambre des enfants, pendue aux rétroviseurs des automobiles et bordée de buissons de cierges dans la moindre église du moindre village ? Vierge au Ciel, et *mamma* au foyer, le miracle est italien, et la femme, celle qui l'organise. Le miracle italien, ce sont aussi la force et le courage de ceux qui se sont attaqués, et continuent à le faire, aux toutes-puissantes mafias qui rongent le pays, et là encore, à chacune sa terre : la Camorra napolitaine, la sicilienne Cosa Nostra, la Sacra Corona Unita des Pouilles et, peut-être la plus puissante aujourd'hui, la plus invisible, la 'Ndrangheta de Calabre. Enfin, il y a cette *italianità*, dont la composante, la quintessence même est la langue italienne. « Âme de la nation », « symbole spirituel d'un peuple », « mémoire de la patrie » ont proclamé les poètes et les écrivains de la Péninsule. Le terme chante la nature et la qualité de ce qui fait le pays, et la manière d'être des individus qui le composent, voire d'une région tout entière, mais il dit surtout l'attachement à la langue. On ne s'en étonne pas, au regard du nombre d'Italiens qui quittent leur pays dès la fin du XIXe siècle et jusqu'à la Seconde Guerre mondiale. Quelque trente millions, qui partent avec leur langue pour unique viatique, et qui pour bagages n'ont que les mots qui les lient depuis leur enfance. L'italien leur permet de se retrouver – eux-mêmes et entre eux – et, quoique immigrés, de ne jamais se sentir apatrides. Qu'un d'entre eux parle, sur l'autre côte atlantique, et le cœur de leurs compatriotes cède au charme des mots, aux flots musicaux de la langue, et vogue vers les plages de la mer Tyrrhénienne ou de l'Adriatique. L'âme exilée s'épanouit alors, comme le chante Carducci, « dans une tiédeur de soleil couchant qui sourit aux solitudes bleues ».

Lorsqu'il pense à eux, à ces « pays » embarqués pour le Nouveau Monde ou tout simplement pour la Tunisie ou pour la France, un haut fonctionnaire des Affaires étrangères, Angelo Scalabrini, dit, au début du siècle dernier, que la langue reste la chaîne spirituelle qui les unit. Il leur rappelle que « bien des peuples ont conservé à travers les siècles de servitude leur personnalité, transformant leur langue en symbole du passé, en foi dans le présent et en espérance dans l'avenir ». Le poète Giosuè Carducci, premier Nobel italien de littérature et fondateur de la Società Dante Alighieri chargée de promouvoir la culture et la langue italienne, a prononcé les mots les plus enthousiastes sur elle, lors d'un discours exprimé en 1890 : « Nous n'en voulons pas tirer vanité, mais rappelons-nous que les marchands florentins répandirent la langue italienne dans l'Europe entière, rappelons-nous que l'activité des grands navigateurs génois, pisans, vénitiens, italianisa, avec l'expansion du commerce, toutes les côtes du Levant. » Les émigrés ne l'ont pas oublié. Aujourd'hui encore, à Buenos Aires ou à New York c'est en italien qu'on parle dans les familles venues, il y a parfois un siècle, faire fortune. Celles-là ont emporté cette *italianità* jusque dans leurs traditions culinaires : comme au pays lointain, les Argentins qui parlent espagnol continuent de cuisiner tous les 28 du mois des *gnocchi* pour se porter chance, et, tous les 1er janvier, des lentilles pour s'assurer une année prospère. Cette langue a son génie tutélaire, Dante Alighieri à qui tout Italien voue un culte. Déjà, l'auteur de la *Divine comédie* caressait le rêve d'une Italie unie. Dans le chant XI de l'*Enfer*, ne dit-il pas : « Oui, comme à Arles où paresse le Rhône / Oui comme à Pula, près du Caranaro / Que l'Italie ferme et baigne ses frontières » ? C'est par la langue, tout en la façonnant, qu'il a façonné la patrie italienne, à qui il a donné vie et ses plus belles lettres. C'est en poète qu'il a accompli sa vision. Car cette langue chantante, qui nous émeut et nous ravit, que notre oreille attend dès la frontière passée, s'exalte en poésie. Je me souviens du ravissement de mon enfance, lorsque mon grand-père maternel nous récitait, en italien, des vers d'Ungaretti qu'il savait par cœur. Leur sens m'échappait mais parfois, une consonance particulière, un *andante* de sa voix détachait un mot de la musique d'ensemble, et je tentais de le saisir par le bout de l'aile. C'est la même oreille que je tends sur les marchés italiens, dans les rues, les *trattorie*, aussitôt arrivée, pour m'abandonner à ma joie d'être là-bas. S'étonnerait-on, dès lors, que les plus grands écrivains de la Péninsule soient presque tous poètes ? Comme au temps de Dante, Pétrarque et Boccace, et encore Guido Cavalcanti, Cino da Pistoia et Guittone d'Arezzo, qui inventèrent le *dolce stil novo*, et que Giorgio Vasari peignit tous ensemble. Deux siècles plus tard, des poètes encore : le Tasse, l'Arioste. Deux cents ans encore et voilà Manzoni et Leopardi. Et encore Ungaretti, Montale, Luzi et tant d'autres. Peut-être l'adversité a-t-elle joué un rôle dans cet attachement puissant des Italiens à leur langue. Tour à tour et en partie occupé par l'Espagne – le Royaume de Naples et des Deux-Siciles –, par la France, par l'Empire austro-hongrois, le peuple a défendu son idiome comme une cuirasse impénétrable. En visite à Lucca, je me suis étonnée de la considération que les Lucquois gardaient pour Élisa Bonaparte que son frère, alors empereur, nomma princesse de Piombino et de Lucques, puis grande-duchesse de Toscane. C'est que cette jeune femme avait été atteinte d'*italianità*. Contaminée par la beauté du pays, prise d'affection pour son peuple, elle l'avait défendu bec et ongles auprès de Napoléon. Un décret impérial exigeait qu'on rédige désormais les actes et les décrets en français, pour que la langue de Molière s'impose comme la seule officielle en Toscane, comme dans toute l'Italie ? Élisa avait défendu les Toscans ; elle avait adressé une supplique à son frère. Napoléon s'était laissé attendrir. Il avait accordé un privilège spécial – qu'aucune autre de ses possessions italiennes n'obtiendra, pas même Parme –, celui de parler italien. Il avait fait plus encore. À la demande d'Élisa, il avait accepté qu'un prix, doté de 10 000 francs, et décerné par la vénérable et réputée académie florentine de la Crusca, récompense l'ouvrage qui contribuerait à préserver la pureté de la langue italienne. Florence – « l'Athènes d'Italie » – avait pavoisé. La patrie était sauvée, puisque sa langue l'était, et qu'en Toscane, comme dans toute l'Italie, la patrie est avant tout, et avec quel éclat !, celle de la langue.

Gênes

Par la route, on l'approche dans une partie de cache-cache. On croit la voir. Un nouveau tunnel la dérobe à la vue. On l'aperçoit, une montagne, un piton rocheux encore l'occultent. Et enfin, la voilà. Gênes. Vue des hauteurs et d'encore loin, la baie est belle. La mer de Ligurie tremble d'un bleu sombre et laiteux. Il faut toute la légèreté de l'air que balaie une brise du nord, fraîche comme le chant du merle, et cette lumière si particulière à l'Italie, cette lumière amoureuse qui baigne les Apennins pour atténuer la déception de l'arrivée. Des faubourgs interminables et chaotiques s'entassent sur la raideur des versants. Les lacets d'asphalte d'une autoroute largement ramifiée corsètent la ville. Tout d'une mégapole moderne. Hélas, le centre-ville n'est pas épargné. Un viaduc autoroutier – *la sopraelevata* – surplombe la via Aurelia et balafre l'entier front de mer. Et quoique l'amour m'aveugle souvent – ce désir obstiné de trouver que tout est miraculeusement beau –, cette première vision m'a longtemps détournée de la ville. Pressée de retrouver l'Italie dans ses langueurs, impatiente aussi de Milan et de Léonard de Vinci, de Vérone et des lacs, j'ai trop souvent passé mon chemin. Jusqu'au jour où je suis arrivée par le large, au couchant, l'astre en poupe qui jetait sur la mer un drap de lumière. Alors toute la ville m'est apparue comme un amphithéâtre magistral, éclairé de plein fouet, éclaboussé d'or, avec ses gradins de maisons hautes jusqu'au vertige, perforées de fenêtres sans balcons, et qui dégringolent vers la grève si abruptement qu'on les dirait poussées par des monts impatients de plonger dans la mer. C'est bien porté par la vague qu'il faut arriver à Gênes, pour avoir un avant-goût des surprises que réserve la ville, et retrouver l'émotion des navigateurs quand ils pénétraient ce port niché au creux de l'aisselle italienne, entouré de deux longs môles refermés sur la baie comme les pinces d'un crabe. « Tu verras une cité royale, adossée à une colline alpestre, superbe par ses hommes et par ses murs, dont le seul aspect indique qu'elle est la maîtresse de la mer », les avait avertis Pétrarque. L'aubaine est d'y arriver sur un bateau léger pour piquer sur le Porto Antico et sa marina. Le bassin console des verrues que l'urbanisme routier a infligées à la cité. À quai, des voiliers de plaisance, un vieux sous-marin de l'armée italienne mais aussi quelques beaux *leudi*, grosses barques bien ventrues, à voile latine, toutes pontées de bois. Jusqu'au siècle dernier, ils alimentaient Gênes en vin, en huile, en sable, en pierres. Ces embarcations étaient conçues pour être traînées sur les grèves rares et étroites, saignées dans les hautes falaises de la côte. Par des sentiers souvent vertigineux – en Ligurie, les distances sont verticales –, les paysans descendaient charger ce qu'ils cultivaient ou exploitaient – le chanvre pour les cordages de la marine, ou les matériaux arrachés aux montagnes pour construire plus de palais encore et paver les rues. Qui veut mesurer la rudesse du labeur, le sang et la sueur versés et les dangers de ces chargements, ira emprunter, depuis le village de Cogorno, à une trentaine de kilomètres à vol d'oiseau, le raide sentier des porteurs d'ardoise jusqu'à la mer… Les quais du vieux port s'enorgueillissent aussi du galion que Polanski fit construire, à l'identique, pour son film *Pirates*. Quoiqu'outrageusement hollywoodienne, sa présence paraphe la vocation de la ville qu'elle n'a jamais démentie dans toute son histoire – la mer, le commerce, la conquête de comptoirs, la richesse. Gênes est une thalassocratie et le sens de l'aventure coule dans le sang de ses habitants. On raconte encore aujourd'hui, comme une page d'histoire, la légende de Corsa, la téméraire petite bergère partie, sur le dos de son plus beau taureau, découvrir la Corse et ses pâturages vierges et enchantés. Corsa a donné à l'île de Beauté son nom, comme Christophe, le fils prodigieux de la ville, a donné le sien à la Colombie.

Le sens de l'aventure ? Il a ses sources géographiques. Peu de place dans ces stériles montagnes de Ligurie dessinées par un sismographe énervé, peu d'herbe verte. Dès le XIe siècle, les jeunes hommes se jettent à l'eau. Les croisades leur fournissent de bons prétextes aux départs. Ces marchands aventuriers cultivent leur sens des affaires dans tous les ports que leurs bateaux touchent. Ils y ouvrent des comptoirs, achètent et vendent, parlementent, reviennent au pays. Ce n'est pas la conquête territoriale qui les intéresse, mais le négoce. Et voilà Gênes devenue le quai d'un flux et d'un reflux incessant d'hommes et de marchandises, draps, laine, armes, bois et fer vers l'Orient qui renvoie les galères chargées des précieuses épices et de la soie. Tout ce que produisent Constantinople, les rives de la mer Noire, l'Orient ou la Sicile se déverse sur les quais ; et leur or, chez les banquiers qui deviendront ceux de la Couronne d'Espagne. Tout ce qui afflue des marchés de Champagne embarque sur ses galères. « Gênes l'orgueilleuse » l'appelle Dante, en écho au nom de *Superba reppublica* dont les Génois avaient affublé leur ville, rivale de Venise. Gênes « la Dominante des mers ». Aujourd'hui, dans ce porto Antico bien propret, que n'a pas épargné la mise à la page pour le touriste international, on aimerait retrouver, par un saut de truite hors du temps, quelque chose des bruits, des cris, des couleurs des débarquements, de l'appel des cloches portuaires et des sirènes, de la beauté des mâts, des voiles et des cordages, des trois-mâts et des bricks et de toutes ces denrées et ces marées humaines qui ont foulé, avant nous, ces pontons, ces *vicoli*, ces magasins. Ce mouvement énorme dont se sont émerveillés les visiteurs des siècles passés… C'est de l'autre côté de la baie que s'opèrent désormais ces migrations – au terminal des conteneurs et à celui des ferries. Dix, vingt départs par jour, selon les saisons ! Mais n'est-ce pas le berceau de la compagnie Costa, transporteuse d'huile d'olive au XIXe siècle, puis des émigrés vers l'Amérique et l'Australie et, aujourd'hui, des croisiéristes ? L'été, tous les accès du port s'embouteillent de voitures chargées jusqu'au toit, en partance pour Tunis, Tanger, Palerme ou Bastia… À la taille des paquebots, on mesure combien l'échelle du monde a changé.

Si tous les grands ports de la terre se ressemblent, Gênes ne ressemble à aucune autre ville. Ni d'Italie, ni d'ailleurs. On s'en aperçoit dès que passé le rempart des immeubles du front de mer. À peine un pied dans le centre historique, on touche du bout des doigts ce qui a saisi l'œil depuis le bateau : la densité et la surélévation des immeubles, entassés dans un labyrinthe de venelles, de passages, d'impasses et de volées d'escaliers où ne passe que le piéton – certains de ces *caruggi* débouchent sur des places grandes comme des mouchoirs de poche dont quelques-unes abritent des églises de poupée. Ainsi, la San Luca, chapelle de la puissante famille Spinola, qui avait son palais tout proche. Ou la piazza Lavagna. Même les « avenues » du quartier historique, ces fameuses *strade nuove*, ouvertes du XVIe au XVIIIe siècle par les riches familles dans le lacis médiéval pour y construire leurs palais, dont la via Garibaldi et la via Balbi, restent étroites. Toutes les autres artères sont de fines veinules que le soleil pénètre peu. « Une confusion de ruelles », écrit Nietzsche. À certains endroits, les bras écartés, on touche les façades. C'est que la baie de Gênes est avare en surfaces. Tant de richesses accumulées, et si peu d'espace pour bâtir les palais ! Dès lors, ce qu'ils n'ont pas pu prendre au sol, les Génois l'ont volé à l'azur. Jusqu'aux jardins des palais, suspendus, en terrasse. Ce qu'ils n'ont pu étaler en bord de mer, ils l'ont conquis sur la montagne.

Gênes est une ville d'acrobaties, souligne Fernand Braudel. Acrobaties des voiries et des architectures. Vaines acrobaties de l'œil pour saisir quelque chose des façades, admirer les châsses de saints et leurs statues nichées au-dessus des fenêtres ou aux angles des rues et qui, éclairées la nuit, font office de réverbères – Gênes désespère les photographes. On peut emprunter le funiculaire Zecca et ses wagonnets rouges pour se hausser sur les terrasses du mont Righi, survolant alors un fouillis de jardins et de citronniers, rien n'y fait. Le regard ne pénètre pas les intailles. Il ricoche sur les toits d'ardoise, se blesse en découvrant le cube de béton qui tient lieu d'opéra de la ville, signé Aldo Rossi. Se désespère de trouver une cohérence au désordre de la ville, et se console avec le panorama sur le port. Acrobaties pour le piéton encore. À mon tour, je me surprends le souffle court, ou à tenter de le reprendre dans l'ascension des raidillons qui mènent au Castelletto, le Montmartre (sans les touristes) génois – et j'ai regretté, le premier jour, d'avoir oublié l'adresse de l'ascenseur Sant'Anna (piazza del Portello, à l'entrée d'un tunnel routier) qui m'aurait propulsée sans souffrance sur ses hauteurs, et sur le délicieux belvédère Luigi Montaldo, ombré de pins parasols. Les vaillants qui craindraient de perdre la face en l'empruntant trouveront un excellent alibi : l'ascenseur a gardé son style, ses décorations et ses vitraux Liberty d'origine. Quant à ceux qui ne le trouveraient pas, qu'ils se félicitent de la gymnastique. Gênes compte quelque trois cents centenaires ! Ils se perdront peut-être, dans ce dédale, noyé d'ombres, souvent désert, où se glissent des courants d'air très anciens. J'y ai frémi un jour, non de la peur d'une agression, mais surprise par une invisible présence. Tout à fait ce que décrit le poète Mario Luzi : « C'est une figurante errante, sans répit... / elle est nôtre, je la croyais une chimère / si quelqu'une par miracle apparaissait / sous des pentes arides, inconsolée, / dans des rues sombres où rien ne vit plus, rien sinon l'espoir du tonnerre. » Acrobaties pour survivre – tout, à Gênes, lui est venu de la mer, les vivres et les ennemis. C'est ainsi que le destin de la ville a collaboré avec sa géographie. « Monstre d'intelligence, de dureté à l'occasion, Gênes n'est-elle pas condamnée à s'approprier le monde, ou à ne pas être ? » constate encore Fernand Braudel. Elle le fit d'ailleurs, triomphant des républiques maritimes rivales – Pise, Amalfi et Venise – avec une obstination et une avarice légendaires. En témoigne le luxe opulent de ses palais, du moins les visitables, les fameux *rolli* des via Garibaldi et Balbi, offerts à l'admiration éperdue des étrangers en visite, mais que leurs propriétaires n'habitent pas. « Ils vivent à côté, dans des galetas. Ils ne paraissent que les gardiens de leurs palais », s'étonne Charles de Brosse. « Je sors des palais Brignolet, Sera et Kiagera. Je suis ébloui, étourdi, ravi : je ne sais ce que je suis. Mes yeux sont remplis d'or, de marbre, de cristal, de porphyre, de basalte, d'albâtre en colonnes, en pilastres, en chapiteaux, en ornements de toutes les espèces, de toutes les formes, de tous les genres, ionique, dorique, corinthien. Mille tableaux sont épars en lambeaux dans mon imagination ! » s'exclame Charles Dupaty qui, à bout d'éblouissements et d'images pour les traduire, résume : « Le mot qui convient ici, c'est la magnificence. » Jusqu'à l'hôpital, tout en marbres et en couleurs, somptueusement entretenu par les riches bienfaiteurs. « On y guérit », s'étonne ce même voyageur en 1785. C'est dire...

À mon tour, je me suis étourdie des successions de cours d'honneur, de galeries à colonnades, des envolées d'escaliers de marbres précieux, de loggias que j'ai pu visiter, ou que j'ai pu, par chance m'a-t-on dit plus tard, entrapercevoir par l'entrebâillement providentiel d'une porte. Ébloui aussi, Rubens qui les croqua tous, puis publia ses dessins pour inspirer, dans leurs ambitions architecturales, les nobles d'Anvers. Pas de frustration si l'on n'entre pas dans les autres des quarante-deux Palazzi dei Rolli, épiphanies éclatantes et baroques du siècle d'or de la cité, édifiés pour héberger les hôtes de la ville, artistes, cardinaux, princes ou ambassadeurs. Trois d'entre eux, musées aujourd'hui, les palais Bianco, Rossi et le palais Doria et ses étonnantes décorations de Perin del Vaga, se visitent sans les complications et les horaires fantaisistes qui, souvent, codifient les ouvertures au public. À eux seuls, ces trois-là illustrent la débauche de luxe de l'ensemble – soieries rouges aux murs, tentures de brocart, fauteuils de velours, miroirs aux volutes baroques, fresques et trompe-l'œil, lustres et statues, marqueteries de marbres précieux au sol, que font vibrer les débordements de couleurs et de chairs des Rubens, Van Dick et Véronèse qui tapissent les murs. Une débauche d'or, de faste et de matières. Et les escaliers ! Leurs vertigineux colimaçons, déroulés sur huit, dix étages ! On raconte à Gênes que celui de l'hôtel Bristol Palace, sur la grande avenue du XX Settembre, a inspiré à Alfred Hitchcock le thème de *Vertigo*.

Il y a ce qui fait la beauté de la ville. Il y a par ailleurs ce qui lui donne son cachet irrésistible : le centre historique – qu'il soit le siège des boutiques de luxe comme les arcades de la via del XX Settembre, le quartier médiéval ou le Castelletto – n'a pas encore subi la vitrification infligée par le tourisme international à la plupart des capitales et des villes italiennes. On trouve, qui jouxtent de délicieuses églises et des palais rutilants, des façades lépreuses et des fresques défraîchies – telle l'étrange piazza delle Cinque Lampadi. Certes, Gênes n'est pas une destination aussi prisée que Rome, Naples, Venise ou Florence. Ce n'est pas l'unique raison. Le port, la pêche, les chantiers et ce qui reste des industries ont maintenu la présence d'un « peuple » génois, que sert une kyrielle de petits commerçants, d'ouvriers et d'artisans. Il continue de fréquenter les quartiers historiques, d'y vivre, et dès qu'il le peut, dans la rue, à la manière italienne. Les marchés abondent d'étals de fruits, de légumes, de viandes et de fromages. Des épices, des nourritures fumantes, du poulpe en mille recettes, des producteurs de pesto frais (la spécialité ligure), des *focaccerie* alternent avec les quincailleries et les échoppes de barbiers, d'où s'échappe leur parfum de savon frais qu'avait la peau des hommes autrefois. Il faut aller admirer l'Antica Barberia Giacalone, Vico Caprettari, et son décor Art déco, vitraux aux portes et miroirs biseautés… Et puis, comme hier à Paris, les immeubles ont conservé leur feuilleté social. Les pauvres dans les rez-de-chaussée sombres. Les nantis aux derniers étages, aménagés en terrasses. Et tout ce monde se retrouve dans les rues, à pied bien sûr, au milieu de toute la faune qu'attirent les grands ports du monde entier, puis se pose le samedi à l'heure de l'apéritif pour croquer les fèves crues et la *farinata* – fines galettes de pois chiche et d'huile d'olive – sur les *piazzete*, seules à recevoir quelques taches de soleil sur leurs larges pavés noirs. Une ville « pleine d'énergie vitale et de puissance créative », remarquait déjà Nietzsche. « L'action rayonne en tous sens et la robuste vie l'emporte », s'enthousiasme encore André Suarès qui se grise : « Ah ! Ardeur active et magnificence, sur ce croissant de terre dorée, la vie se prodigue. » Le *condottiere* s'étourdit de la sensualité des femmes, de leurs odeurs, du frôlement des corps dans les ruelles ombreuses.

C'est pour tous, de siècle en siècle et aujourd'hui encore, la même impression d'une vie organique « tant il y a de vie et de force dans ces entrailles de marbre » ! (Montesquieu.) On se laisse porter par ce mouvement permanent dans le bas de la ville, à proximité d'un port partout caché à la vue. Il y a aussi, comme à Venise, la configuration de Gênes qui interdit la voiture. Le pas du piéton y est vif comme les automnes gonflés d'orages terribles – Paul Valery restera marqué à jamais par sa « nuit de Gênes » –, d'hivers, rudes ici, et très pluvieux, quand la neige ne s'invite pas sur la ville. Est-ce ce qui vaut au Génois d'avoir l'abord maussade ? L'air parfois triste qu'ont les deux lions de marbre, au pied des marches de la cathédrale San Lorenzo ? Et la réputation de râler autant que le Parisien ? Le Génois dit de lui-même qu'il est *mugugno*, ronchon en patois – toujours insatisfait de quelque chose. Mais il le reste peu de temps. Ça lui passe, comme les brusques bourrasques dans le golfe qui plument la mer, et retombent.

S'il est délicieux d'arriver à Gênes par la mer, c'est par elle aussi qu'on peut s'en échapper, pour éviter ses faubourgs et leurs monstruosités modernes. Tout proche, voilà le petit port de Boccadasse que la ville a avalé, mais qui garde son allure de solitaire. On y accède par le corso d'Italia, la large promenade piétonne qui suit le bord de mer vers Portofino. Elle surplombe le vaste établissement balnéaire – une institution en Italie – du Nuovo Lido, construit dans les années 1950. Longtemps, la presse et les amateurs de starlettes s'y sont précipités. C'est ici qu'avaient lieu les premières sélections du concours de Miss Italie. C'est ici que fut couronnée « Miss Lido » une jeune inconnue – Sophia Loren. La promenade longe les vestiges du fort Giuliano, qui protégeait l'entrée du port, et l'abbaye du même nom, riche d'une église romane et d'un petit cloître… Le dimanche, il suffit de suivre les familles. Le corso est leur *passagiatta* préférée. Il finit sur la plage de Boccadasse. Maisons bariolées, grève de galets où dorment quelques barques. Un avant-goût des Cinque Terre et du golfe des Poètes. Au soir, on y passe des heures de carte postale, à manger des fritures de poisson vendues en cornets, ou à sucer des glaces. Les enfants crient, la jeunesse s'interpelle, les téléphones chantent. Les rues dansent de monde. On respire de bonheur. On est en Italie !

Concetti et confettis

Christophe Colomb

Mais alors, génois ou pas, Christophe Colomb ? Il m'a fallu une semaine pour oser la question. Avec la Lanterna – le phare érigé sur le promontoire de San Benigno, tatoué aux armoiries de la ville, une croix rouge sur fond blanc surmontée d'une couronne –, Christophe Colomb est le monument préféré des Génois. Comme pour la Lanterna – construite au XIIe siècle, le plus haut phare de toute la Méditerranée avec ses cent dix-sept mètres –, le navigateur le plus célèbre du monde jouit ici d'une affection et d'un *curriculum vitae* incontestables. Et ce ne sont pas les dernières recherches sur l'ADN des ossements familiaux – du fils et du frère – menées par l'université de Grenade et dont on attend les résultats qui prouveront le contraire à Matteo, mon interlocuteur. L'authenticité de la maison de naissance, une ruine près de la vieille porte Soprana, il n'en jurerait pas. Mais sa nationalité ? Les prétentions corses ne l'affectent pas. Né à Calvi ? Une plaisanterie. Portugais, comme on l'a prétendu ? Espagnol ? Né d'une mère juive ? Navarrais ? Serait-il, comme on le chuchote à l'université de Lisbonne, Pero de Ataïde, redoutable corsaire enfui en Castille en 1485 ? Matteo est formel : Colomb est génois, fils de tisserands, poussé vers la marine par les mauvaises affaires paternelles comme tous les fils de cette République maritime. « Et si l'on découvre qu'il a un peu de tous ces sangs dans les os, ça ne confirmera qu'une chose : qu'il est bien génois ! Il n'y a qu'à Gênes, qu'un mélange pareil de races et d'origines était possible à l'époque où il naquit ! » Et d'ajouter : « Comment ne serait-il pas génois ? La plupart de ceux qui ont pris la mer sont revenus avec des trésors. Vous avez vu leurs palais… Lui, il est revenu avec un nouveau monde… » Et comment les Génois se laisseraient-ils « voler » leur héros ? Lorsqu'on a fêté le cinq centième anniversaire de la découverte de l'Amérique, la ville a confié à un autre enfant du pays, l'architecte Renzo Piano, la rénovation du Porto Antico pour bien rappeler au monde ses origines. Quant à sa statue monumentale, en marbre blanc (« *A Cristoforo Colombo, la Patria* »), elle attend fermement les visiteurs qui seraient pris d'amnésie, dès leur sortie de la gare Principe… Si tant est que les voyageurs le reconnaissent dans la figure de ce pâtre bouclé, le pied posé sur une ancre marine, et juché au-dessus des palmiers.

Matteo

J'ai pris l'habitude de retrouver Matteo sur une petite place du Castelletto. Il disputait une partie d'échecs. Je n'ai jamais trouvé meilleure manière de me glisser dans l'histoire d'une ville et de m'inviter dans les conversations. On regarde les parties. On finit par être invité à jouer. On accepte si l'on se sent au niveau. On offre un cappuccino, un café, un verre de vin blanc. On revient le lendemain. Et on bavarde… Chaque ville d'Italie et du monde a un lieu où les amateurs d'échecs se donnent rendez-vous. Ce peut être comme à Gênes quelques tables à l'ombre d'un pin parasol, ou d'un *fico* comme à Rome sur la place du même nom, ou dans un parc (le Gramercy à New York) ou sur les parapets de la Recoleta, à Buenos Aires. Mon interlocuteur est génois d'origine, professeur d'histoire à la retraite. Il parle merveilleusement français. Il me raconte sa ville et le caractère de ses habitants. Il m'assure que le Génois est l'Italien le plus avisé de toute la Péninsule. Et roué. Certes, doté d'un puissant sens de l'économie. L'homme politique et humoriste Beppe Grillo a fait rire toute l'Italie avec une devinette : « Comment reconnaît-on un Génois dans un groupe d'Italiens ? » Réponse : « L'Italien demande, en achetant son journal : "Combien vous dois-je ?", le Génois : "Combien me prenez-vous ? »

« C'est vrai, reconnaît Matteo, mais ce trait de caractère nous a été inspiré par les lieux. La mer nous a appris que le temps le plus clément peut tourner à la tempête, et d'une seconde à l'autre encore. Rien n'est plus versatile que la fortune. »

Je viens de lire l'histoire de la République de Gênes, qui s'était octroyé un monopole sur le pain et le vendait dix fois plus cher au peuple qui mourait de faim que ce qu'il lui avait coûté. Dante s'en était scandalisé, qui a relégué les Génois dans son *Enfer* : « Ah ! Génois ! Hommes à toutes bonnes œuvres étrangers et pleins de tous les vices, que n'êtes-vous bannis de la terre ? » Je me garde bien de le signaler au *dottore,* comme j'appelle Matteo depuis qu'il m'a révélé qu'il était professeur. Je sais combien les Italiens sont pointilleux sur la question et tiennent au respect de leurs titres. Matteo se lance dans l'histoire de Benedetto Zaccaria. « Un simple marchand » qui, au XIIIe siècle, avait créé sa flotte pour faire grossir son entreprise et l'employait à commercer dans toute la Méditerranée.

« Il y réussit tant et si bien qu'il obtient de l'empereur de Byzance l'exploitation de gisements d'alun de Phocée. Il est si bon marin qu'on lui confie le commandement de la flotte de Gênes quand elle est attaquée par celle de la République de Pise, qu'il anéantit en 1284. »

Sa victoire, Zaccaria la doit à son ingéniosité : pour naviguer, fuir ou attaquer plus vite sur l'eau, il a mis au point une technique nouvelle pour maintenir les rames sur les galères, la *sensile*, grâce à quoi trois hommes peuvent désormais s'asseoir sur un même banc. Son invention lui vaut la conquête de Chios. Elle lui vaut aussi de chasser les pirates sarrasins, d'obtenir des comptoirs à Cadix pour ses affaires, et même d'être nommé par Philippe le Bel amiral de la flotte française que Zaccaria fait construire à Rouen sur le modèle de ses galères...

« Ça, c'est un Génois ! Rapide, inventif. Les Génois ont inventé la banque, les sociétés par actions, le système de crédit. Ils prêtaient aux souverains d'Espagne ! Soyez certaine que ce sont eux qui ont financé, en vérité, l'expédition de Christophe Colomb... Bref, vous comprenez d'où viennent la santé financière et la prospérité des familles qui ont excellé à ces jeux – les Durazzo, les Spinola, les Grimaldi et les Fieschi. »

Matteo me parle encore de Manuel Belgrano, le Génois qui créa l'Argentine. Je croyais que c'était le général San Martin, dont on voit la statue partout à Buenos Aires. Je le lui dis. Il maugrée : « Belgrano a fait tout le travail. » J'ai droit à son quart d'heure de *mugugno*. Je n'insiste pas.

« Allez, les noirs ou les blancs ? Choisissez une main, lance-t-il brusquement. » J'ai les blancs. Je suis bien décidée à ne pas le laisser gagner. Je joue le pion du roi. « Ah ! L'ouverture italienne. » Il cligne de l'œil : « Maintenant que j'y pense, je crois bien qu'on la doit à un Génois... »

Jacques de Voragine

C'est à Matteo que je dois l'après-midi passé dans l'un des trois cloîtres de l'église Santa Maria in Castello, tout près du port. Mon ami m'a prévenue en me conseillant cette visite. L'un des rares endroits de Gênes où l'on peut admirer quelques chefs-d'œuvre des Primitifs italiens. À ses heures de gloire, son siècle d'or, alors suprême sur les mers, la République leur a préféré les fastes de la peinture flamande, les créations colossales d'un Rubens, la rutilance du baroque. Dans cette basilique romane, on pénètre un tout autre ordre – celui du mystère. Tellement absent de l'énorme emporium que fut, et qu'est restée, Gênes !

« Souvenez-vous, devant les fresques, que celui qui inspira les peintres est encore un Génois... Jacopo da Varazze, que vous appelez Jacques de Voragine. Sa *Légende dorée* a été le premier best-seller de l'histoire. Eh bien figurez-vous qu'avant d'être consacré évêque de la ville, Jacques de Voragine a pris l'habit dans ce couvent, fondé en 1222 ! »

L'information m'émeut au plus haut point. Pour préparer mon *Dictionnaire amoureux des saints*, j'ai lu avec délices ce bréviaire religieux, rédigé pendant trente ans de labeur à l'intention des laïcs, et qui transpose les mystères du dogme en images de la vie quotidienne. « Les vieilles légendes en disent beaucoup plus long, parce qu'elles transcrivent en symbole des réalités profondes. Elles ont ce caractère d'ingénuité qui semble dérouter exprès notre logique et notre expérience. Comment ne l'auraient-elles pas ? Chaque vie de saint est une nouvelle floraison, l'effusion dans un monde rendu, par l'hérédité du péché, esclave de ses morts – d'une miraculeuse, d'une édénique ingénuité », écrit Georges Bernanos de la *Légende*. Et puis, comme le souligne Émile Mâle : « Il suffit de l'avoir lue pour pouvoir expliquer presque tous les bas-reliefs et presque tous les vitraux légendaires de nos cathédrales. »

En entrant dans l'enceinte de Santa Maria di Castello, je lève les yeux vers la haute tour qui surplombe le dôme. Matteo avait émis l'hypothèse que ce monument eût pu inspirer l'idée de la *Légende* à Jacques de Voragine.

« Cette tour faisait partie de la propriété de Guglielmo Embriaco, le vainqueur de la prise de Césarée lors de la première croisade. Or, c'est lui qui a rapporté à Gênes le *Sacro Catino,* le Saint Graal. Un calice octogonal vert et translucide qui passait pour de l'émeraude. Je ne peux pas m'empêcher de croire que c'est en le sachant là, à un vol d'oiseau de sa tête, que Jacques de Voragine a donné ces détails de la Cène : Jésus et ses disciples avaient mangé dans un plat d'or, et but dans une coupe d'émeraude, celle-là même qui, selon lui encore, et quelques sources anglaises qui ont inspiré à Wace la légende des chevaliers de la Table ronde, aurait été conservée puis utilisée par saint Pantaléon de Nicomédie pour recueillir le précieux sang du Christ. L'histoire du Saint Graal a dû le pousser à raconter d'autres hauts faits de la vie de Jésus, puis de ses disciples puis des saints et, de fil d'or en aiguille, toute la *Légende*... »

Les Génois considéraient cette relique comme leur trésor le plus précieux. Bien après la mort de Voragine, en 1476, la République édicta une loi qui punissait de mort quiconque, lors de l'ostension annuelle du calice, le toucherait avec de l'or, de l'argent, des pierres précieuses ou toute autre matière pour tenter de rayer l'émeraude et, par là même, d'entreprendre de faire la preuve qu'elle n'en était pas une. Ce que tenta malgré tout l'encyclopédiste Charles de La Condamine, en voyage à Gênes. Il n'avait pas démenti sa réputation de fouineur mondain et de savant curieux en extrayant de sa manche le diamant qu'il y avait caché pour éprouver la dureté de l'émeraude. Le geste n'échappa pas au moine gardien du trésor, qui retira la précieuse relique, sauvant à la fois la vie de l'indiscret et la réputation du calice. C'est qu'il arrivait que la République le donnât en gage lorsqu'elle avait besoin d'argent, comme le raconte Antoine Claude Pasquin Valéry dans ses carnets de voyage italiens entrepris en 1826.

En 1809, lors de sa campagne d'Italie, Napoléon déroba le calice sacré et l'emporta à Paris. Les analyses qu'il demanda à l'Institut de France conclurent que l'émeraude n'était que du cristal coloré selon les méthodes de Byzance. Sourds aux allégations scientifiques, certains que s'il n'était pas en émeraude, le calice restait bien celui qui avait recueilli le sang du Christ, les Génois réclamèrent leur trésor dès qu'ils apprirent la chute de Napoléon. Pendant le trajet, la relique fut hélas cassée et un morceau fut même perdu entre Turin et Gênes. Il fut réparé et replacé dans le Trésor de San Lorenzo.

C'est dans le souvenir de Jacques de Voragine que je me suis glissée dans l'église de Santa Maria di Castello et que j'ai flâné dans ses trois cloîtres. Là, dans leur minuscule jardin, sous les arcades doucies de roses, j'ai renoué avec un sentiment d'innocence joyeuse, une sensation d'épanouissement que je n'avais pas encore éprouvé à Gênes. Tout m'y invitait : les fresques peintes aux voûtes du cloître. Le retable *Ognissanti* de Ludovico Brea, où les couleurs fortes, les rouges, les bruns vibrent sous le regard, et semblent animer les conversations des saints avec une telle précision qu'une phrase de Tristan L'Hermite m'est revenue en mémoire : « Lorsque nous serons morts, nous parlerons de vie. »

Il y avait aussi la fresque de l'*Annonciation*, sur le mur de la loggia. Sur la fresque, la pudeur de Marie, et l'oiseau, à sa droite, déjà rougi par le sang de l'Enfant à venir. Toutes les fioritures délicates et charmantes – la grâce de l'archange, la lumière de Dieu, la délicatesse du lys pour signifier la virginité de la jeune femme, tout portait la signature de celui qui fut moine ici. Cet après-midi-là, le dernier jour passé à Gênes, par une porte ouverte dans le temps, je suis entrée dans l'Italie mystique des Giotto, Fra Angelico ou Piero della Francesca... D'un seul coup, j'ai eu hâte de les retrouver.

Je n'aurai qu'un regret en quittant Gênes : San Lorenzo est en travaux. Je n'aurai pas vu le saint Calice. Je le dis à Matteo en lui faisant mes adieux. « Avez-vous caressé le facétieux petit chien de marbre, à la sortie de la cathédrale ? À droite, au-dessus du lion ? Comme la pièce jetée par-dessus l'épaule dans la fontaine de Trévi, à Rome, ce geste offre la promesse d'un retour prochain. »

J'y ai couru.

Arrivederci Gênes !

Les Cinque Terre

« Ici, les passions du plaisir apaisent miraculeusement les conflits », écrit en 1925 Eugenio Montale, depuis Monterosso, la ville de son enfance. Le constat n'a jamais été plus vrai. Une semaine dans cet « ici » et le plaisir passionné de la vie, de la beauté et de la marche agit comme un baume. La plage de sable fin, l'allée de mimosas, la transparence de l'air et de l'eau qui s'offraient aux yeux du poète n'ont pas changé, ni aucun des quatre autres villages qui composent les Cinq Terres. Les Cinque Terre ? Cette côte et son arrière-pays montagneux doivent leur nom aux cinq bourgs qui la composent, Monterrosso al Mare, Vernazza, Corniglia, Manarola et Riomaggiore. Longtemps, cette tranche de riviera ligurienne, pincée entre le cap Mesco et Porto Venere, est restée inaccessible, sauf par la mer. Alors, pour subvenir à leurs besoins, pendant des siècles, les villageois, pêcheurs par temps calme, ont taillé dans la montagne de minuscules terrasses, les *cian*, où ils ont planté la vigne et l'olivier. Suspendus entre le ciel et l'eau, ces « descendants d'Hercule » ont volé à la montagne ses dalles de grès noir pour édifier quelque sept mille kilomètres de murets et ainsi, façonner un paysage unique au monde. C'est ce travail colossal de terrassement, ce labyrinthe de murs de pierres sèches, cet escalier jardiné jusqu'aux nues que l'Unesco a classé « patrimoine mondial de l'humanité ». Grimpant parfois jusqu'à huit cents mètres d'altitude, ponctués de chapelles ou de couvents, des sentiers que l'on ne peut parcourir qu'à pied tant ils sont étroits relient les terrasses et les villages entre eux. Vertigineux quand ils surgissent à l'aplomb de la falaise, ils ouvrent une vue époustouflante sur cette côte sauvage, âpre, voire austère. Il faut alors la profusion d'un jardin, les pampres de la vigne, le chant des oiseaux ou le parfum enivrant des citronniers pour rappeler qu'on est bien en Italie. Et partout, sur ces monts étagés ou dans ces *creuze*, venelles en pente volées aux torrents de montagne, flotte la même atmosphère un peu surannée, le charme de lieux oubliés par le temps et la rage des promoteurs immobiliers... À condition encore de ne pas s'y risquer au mois d'août, qui voit s'abattre sur elles la nuée des touristes. Les Cinque Terre ne limitent pas leur richesse à ces seules marches rudes, physiques, dans ces chemins souvent composés de gradins de géant taillés à même la roche, ou aux baignades-bronzettes dans les petites criques incendiées de soleil. Elles recèlent des pépites artistiques que ce pays, si fabuleusement riche en œuvres d'art, n'a pas toujours répertoriées à leur juste valeur – un composé subtil d'art religieux et d'art militaire. Les sentiers m'ont menée jusqu'à des églises romanes et gothiques, des châteaux médiévaux et des beffrois crénelés dont l'approche, à pied, reste le cadeau le plus émouvant de ce beau paysage.

Monterosso

C'est à Monterosso que j'ai établi mon camp de base. Le premier jour, pour se mettre en jambes, l'exploration de cette ville suffira bien. Ancienne colonie romaine, puis propriété des seigneurs d'Obertenghi, elle tient son nom de la couleur rouge des collines au soleil couchant. Au centre de la baie, perchée sur le roc « Ma Passù », la tour Aurora, érigée au XVIe siècle, surplombe la mer et partage le lieu en deux plages que relie un tunnel. D'un côté, la promenade de tamariniers et de mimosas et ses villas de bord de mer, sans ostentation, couleur dragée, prises d'assaut par les bougainvillées et les jasmins. Petits hôtels, pensions de famille, épicerie regorgeant de figues de Barbarie, de tomates et de pastèques, je me crois dans un de ces quartiers qu'aimait filmer Fellini, avec sa touche années 1950, et rien n'est plus délicieux qu'un arrêt aux terrasses sur pilotis, bien installée sur l'une des vieilles chaises. C'est le meilleur endroit pour attendre le coucher de soleil, siroter un ballon du vin blanc local ou croquer les *bruschette* aux anchois, autre spécialité du pays. Un moment idéal de tranquillité pour ouvrir un livre. Pourquoi pas la poésie de cet autre Génois célèbre, dont Matteo a omis de me parler, Montale justement, qui venait passer ses étés ici ? Cet « orfèvre du désespoir » comme on l'a appelé a composé de délicieux poèmes d'un amour élevé à la dimension d'un univers. Une note profondément italienne en somme – ou comment alléger son pessimisme en crevant son cuir aux flèches du désir, de la beauté, de l'abandon. À la demi-saison, sur ce bord de mer, il est délicieux de *meriggiare*, un seul mot pour signifier se reposer à l'ombre, dehors, aux heures les plus chaudes de midi. *Meriggiare*, c'est le titre d'un poème de Montale : « Paresser pâle et absorbé / Contre un mur de jardin chaud, / écouter entre épines et broussailles / le pépiement des merles, les bruissements de serpents. Dans les fissures de la terre… »

Le soleil couché, à l'heure bleue, je suis allée jusqu'au bout de la plage, jeter un coup d'œil au *Géant*, statue monumentale de Neptune réalisée en 1910 par le sculpteur Arrigo Minerbi. Cette curiosité locale supporte la terrasse d'un jardin suspendu. Mais c'est au-dessus de la tour Aurora, en haut d'une longue et haute volée de marches, que se cache le chef-d'œuvre du lieu, le couvent des Capucins, construit au XVIIe siècle. Dans l'église à la belle façade rayée bicolore comme on en trouve dans toute la Ligurie et la Toscane, et dans la plus parfaite solitude, des toiles et des fresques de Cambiaso, de Bernardo Strozzi et surtout, une remarquable Crucifixion de Van Dyck m'attendaient, le lendemain. Je suis restée longtemps, comme le lieu le demande : la vue, du parvis en terrasse, embrasse tout l'horizon pris dans une brume légère et nacrée. Je me suis attardée, comme on me l'avait recommandé – avec un peu de chance, m'a-t-on dit à l'hôtel, le père gardien viendra ouvrir le cloître, et les portes du jardin du paradis. Il n'est pas venu et je suis allée me consoler en dirigeant mes pas en aval de la tour. Sans repentir : l'ancien bourg médiéval a plus d'un trésor dans ses ruelles : le grand beffroi crénelé du XVe siècle, les maisons colorées, crépies rouge et jaune dans ce camaïeu de couleurs qu'on ne trouve qu'en Italie, patinées par le vent. Et puis ses trois églises. Saint-Jean-Baptiste, construite en 1200 en style gothique ligurien, l'étrange oratoire baroque de la Morte e Orazione, décoré de stucs aussi magnifiques que mortifères, et le délicieux oratoire de Santa Croce.

Enfin, j'ai entrepris l'escalade – quatre cent vingt-cinq mètres – du sentier qui mène, dans un fouillis de citronniers, de pinèdes et de châtaigniers, au sanctuaire de Notre-Dame de Soviore, où la statue miraculeuse de la Vierge continue d'attirer les pèlerins et de faire, dit-on, des miracles. Elle fut découverte un 7 juillet, en 740, par un prêtre de Monterosso, attiré par un parfum d'une suavité inouïe et la ronde d'une colombe blanche au-dessus d'un tapis de feuilles. Intrigué, le prête fit des fouilles. Il exhuma de la terre une statue polychrome en bois, figurant une pietà d'une grande beauté, qu'avaient enterrée les habitants de Monterosso un siècle plus tôt à l'arrivée des hordes barbares. Une chapelle votive fut aussitôt construite à cet endroit, enrichie au XIVe siècle d'un sanctuaire et d'un hôtel pour les pèlerins qui parcouraient la via Francigena, de Rome à Compostelle. Celui-ci est le plus beau des cinq sanctuaires qui dominent les villages des Cinque Terre. Un large chemin, de temps en temps ombragé par des chênes verts centenaires, les relie par la *via dei santuari*. Tout au long, des bancs, subtilement disposés pour que le promeneur jouisse, à travers les branches, d'entrevisions sur la mer. Ils sont redoutables pour le marcheur qui s'y attarde un peu trop, pris par ses pensées, absorbé par le plaisir d'être simplement là, posé, sans autre projet que de respirer et d'habiter pleinement les secondes qui passent. Les muscles refroidissent et il faut presque se faire violence pour s'arracher à l'endroit, et à la béatitude.

Lorsque je suis redescendue vers Monterosso, le soleil était passé derrière la colline. Il n'y avait personne, ni même un seul bruit. J'ai hâté mon pas. Pour le marcheur, la nuit est toujours retorse car elle monte par le sol et confond très vite les détails du chemin. L'idée d'être surprise par l'obscurité totale d'une nuit sans lune, sur ce terrain accidenté dont toutes les sentes débouchent sur la béance des falaises, m'a donné des ailes. Et quand elles sont apparues, en contrebas, les lumières de la ville – le campanile, les réverbères, les guirlandes festives du front de mer, les fenêtres des maisons – m'ont semblé celles d'un phare et j'ai éprouvé le soulagement du navigateur à la recherche d'un port dans une mer sans lune. Parvenue à l'hôtel, je me suis couchée presque aussitôt, fourbue. Et décidée à rester vigilante. On pouvait se perdre sans effort dans le lacis des sentiers et les accidents de ce relief plissé serré de la Ligurie, toute en montagnes. Le lendemain, dès l'aube, j'ai quitté Monterosso bien chaussée, les mains dans les poches, armée de lunettes de soleil pour me protéger de l'éclat violent du soleil sur la mer. J'emprunte enfin, à l'assaut des rocs et des agaves, la première étape du sentier Azzuro qui relie les villages du littoral. D'emblée, le chemin part à l'assaut de la montagne. Des ponts de pierres sèches enjambent de petits ruisseaux. Bambous, figuiers, piquent le maquis de leurs ombrages. La terre embaume. Et la fatigue de l'ascension trouve enfin sa récompense : soudain, après deux heures de marche, la vue plonge sur Vernazza, la perle des Cinque Terre. Une jetée enserre amoureusement le petit port et la crique que domine la très belle église de sainte Marguerite d'Antioche et sa coupole, construites en 1318 par les fameux frères Antelmi, sur une nef de pierres que caressent des vagues de lait bleu. Construite entre le xe et le XIIIe siècle, la bourgade est restée intacte, protégée des raids sarrasins par des fortifications et une lourde tour où se réfugiait la population lors des razzias. Depuis des siècles, les mêmes familles vivent ici, de la pêche, des oliviers subtilement parfumés plantés sur les cians, et du vin. Chaque famille s'enorgueillit de ses ceps, de ses vendanges. Certaines produisent un blanc sec, corsé, un peu râpeux. D'autres un doux – le sciacchetrà, aimé des papes autrefois, servi au dessert pour qu'on y trempe des biscuits.

Vernazza

Si l'on choisit de poser ses bagages à Vernazza, beaucoup plus modeste que Monterosso, comme je l'ai fait lors d'un deuxième séjour, et si l'on reste un peu, on finit par avoir le sentiment d'appartenir à une grande famille. C'est un autre des immenses plaisirs de l'Italie, où qu'on soit, et surtout si l'on choisit de passer ses vacances dans un village. Cette vie ensemble, joyeuse, animée. On se retrouve le jour du marché hebdomadaire. On fait son éducation en matière de goûts, de fromages, de prosciutto, de pesto. Le soir, rien n'est plus délicieux que de se mêler à la *passagiatta* – toute la population dans la rue, générations confondues, les enfants éparpillés comme une volée d'oiseaux, les anciens sur les bancs. « Ne vous inquiétez pas, intervient une femme auprès d'une touriste, dont les enfants ont rejoint la bande du village. En Italie, du moins en Ligurie, tout le monde surveille l'air de rien. Et il y aura toujours quelqu'un pour vous ramener celui qui s'est égaré. » Vernazza a effacé les traces des deux tempêtes terribles qu'elle a essuyées une année après l'autre, en 2019 et 2020, au moment des équinoxes d'automne. Depuis les montagnes, les pluies torrentielles ont conflué vers la rue principale – l'unique grand-rue – qui descend vers le port, en un flot furieux de boue qui est monté jusqu'au deuxième étage des maisons, puis s'est engouffré dans le petit port attaqué, côté mer, par des vagues tout aussi enragées. Les crues ont fait déborder le bassin et les barques et les légers bateaux de pêche à l'amarre sont passés par-dessus la jetée. Il y eut des morts dont les cendres, nichées dans le columbarium, ont rejoint le mur fleuri du cimetière marin en surplomb du village. « Ce fut, m'assure Giuliano Basso, pêcheur de son métier, plus qu'un cauchemar. Tout le monde s'était réfugié sur les terrasses des maisons. Avec la crainte, sous les coups de boutoir de la mer et la sape de la crue qui enflait, que les maisons finissent elles aussi par être emportées. » Elles ont résisté, faites de pierre et de marbre dont la montagne est si riche ici. Et hautes comme des donjons, par manque de place au sol, comme partout ailleurs en Ligurie. Dans les rues de Vernazza comme dans celles de presque tous les villages de l'arrière-pays, les maisons finissent par se chevaucher, s'épauler et les rues devenir des passages clos, joliment voûtés. Ce jour-là, après un tour dans les ruelles qui embaument le basilic et l'huile d'olive, après une baignade rapide depuis les rochers, je suis rentrée en bateau à Monterosso, en prenant la délicieuse petite navette qui dessert les Cinque Terre. On l'attend sur la jetée, le bateau l'aborde comme un colibri approche une fleur. Le capitaine est passé maître en manœuvres. J'admire la dextérité qui lui permet de maintenir la proue contre la jetée, tandis que les passagers empruntent la fine passerelle qui fait d'eux des marins.

Corniglia

C'est un des bonheurs de cette côte – ces bateaux en guise de bus. Au plaisir de ne plus voir ni entendre d'automobile s'ajoute la liberté de la navigation, même si elle dure trop peu à mon goût. Bien moins d'une heure en général entre les villages. Mais alors quel plaisir, bien rencognée sur le banc, dans la brise large, à la proue du bateau ! Jamais rassasiée de l'incroyable couleur de la mer. Un bleu dense, grave, incomparable qui, dans les criques plus profondes, baigné du reflet des chênes et des pins, tourne au céladon. « Jamais peut-être je n'ai senti une impression de béatitude comparable à celle de l'entrée dans cette crique verte, et un sentiment de repos, d'apaisement, d'arrêt de l'agitation vaine où se débat la vie, plus fort et plus soulageant que celui qui m'a saisi quand le bruit de l'ancre tombant eut dit à tout mon être ravi que nous étions fixés là », raconte Guy de Maupassant en cabotage le long de cette même côte, dont il dit : « Ici la terre est tellement captivante qu'elle fait presque oublier la mer. » Cette même navette, je la reprends le lendemain pour Vernazza et le sentier, à pied, pour Corniglia. Deux heures de marche dans la partie la plus époustouflante du sentier *azzuro* conduisent à ce village posé sur un éperon rocheux, le plus sauvage de tous. Édifié en l'an 1000 à cent mètres au-dessus de la mer, Corniglia accueille le visiteur avec le roucoulement joyeux de sa belle fontaine. La rue principale aboutit sur la place close de palais, plantée de vieux platanes, et sur l'oratoire des Disciplinants et sa très belle pietà du XVIIIe siècle. Surplombant le village, l'église Saint-Pierre, de style gothique ligurien, possède de délicats fonts baptismaux du XIIe siècle. J'attends les vêpres devant l'église, les jambes douloureuses de l'ascension. C'est qu'à six heures, les hommes et les femmes du village viennent chanter et prier. Je me glisse au fond de l'église. Je ferme les yeux. Lorsqu'elles s'élèvent dans l'air pur et parfumé du soir, je me laisse envahir par les voix, rocailleuses comme la terre. La dernière note éteinte dans le soleil couchant, je dévale l'escalier de trois cent soixante-cinq marches, jusqu'au quai de la gare pour rentrer, par le train, à Monterosso. Voilà l'autre moyen de locomotion pour parcourir cette région. Qui est venu en voiture connaît le cauchemar des tunnels qui n'en finissent pas depuis la frontière, les embouteillages, l'épreuve pour les yeux qu'est la succession de soleil aveuglant et d'obscurité dans ces boyaux creusés dans la roche. Le train qui dessert les Cinque Terre, depuis Gênes, est un miracle : les tunnels creusés en 1860, au niveau de la mer, dans les montagnes qui séparent les villages, sont un chef-d'œuvre d'ingéniosité – un combat d'audace humaine contre ces falaises invaincues, ce qu'on appelle un travail de Romain… Les premières locomotives chantaient l'espoir du *risorgimento* dont elles furent un symbole – celui de l'unification. On était venu à bout de ces masses infracassables qui séparaient depuis toujours des villages, et des familles pourtant proches. Le sentier entre Corniglia et Manarola évoque une marche en altitude, tant le paysage est rocheux, sec, aride et vertigineux. Il prépare à l'atmosphère de ce troisième village que tranche en deux un torrent dévalant dans la mer. L'illusion de montagne perdure lorsqu'on passe devant le grand moulin à aube, mais vacille devant les barques garées dans la rue et meurt dans le clapotis des vagues. L'église de la Nativité recèle deux beaux triptyques du XVe siècle ; un beffroi se dresse hardiment sur la piazza. Rien ne bouge. Le temps est amarré au vieil anneau de bronze qui retenait les *leudi* génois venus charger le vin et l'huile.

Riomaggiore

Une demi-heure de promenade sépare Manarola de Riomaggiore. On appelle ce tronçon de sentier, creusé dans la falaise, en aplomb sur la mer, la « *via del amore* » pour les fresques peintes par de jeunes artistes contemporains venus chanter la passion, cette promenade a été emportée par la tempête, et l'on attend encore qu'elle soit restaurée. La légende veut que ceux qui s'embrassent au bout du bout du *sentero* s'aimeront toute leur vie. À Riomaggiore, je n'ai pas voulu manquer, au bout d'un labyrinthe de rues et d'escaliers, le triptyque du XVe siècle de la très jolie petite église, aux murs chaulés de blanc, aux vitraux vifs et naïfs de Nostra Signora dell'Assunta, ni la paroisse Saint-Jean-Baptiste et ses détrempes sur bois. Et je n'ai pas regagné tout de suite la mer. J'ai continué mon ascension pour profiter d'un large coup d'œil sur le village. Je voulais vérifier l'exactitude de mon émotion lorsque j'avais découvert son existence – et de là, celle des Cinque Terre – il y avait des années, en tombant sur une série de tableaux, exposés au Palazzo Pitti à Florence. En 1850, son auteur, Telemaco Signorini, avait cherché sur la côte Ligure, et découvert à Riomaggiore, une clef de la peinture moderne – la structure d'un paysage dans le jeu violent des ombres que projetaient les hautes maisons. Il avait compris que l'image qu'il cherchait devait naître d'un contraste entre les aplats de couleur et les jeux de clair-obscur. Dès lors, le paysage qu'il a peint, sans tentative d'embellissement, sans escamotage du délabré, du bricolé, donne au tableau *Les Toits de Riomaggiore* l'effet inouï d'une photographie – ces couvertures de lauzes rudimentaires, de planches tenues par de lourdes pierres, de fenêtres béantes, de façades délavées. Un abandon, une tristesse, une intense compassion du peintre crevaient la toile. Signorini appartenait à l'école italienne des

Macchiaioli, « les tachistes », peintres qui les premiers avaient désiré composer sur le motif, non seulement des paysages mais les gens du peuple dans leur réalité crue. S'il s'était détaché de leur manière, il était resté fidèle à cette volonté de témoigner. Il avait croqué, à Riomaggiore encore, une petite paysanne allongée sur le parapet, la tête sur son ballot, dans l'attente d'on ne savait quoi. Dans la rue, assises à même les grosses pierres roulées par le torrent, « l'instant de repos » de porteuses de paniers énormes emplis de raisin. Plus tard, en Toscane, ceux que personne ne regardait plus – les « agités » de l'asile San Bonifazio ou les prisonniers de Portoferraio. Toute une vie, tout un temps, toute une misère humaine surgissaient sous nos yeux, avec ces petites gens dont personne jusque-là ne notait le passage sur terre. Degas avait rencontré Signorini à Florence, avec ses coreligionnaires, dans le vieux café Michelangiolo qui était devenu le repaire des peintres de cette école. Comment ne pas trouver, dans les personnages du Français, une complicité de classe, de destin avec ceux de l'Italien ? La repasseuse et la petite paysanne ? Premières femmes saisies dans leur quotidien, leur fatigue et, souvent, leur ardeur à vivre.

Porto Venere

C'est de Riomaggiore que je suis repartie le matin suivant, pour la dernière étape de cette promenade qui ferme les Cinque Terre. Six bonnes heures de marche dans la montagne et le franchissement de deux cols de quelque six cents mètres, j'ai découvert enfin, à travers la pinède et l'azur, Porto Venere, « le petit port de Vénus » : derrière les remparts du château Doria et les tours capitulaires qui la prémunissaient des assauts par la terre, par-dessus la coupole et les flèches de son duomo, voilà toute la baie de La Spezia à mes pieds. Tout au bout de cette grappe de terre et de pierres, comme trois perles qui ferment le golfe des Poètes que protège cet ancien port romain, la pointe de San Pietro piquée d'une église, et les îles de Palmeria, Tino et Tinetto, que hante toujours le souvenir de Marie Shelley et de Lord Byron. C'est non loin de cette baie, où son ami Byron avait jeté l'ancre, que Percy Shelley a fait naufrage et s'est noyé. Il avait tout juste trente ans. Après cette marche très physique, arriver au médiéval Porto Venere – accessible, depuis Riomaggiore, uniquement par la mer ou par les sentiers – est une récompense. Étirée tout le long d'une rue principale – la via Capellini, la ville est protégée, comme d'un rempart, d'une succession de maisons-donjons. C'est qu'elle fut conçue par Gênes, au XIIe siècle, comme forteresse, pour interdire le golfe à Pise, sa rivale. Et c'est encore un miracle italien que cet art d'instiller, dans les architectures les plus guerrières, cette vénusté, tout ce soleil au cœur même de la pierre. Via Capellini, à moi la beauté des blasons de pierre aux portes des palais (particulièrement aux numéros 39, 41, 44, 59 et 143), les cascades de marches, les placettes aux fontaines de marbre. Il faut monter jusqu'au couvent en ruine, s'appuyer contre ses arcades ouvertes sur la mer et parfumées de sel de montagne et d'herbes chaudes et, là encore, dans l'anse où Byron aimait à plonger, s'esbaudir du bleu inouï de la mer – un saphir intense et lumineux. À mes pieds, la « grotte de Byron », comme fut baptisée cette crique ouverte au large où s'engouffre la mer, est devenue le bain préféré des enfants et des jeunes gens : un chaos d'énormes roches en pente tapissées d'algues et avalées par les vagues. Les corps en ressortent, un instant vêtus d'eau et luisants de soleil, dans des rires et des acrobaties d'oiseaux. Images d'immarcescible jeunesse, qu'a chantées comme nul autre, André Suarès saisi par la splendeur et la volupté de Porto Venere. L'impression de cette baignade, de cet abandon fougueux aux délices de l'eau, la peau caressée et libre de toute pesanteur, je l'ai ravivée le soir même à la lecture de son *Nocturne de toute heure* : « Belle, laisse-toi descendre dans ce cristal caressant de soie fluide et de sourire bleu. [...] Venez dans l'eau, venez, ô venez vous baigner. L'onde matinale vous appelle. Son sourire de feuille et d'aile veut vous voir et vous toucher de plus près. Dans ces miroirs murmurants et si tendres, on ne trempe pas, pour un seul instant, un corps languissant qui se retire : on passe tout le jour dans la claire fraîcheur de la marine, à Porto Venere. Coupe de Cythère, plus voluptueuse d'avoir été portée aux bords de l'Occident, Port de Vénus le bien nommé ! »

J'ai gardé de ce port deux émotions profondes – de celles qui nous rappellent que la plus vigoureuse formule de combat, c'est admirer et aimer. La première, je la dois à l'heure passée dans la petite église San Pietro, perchée au bout du bout de Porto Venere, en figure de proue, sur le promontoire d'une falaise, nez au large. Les Romains avaient dressé là un temple dédié à Vénus. Au VIe siècle, le temple a été transformé en chapelle chrétienne et six siècles plus tard, celle-ci a pris l'aspect qu'on découvre, emblématique de l'architecture gothique génoise, au fur et à mesure des larges marches qu'on gravit. Un bijou de marbre rayé blanc et noir – ou plutôt du vert très sombre de la serpentine – ourlé d'une loggia où se dit toute la vocation de l'homme : au large, dans le souffle de la brise marine, les falaises irréductibles s'étagent jusqu'à l'horizon, sauvages et hostiles. Appuyées contre le ciel, les colonnes ravissantes, les arcades, les pierres que les hommes ont sculptées contre ce chaos. Enfin, on revient vers l'église. On pousse la porte de bronze. On retient son souffle en pénétrant l'intérieur, sobre, harmonieux. Un écrin où l'esprit palpite avec les reflets de la mer. Le ciel entre à flots par l'ogive des fenêtres. La seconde émotion, je la tiens du hasard qui a voulu que je sois à Porto Venere un 17 août, jour de célébration de la sainte patronne de la ville – la Madonna Bianca. La vierge blanche. Ce jour-là, les rues et les fenêtres couvertes de fleurs embaument. La fête commence à la cathédrale San Lorenzo, au pied des remparts du château des Doria, par une grande messe. Enfin, au coucher du soleil, Porto Venere est assailli par les fidèles portant flambeaux. La procession se met alors en marche – des centaines de personnes, une torche ou un lumignon à la main, accompagnent la statue de la Vierge blanche, depuis la cathédrale jusqu'à San Pietro et plus loin encore, jusqu'à la pointe des rochers. Dans la baie, les bateaux pavoisent, traînent sur l'eau des guirlandes lumineuses. Je vivais le poème de Rimbaud : « J'ai tendu des cordes de clocher à clocher ; des guirlandes de fenêtre à fenêtre ; des chaînes d'or d'étoile à étoile, et je danse. » La Méditerranée s'est illuminée de deux milles flammes. La beauté de cette nuit, en communion, est indicible. Les habitants de Porto Venere n'oublient pas le miracle de la Madonna Bianca, ni ce 16 août 1399, alors que la peste décimait la population. Ce soir-là, désespéré, le vieux Lucciardo s'était agenouillé pour prier devant une image de la Vierge Marie. Il l'avait suppliée de préserver son village. Soudain, le tableau s'était éclairé. Une grande lumière blanche illuminait toute sa chambre. Lucciardo avait dévalé les marches vers la ville pour raconter ce qu'il venait de voir. Il avait frappé aux portes. On s'était penché aux fenêtres. Plus personne ne semblait malade. La peste avait disparu de Porto Venere. L'image votive n'était qu'un vieux parchemin décoloré où une main maladroite avait autrefois représenté la Vierge, les mains en prière, tenant l'Enfant Jésus sur ses genoux. Mais, comme s'il s'était agi du dessin d'un maître, les fidèles l'ont encadré, puis l'ont installé dans l'église San Lorenzo où il continue de recevoir les prières des fidèles…

À Turin

Les obsèques de Don Giovanni

Mes premiers souvenirs de Turin sont teintés de fumées et de brouillard jaune. J'avais une dizaine d'années. Nous étions partis en famille pour les grands lacs. Nous traînions derrière la voiture un petit bateau que mon père mettait à l'eau dès qu'une surface liquide – lac, mer, rivière, le permettait. Quelque chose du moteur de cette annexe s'était cassé et on nous avait indiqué un atelier dans Turin. Nous n'avons pas traversé, ni même aperçu le centre de la ville, mais des faubourgs, des cités ouvrières, des entrepôts dont certains étaient déjà désaffectés. Ces abords étaient crasseux, bruyants. Il faisait chaud et lourd. Malgré le soleil, l'haleine des usines et des gaz d'échappement empoisonnait l'air. La réparation nous a paru interminable, rencognés tous les trois, mon frère, ma sœur et moi, sur la banquette arrière et nous avons supplié nos parents de fuir Turin au plus vite lorsqu'elle a été terminée. Quelle surprise dès lors, que la découverte du centre-ville, bien des années plus tard, tellement éloigné de l'image que j'avais gardée de ses banlieues ! La ville avait été nettoyée, restaurée, et toute repimpée pour le cent cinquantième anniversaire du Risorgimento qui, de palais royal des Savoie, la fit capitale du royaume d'Italie de 1861 à 1865. Je la découvrais blonde, aérée, ample et théâtrale avec ses larges perspectives, ses grandes avenues tirées au cordeau, monumentale à vrai dire, un peu froide, certes, dépourvue de cette touche de négligé qu'on trouve dans les autres capitales – une bâtisse médiévale et rustique appuyée contre un palais rutilant et dont le voisinage compose le charme incomparable de la Péninsule. Elle était privée du sortilège des rues en lacets, d'agoras en rondeurs, mais quel ensemble ! Quelle mise en scène du pouvoir ! Il y avait aussi les promenades sur les berges du Pô, maintenant jardinées, les bâtiments industriels refaçonnés en lieux d'exposition et au soir, la tradition de l'*apericena* – subtil composé d'*aperitivo* et de *cena*, qui draine vers les terrasses les jeunesses turinoises. Elles étaient désertes lorsque j'étais entrée dans la ville où j'étais pourtant arrivée en fin de semaine, mais tout Turin était en deuil. J'étais venue à la demande d'un journal assister aux obsèques du roi de la ville, et qui l'avait été bien davantage que Victor-Emmanuel II, proclamé ici roi d'Italie « par la grâce de Dieu et la volonté de la nation ». Giovanni Agnelli était mort et, avec lui, quelque chose d'une époque, d'une douceur, d'un capitalisme parfait parce que familial, d'un rêve d'Italie qu'aurait signé Visconti. C'était tout cela qu'il emportait avec lui, lors de ses funérailles – nationales – dans des pompes de chef d'État, de patricien d'un monde qui avait sombré et dont il était l'une des dernières figures. Personne ne s'y est trompé dans l'immense cortège qui, inlassablement, petits, anonymes ou grandes figures de la politique des sports, des arts et de la finance, se recueillait devant sa dépouille et la saluait une dernière fois, dans la chapelle ardente dressée dans cette ancienne fabrique de Fiat reconvertie en musée d'art, le Lingotto – l'une de ses nombreuses réalisations. Quelque cent cinquante mille personnes défilèrent cette nuit-là. Parmi elles, Antonio Ragno, le petit ouvrier immigré en Grèce pour y passer une retraite heureuse, était revenu spécialement au pays, courbé, malgré ses quatre-vingt-dix ans, saluer le patron. L'*Avvocato*. Gianni.

Toute la famille s'était relayée pour recevoir les témoignages ; cousins, neveux, enfants, chacun avait pris son quart pour cette dernière nuit de traversée d'un monde à l'autre, de l'ici-bas à l'au-delà pour ce *condottiere*, ce roi qui possédait mieux qu'une couronne : un empire et l'adoration, le respect de son peuple. Un empire ? Fiat – qu'il avait propulsée, au temps de sa présidence, au premier rang de l'automobile européenne – Ferrari, Lancia qu'il avait rachetés mais aussi presse, tourisme, assurances, bâtiment, immobilier, hôtellerie, aéronautique, agroalimentaire, club de la Juventus, autant d'entreprises qui portaient les armes d'Agnelli… « Dans sa propre famille nous avons été surpris par l'ampleur de l'hommage, me confiera, quelques jours plus tard, l'un d'entre eux. Nous avons dû laisser la chapelle ardente ouverte pendant toute la nuit pour recevoir tout le monde. Tous les Italiens l'adoraient. Avec eux, Giovanni partageait les trois grandes passions nationales, les femmes, les voitures et le football. » Tout le pays était plein de son nom. C'est que la figure était de légende, avec, comme pour toutes les légendes, son lot de paillettes payées au prix fort de la tragédie. Giovanni était l'aîné des sept enfants d'une riche famille piémontaise – une région grasse, confortablement nichée dans un demi-cercle de montagnes, couverte de plaines larges et fertiles, irriguée par le Pô. Comme dans les contes de fées, ce fils de princesse – Virginia Bourbon del Monte – avait passé une enfance heureuse jusqu'à la mort accidentelle, en 1935, de son père, Edoardo, décapité par une hélice d'hydravion. Il avait quatorze ans. Sa mère disparaîtra dix ans plus tard, tout aussi tragiquement – comme Isadora Duncan, étranglée par son écharpe lors d'un accident de voiture. Le décès de son père l'avait sacré héritier de l'entreprise construite par son grand-père et quelques fortunes turinoises, un soir de 1899, autour d'un verre. En attendant qu'il ait l'âge d'exercer le pouvoir, Gianni poursuit son éducation d'héritier.

Déjà, dans sa jeunesse, il incarne une image d'eux-mêmes que ses compatriotes sont fiers de projeter dans le monde. La beauté du Guépard. La séduction – son donjuanisme appartient à la panoplie de l'Italien idéal, comme sa passion pour les voitures de sport et les collections d'œuvres d'art. L'image scintillante de l'Italie d'alors : la *dolce vita*, sans sa note désabusée. À vingt-cinq ans, à la fin de la guerre, il en expérimente toutes les délices. On le voit à Rome au volant de sa décapotable ; sur la Riviera, dans les fêtes, avec, au bras, des ravissantes et des sculpturales – Anita Ekberg. « Un homme merveilleux. Un Italien comme on n'en fait plus », se souviendra-t-elle. Y a-t-il des princes sans alcôve ? Et sans cour ? Ses amitiés sont internationales et prestigieuses – les Kennedy, Kissinger –, personnalités de la finance, des affaires, du pouvoir dont il reste prudemment en marge. Il vit fortement, comme on l'entendait à l'époque. À trente-deux ans, en août 1952, il frôle la mort dans un accident de voiture, sur une corniche de la Côte d'Azur. L'Italie frémit. Quelques mois après son accident, l'héritier convole avec Marella Caracciolo di Castagneto, une belle princesse florentine, et reprend sa vie mondaine dont les studios hollywoodiens faisaient leurs meilleurs succès. Il trouve le temps de faire deux enfants. Il avait été nommé président de la Fiat, le 30 avril 1966, à quarante-cinq ans. L'*Avvocato*, que son grand-père avait désigné, balaye alors toutes les réserves que son train de dandy avait alimentées. Avec un sens de l'équilibre et du compromis, il use de toute son influence pour préserver et défendre la firme familiale et ses employés, et Turin avec elle, comme un Visconti défendait Milan et un Médicis Florence. Il propulse Fiat devant Volkswagen. Il a sa méthode pour cela, tout italienne encore – la *sprezzatura*. Cette façon d'être et d'exceller, toute d'élégance naturelle, sans ostentation, qu'avait théorisée Baldassare Castiglione, l'ami de Raphaël dans son *Livre du courtisan*, ou le manuel du parfait gentilhomme, de l'humaniste accompli de la Renaissance. En son temps, l'ouvrage – une conversation pétillante – triomphe dans toutes les cours d'Europe pendant trois siècles comme le meilleur des manuels de savoir-vivre. Ce qu'il prône ? Beaucoup d'art dans tout ce qu'on entreprend, beaucoup de travail et d'étude pour sa réussite, mais exercés de telle façon qu'ils semblent tout naturels, et « que ce que l'on a fait et dit est venu sans peine et presque sans y penser, d'où dérive surtout la grâce ». Une fausse nonchalance. Une élégance, un art de penser, d'agir et de dire qui frise la générosité. C'est ainsi que s'affine le modèle de l'homme poli à la *sprezzatura*, et qu'on reconnaît à l'adoration que le monde lui porte. Applaudi, sans que plus personne veuille voir, ou savoir, comment la statue s'est sculptée. C'est avec *sprezzatura* que « Gianni » a diversifié ses activités et construit un empire. Son poids fléchit la vie économique de tout le pays, dont le cœur bat à Turin : pour Fiat, le réseau ferroviaire est délaissé au profit du routier. Primes aux nouvelles voitures, exonérations fiscales : les gouvernements successifs veillent à la santé du groupe. Et en dépit des menaces d'enlèvement de la Mafia, de celles d'assassinat des Brigades rouges, Agnelli tient fermement la barre. Fidèle à son crédo de neutralité politique, il apporte son soutien au Cavaliere, Silvio Berlusconi, comme il a approuvé en 1999, suivant la même philosophie, l'ex-communiste Massimo D'Alema à la présidence du Conseil. Ainsi, bien plus à la Castiglione qu'à la Machiavel, il a fini par cristalliser tout l'éclat d'une Italie prospère, sûre et fière d'elle-même, de ses réussites et de ses entreprises – le « miracle italien », mais le miracle italien fait homme. Fellini disait de lui : « Mettez-le sur un cheval, il ressemblera à un roi. » Le champ de ses réussites, son art de la séduction, avait mobilisé les cœurs et les esprits à Turin, et dans une large partie de la Péninsule. Quelque chose d'un homme providentiel pour beaucoup de ses compatriotes, comme on les a toujours choyés et attendus au *Bel paese*. « Ce qui m'a saisi chaque fois que j'ai vu Giovanni Agnelli, c'était le génie vital qui émanait de ce grand corps superbe, en prise directe avec une exceptionnelle rapidité d'intelligence », me raconte Marc Fumaroli. Et puis, me disent deux jeunes étudiants tandis que la cathédrale sonne le glas, il a apporté la prospérité à un peuple qui n'en avait pas eu l'habitude, jusqu'à hisser le pays au rang de puissance mondiale.

Son charisme, ce qu'il a incarné par-delà même sa personne, expliquait la foule et le chagrin au moment des funérailles, dont personne n'avait imaginé qu'ils puissent être de cette ampleur. Le jour de la célébration des obsèques, le parvis de la cathédrale de Turin et les avenues qui y menaient étaient couverts d'un tapis dense de femmes et d'hommes en pleurs. La cérémonie avait duré deux heures et personne n'avait frémi. Mais pleuré, oui. Retraité, Giovanni Agnelli, président d'honneur du groupe Fiat et sénateur à vie depuis 1991, souffrait d'un cancer, mais endurait surtout les deuils personnels et les graves difficultés de la firme. Après la mort brutale, en 1997, de son neveu préféré, « Giovannino », foudroyé par un cancer à l'âge de trente-trois ans et qu'il avait désigné comme « l'héritier », aux dépens d'Edoardo son propre fils ; après le suicide, en 2000, de ce fils qui s'était jeté d'un pont d'autoroute, l'*Avvocato* avait fini par désigner comme successeur son petit-fils, John Philip Elkann, qu'il avait désiré, de toutes ses dernières forces, adopter pour qu'il porte son nom. « La vieillesse, disait-il, aiguise les antennes, elle fait saisir du premier coup d'œil, parmi les jeunes chevaux, celui qui va gagner le prix. »

En passant par la Sicile

Je ne suis revenue à Turin que quelques années plus tard, pour rencontrer le père Ciotti dont j'avais découvert l'existence en Sicile. Ce prêtre avait demandé à l'État italien qu'il applique enfin la loi qu'avait fait voter, en 1982, Pio La Torre et pour laquelle ce député avait été assassiné : la confiscation des biens des mafieux et de leurs associés. On comptait, parmi ces avoirs, les domaines de l'assassin des juges Falcone et Borsellino - Toto Riina. Le parrain des parrains de la Cosa Nostra était le propriétaire des terres de Corleone et de sa région. Le père Ciotti, qui avait créé l'ONG Liberà, avait obtenu qu'elle gère ces biens. Il avait aussi mis sur pied une coopérative qu'il avait, suprême insolence, baptisée du nom du député, et qu'il avait confiée aux jeunes agriculteurs de Corleone. Le produit des récoltes était vendu dans le nord de l'Italie sous le label « anti-Mafia » et le vin des vignes de Giovanni Brusca, le mafioso qui avait exécuté le juge Falcone, sous le nom de « Saveurs de la légalité ». Il m'a fallu des mois pour obtenir ce rendez-vous avec Luigi Ciotti, ce prêtre atypique, que le pape François assurerait de tout son soutien quelques années plus tard. Il me l'a donné à Turin, siège de Liberà. Après s'être singularisée en réquisitionnant les biens confisqués des mafieux pour les rendre aux Siciliens honnêtes, Liberà a étendu son champ d'action. Elle est intervenue dans les écoles pour sensibiliser les enfants à la nécessité d'un État de droit et d'une vie en société débarrassée du crime. Elle a mis sur pied un observatoire des mafias, Liberainformazione. Elle diffuse dans les collèges et les prisons de mineurs les témoignages des centaines de familles des victimes de la Mafia, qu'elle actualise sans relâche. Tous les 21 mars, elle organise la Journée de la mémoire et de la lutte anti-Mafia, devenue une manifestation internationale.

Pour approcher le père Ciotti, j'ai dû montrer patte blanche. Il ne se déplaçait jamais sans sa voiture blindée ni ses gardes du corps pour le protéger au cas où, d'une fenêtre ou depuis un *motorino*, partiraient ces salves mortelles qui ont déjà tué, en Italie, des cohortes de personnes... Aujourd'hui encore, Luigi Ciotti vit sous la menace du contrat que la Mafia a passé sur sa tête. Il appartient à la centaine de magistrats et de journalistes menacés par l'Organisation – l'un des derniers en date est Roberto Saviano, auteur de *Gomorra*. Pour autant, chaque jour, avec son association Liberà, le prêtre défie le crime organisé sur ses propres terres, quels que soient ses noms, Camorra, 'Ndrangheta, Cosa Nostra, ou Sacra Corona. Son dernier coup d'éclat en date fut d'ouvrir une coopérative sur les hauteurs mêmes de Naples. C'est donc sortant de sa voiture blindée, surgie en trombe devant le lieu de notre rendez-vous, et flanqué de ses protecteurs rapprochés, que je l'ai vu pour la première fois. Tout vêtu de noir mais sans soutane. Pressé.

« La Mafia a un terrain de chasse privilégié : la pauvreté, les quartiers abandonnés des grandes villes, la nuit, les trottoirs et la drogue, de plus en plus présente. J'ai été élevé dans ces banlieues. Je sais qu'il suffit de pas grand-chose pour qu'un être bascule du mauvais côté. Et de rien lorsqu'on est adolescent, sans famille, sans racine, sans éducation aucune. À ces adolescents, nous proposons de quitter la ville et nous les envoyons travailler la terre, celle confisquée aux parrains. Terres, vignes mais aussi troupeaux. Dans les fiefs mafieux comme Corleone en Sicile, cette réquisition a valeur de symbole. »

Luigi Ciotti parle à la première personne du pluriel au nom du groupe Abele, comme le berger nomade persécuté par Caïn, son propre frère. Il l'a fondé en 1965, ici, à Turin. Il avait alors vingt ans. Pour jeter une ancre dans la ville, Giovanni Agnelli lui avait offert les anciennes usines Fiat.

Ciotti y a installé des coopératives de travail dédiées aux emplois que la société laisse aux déshérités – la récupération de déchets, de vieux cartons, la fabrication de petits jeux pour les enfants. Depuis, Abele s'évertue à maintenir dans le tissu social les brebis les plus galeuses du troupeau. Les « marginaux », réfractaires au travail à la chaîne, se sentent ainsi invités à participer au monde tout en restant maîtres de leurs productions. Petit à petit, Abele a proposé ses services à d'autres secteurs : mobilier pour espace public, panneaux solaires. Puis il a ouvert des librairies, des centres d'études ; il a dispensé des cours du soir et créé une université. Luigi Ciotti se souvient de l'événement qui l'a poussé à ouvrir les portes de cette faculté de la rue : « Enfant, chaque matin, depuis le train de banlieue qui m'emmenait à l'école, je voyais, sur le bord de la voie ferrée, un abri de fortune et, assis sur le seuil de carton, un homme qui lisait. » Ciotti avait dix ans. Il s'est étonné de l'incongruité du spectacle. Un jour, il est parti à la rencontre du clochard. Il voulait découvrir quel livre le fascinait ainsi, qui le tenait alerte soir et matin. Le vieil homme lui a avoué la vérité. « Il ne savait pas lire. Il avait perdu le peu qu'il avait. Il ne lui restait que les apparences. Le livre, à ses yeux, était le dernier rempart qui protégeait encore sa dignité. Dès qu'il entendait s'approcher un train, il feignait de s'absorber dans ses pages. »

Cette visite et cet aveu, ce désarroi mâtiné de pudeur, avaient décidé de sa vocation. Aller vers ces autres qui n'ont pas toujours le goût de livrer leurs secrets et qui, un jour, basculent. Il rêvait d'offrir aux parias ce que le livre offrait à l'inconnu du train. Le souvenir du vieil homme avait aiguillonné sa volonté. Il avait recruté quelques bénévoles pour qu'ils explorent, avec lui, les banlieues de Turin l'industrielle, et se penchent sur les maladies du corps social. Il y avait rencontré l'ombre du Christ. Il avait alors décidé d'être prêtre. Lorsqu'en 1972 le cardinal Michele Pellegrino l'avait ordonné, le prélat lui avait confié, en lieu de paroisse, la rue. « Non pour enseigner, mais pour apprendre, m'a bien spécifié Mgr Pellegrino. » Le choix du cardinal ne devait rien au hasard : depuis sept ans, avec les membres d'Abele, Luigi Ciotti travaillait auprès de jeunes gens en rupture totale de ban. Le premier, il a convaincu les pouvoirs publics de le laisser entrer dans les prisons réservées aux mineurs, pour maintenir une parole qui ne soit pas exclusivement répressive. Le premier encore, il a obtenu d'ouvrir une maison de détention alternative pour eux, sans murs et sans barbelés, mais avec ciel, jardin, bêche et râteau de façon qu'ils renouent avec un travail qui soit, comme le dit Simone Weil, « le pacte originel de l'homme avec la nature, de l'âme avec son cœur ». Là, il leur a offert la double liberté de la parole et du travail. Enfin, en 1973, alors que la vague des drogues dures s'était abattue sur la jeunesse italienne en n'épargnant aucune classe sociale – elle emportera Eodardo Agnelli, le fils de l'*Avvocatto* –, Ciotti a choisi de considérer les toxicomanes comme des malades et non pas comme des délinquants. Il s'est battu contre la loi 685 qui criminalisait la consommation de drogues.

« C'est à cause de ce travail dans la rue auprès des jeunes drogués, que l'association Liberà a décidé de s'attaquer à la Mafia, frontalement. Pour informer la population de l'étendue du danger, nous avons d'abord créé *Narcomafie*, un mensuel d'information et d'analyse du phénomène mafieux dans le monde, et de ses ramifications dans la politique et l'économie. Puis, en 1995, Liberà, "association contre les mafias". La Mafia, il faut bien le comprendre, c'est aussi une culture qui corrompt une société, faite de hiérarchies de pouvoirs et d'un système de protections. Dans certaines régions d'Italie, il n'y a pas de travail pour qui refuse l'obédience au capo local. Nous avons voulu être cette alternative et prouver qu'on peut refuser d'entrer dans ce cercle vicieux. Les terres des parrains, nous les allouons gratuitement aux jeunes chômeurs inscrits au programme “Développement et légalité”. »

Ces coopératives ont fleuri en Sicile, dans les Pouilles, en Calabre et en Toscane. Les premiers temps, les mafieux faisaient tout pour compromettre les récoltes ou la distribution des produits élaborés par Liberà mais ses employés ne se sont pas laissés intimider. Dès la première année, en Sicile, la coopérative de Corleone a commercialisé des milliers de bouteilles de vin blanc, de paquets de lentilles et de pâtes. À Turin, le père Ciotti me fait visiter les ateliers où travaillent les hommes qu'il a pêchés dans le mois et qu'on initie à un métier. Beaucoup sont à peine apprivoisés. Il me demande de ne pas les approcher, de ne pas trop les regarder. « Parfois, il n'y a plus que la haine pour donner la force de vouloir être aimé », m'explique-t-il. Je prends la mesure de leur degré d'ensauvagement, et du temps, de la douceur et de l'héroïsme qu'a exigés cette vocation. Une semaine plus tard, lorsque je prends congé – le père Ciotti part pour Naples –, je lui demande s'il n'a pas peur pour sa vie. La menace est précise : Toto Riina venait de déclarer depuis sa prison, comme l'a révélé le quotidien *La Repubblica* : « Ce prêtre est une icône et une figure qui ressemble au père Puglisi... Ciotti, Ciotti, si seulement on pouvait le supprimer, ce fils de... »

Le prêtre a un léger haussement d'épaules. « Je suis heureux de... comment dire ? de consacrer ma vie à souder la terre et le ciel. Quant au reste... Je rassure mon entourage en lui faisant remarquer que la Mafia tue moins, du moins de façon moins spectaculaire. Il faut s'en réjouir pour les victimes qu'elle épargne, mais pas pour notre lutte. Chez elle, le silence des armes est un signe de force – ne se sentant pas menacée, elle ne montre pas les dents. Croyez-moi, jamais elle n'a été plus vigoureuse qu'aujourd'hui... »

Faire face encore

Je m'étais longtemps promis d'aller me recueillir devant ce linge de quatre mètres quarante et un de long sur un mètre treize de large dont Joseph d'Arimathie aurait enveloppé en hâte le corps supplicié du Christ pour qu'il soit enseveli avant le sabbat, comme le voulait la tradition juive. Le Saint-Suaire. Il avait été transféré à Turin en 1578 ; et pour le conserver avec la « vénération » que cette relique réclamait, le prince Charles-Emmanuel de Savoie avait ordonné la construction, dans la cathédrale, d'une chapelle, tout en marbres noirs, et dont le dôme diffuse une lumière spectrale. La dernière ostension du Saint-Suaire avait eu lieu en 2015. Un million de pèlerins avaient afflué dans la ville pour se recueillir devant l'Icône absolue. J'avais rencontré à Rome un journaliste de *La Repubblica* qui m'avait raconté avoir commencé une enquête sur ce linceul, avec l'idée de faire la preuve de son inauthenticité, et qui était devenu, au bout d'années de travail, l'un des plus fervents défenseurs de sa véracité. Une nouvelle technique de datation, appelée WAXS, élaborée par des scientifiques italiens, a d'ailleurs permis d'affirmer que la relique date bien du Ier siècle de notre ère, temps de la crucifixion du Christ. Je n'aurais pour autant jamais imaginé regarder cette ostension à la télévision, ni qu'elle puisse un jour avoir lieu dans une atmosphère aussi étrange, une aussi triste intimité – l'archevêque de Turin, Mgr Cesare Nosiglia, assis, seul tandis que dans le fond de la chapelle, deux ou trois personnes portant un masque chirurgical semblaient monter la garde. On était en 2020, au plus fort de la pandémie mondiale de Covid, qui avait si durement, si particulièrement frappé l'Italie. Ce n'était pas le seul paradoxe de l'événement. L'ostension imprévue avait été décidée pour répondre aux prières des fidèles du monde entier – et la cérémonie, filmée, était d'ailleurs retransmise en mondovision. Le paradoxe, c'était qu'on dévoilait la Sainte Face… pour faire face à l'épidémie, à son lot de deuils, de malheurs et d'angoisses. Faire face quand toute proximité avec un autre visage nous était par ailleurs interdite, sauf à nous tenir à bonne distance. Mais à mieux y réfléchir, y avait-il instant plus propice pour exposer le Saint-Suaire que ce temps d'attente et ces heures de sécheresse où, dans une insolite combinaison d'isolement et de solitude, l'humanité tout entière aspirait avidement à retrouver le visage des êtres aimés ?

Qu'importait d'un seul coup qu'aucun test scientifique n'ait pu ni vérifier, ni confirmer, ni infirmer que le suaire avait été celui de Jésus de Nazareth ? Ou qu'on ait toujours échoué à expliquer comment était apparue sur ce tissu l'image d'un homme supplicié, dont les blessures correspondent exactement à celles du Crucifié des Évangiles, comme l'a révélé, au sens premier du terme, le cliché photographique pris en 1898 par Secondo Pia ? « La photographie nous a rendu ce corps que les plus grands mystiques ont à peine osé envisager, martyrisé littéralement depuis la plante des pieds jusqu'à la cime », écrivit Paul Claudel à un membre de la Commission du Saint-Suaire. « Et voilà qu'après les siècles écoulés l'image oblitérée reparaît tout à coup sous le tissu avec une véracité épouvantable, avec l'authenticité non plus seulement d'un document irréfragable, mais d'un fait actuel. » Un fait actuel ? Il l'était ô combien en ce samedi saint où, dans la présence virtuelle de milliers de téléspectateurs, je tentais de déchiffrer l'énigme de ce Visage qui exposait son mystère en pleine lumière. Je me suis interrogée sur ce que sa Passion, dont il portait les marques visibles dans les taches de sang aux points des blessures, me suggérait de particulier dans cet épisode précis de notre histoire. Serein, yeux clos, il incarnait l'au-delà ouvert à l'instant de sa mort, et les horreurs qu'il avait endurées pour nous en offrir la clef. Il révélait ce qu'il avait subi par Amour pour nous. Mais il exprimait bien plus que la splendeur du monde invisible dont il s'était fait le seuil, bien plus que l'absolue Miséricorde qui lui avait fait prendre tous nos péchés sur lui, pour nous en délivrer, et nous rendre à notre liberté originelle. En cette période de peste et de repli sur soi, ce Visage m'obligeait comme jamais à prendre conscience de l'altérité, et de ma responsabilité d'être humain vis-à-vis de mon prochain. Or, cet autre qui me manquait tant, j'envisageais désormais sa présence dans un mélange de désir et d'effroi. Désir : de toucher, d'embrasser, de tenir. Effroi : l'autre avait-il le visage que prendrait peut-être ma propre mort ? Une crainte violente s'engouffrait dans le retrait que m'imposait l'épidémie. Cette distance physique deviendrait-elle spirituelle ? Mon prochain deviendrait-il l'otage de ma propre peur ? « L'otage, prévient Emmanuel Levinas, est celui que l'on trouve responsable de ce qu'il n'a pas fait. » Comme Jésus condamné à la crucifixion. Ainsi, l'ostension de la Sainte Face, retransmise sur les écrans, nous avait-elle alertés. Elle nous rappelait l'impératif d'amour qui exorcise la peur, comme l'avait souligné Levinas encore : « Ce visage de l'autre, sans recours, sans sécurité, exposé à mon regard dans sa faiblesse et sa mortalité, est aussi celui qui m'ordonne : "Tu ne tueras point" [...]. Le visage est le lieu de la parole de Dieu. Il y a la parole de Dieu en autrui. »

Milan

L'Italie offre le seul voyage qui vaille, celui qui bouleverse l'âme et dessille les paupières. On en revient augmenté. Tant de formes artistiques devenues existence spirituelle ! Tant d'œuvres nées de l'homme, pour l'homme. Tant d'expressions de la plénitude ! La beauté est le principe fondateur de l'Italie. Plus que la guerre, c'est par elle que les cités ont démontré leur force et la prééminence des unes sur les autres, jusqu'au raffinement de leurs architectures militaires. D'une ville à un village, d'une rive à une plage l'œil s'exerce à comprendre pourquoi tel peintre et non tel autre nous touche, pourquoi telle relation entre un style et la géographie qui l'entoure, pourquoi telle couleur, apposée contre telle nuance nous émeut. Pourquoi tout cela est si beau. On apprend à regarder. On voyage alors en soi. On élabore une Italie céleste, personnelle, idéalisée par le supplément d'efficience sur notre âme qu'elle engendre au fur et à mesure de nos séjours sur ses terres, et qui se superpose à l'originale. Tout comme ces nuages qui, flottant doucement dans l'azur, épousent la forme des paysages que leur ombre caresse et dont ils sont nés. Milan pas plus que Turin ne s'inscrivent sur cette carte intime qui a des sortilèges pour moi seule, et dont les noms quand ils sont dits réveillent des souvenirs, avec la puissance des parfums libérés de la terre chaude par une pluie d'été. Est-ce parce qu'elle ressemble trop aux villes du Nord ? Est-ce sa force économique, parce qu'elle porte plus de puissance que de douceur ? Est-ce son monumentalisme ? La domination de la France puis de la maison d'Autriche ? Mais à Rome aussi, les palais sont lourds, et à Florence sombres, guerriers presque. J'ai ce sentiment mitigé, devant le *duomo* posé un comme un bibelot magistral au milieu d'une place immense. La troisième plus grande église au monde, la deuxième en Italie après la basilique Saint-Pierre de Rome. Éclatante de blancheur. Le clou de Milan. Cette cathédrale arbore tous les éléments du gothique, qui le caractérise : les flèches, les arcs-boutants, les voûtes d'ogives – sauf les clochers. Mais tempérés par des portails et des fenêtres à l'antique qui compromettent la cohérence de l'ensemble. À l'intérieur, malgré sa vastitude, malgré la richesse des marqueteries de marbres au sol ou peut-être à cause de sa splendeur et de l'abondance des ornements, rien ne donne le sentiment éprouvé dans les cathédrales gothiques – celui d'une présence mystérieuse et sacrée, ni cette unité qui impose, à peine entré, le silence et quelque chose de l'ordre d'une inquiétude. Certes, il fallut cinq siècles pour la construire – de 1386 à 1815 et encore, il manquerait quelques statues pour achever de l'édifier. Charles de Brosse, en 1739, s'agace d'avoir fait le voyage pour rien : « À peine y a-t-il une troisième partie de cet immense édifice qui soit faite ; depuis trois cents ans qu'on y travaille, et quoiqu'il y ait tous les jours des ouvriers, il ne sera probablement pas fini dans dix siècles, c'est-à-dire qu'il ne le sera jamais. » Il reste l'étonnement que donne la cathédrale, vue de l'extérieur. On ne peut qu'être ébahi par la vision extraordinaire et étrange de ces grandes orgues de marbre qui jaillissent au ciel, piquées d'aiguilles, et de ce toit à double pente qui semble tomber jusqu'au sol, comme aux chalets des Alpes toutes proches – le palais de la reine des Neiges. Tout en marbre, sans une pièce de bois. La visite la plus réjouissante qu'on puisse faire du *duomo*, c'est depuis l'extérieur, d'en faire le tour, lentement, attentivement, d'admirer le travail inouï du marbre, qui ressort bien plus de l'art du sculpteur que de celui du tailleur de pierre. Les façades, la statuaire, les caryatides, les rosaces immenses et délicates, les meneaux chantournés, les merlons, les tours qui la flanquent chargées de brandebourgs et de passementeries de marbre. Si l'on ne trouve pas cela très beau, de cette beauté qui touche l'âme, c'est tout du moins spectaculaire. Enfin, il faut approfondir la découverte en grimpant jusqu'aux toits et leurs coursives, et s'offrir une promenade sur la vaste terrasse. Alors on découvre la riche et fine dentelle et les guipures de marbre des arcs-boutants, tellement ouvragées qu'elles semblent brodées. Les cent trente-cinq flèches, si fines et si nombreuses que le *duomo* semble crépiter. Les clochetons peuplés d'autres statues. On est absolument ailleurs lorsqu'on parcourt l'arête du toit, entre les figures des anges et des saints perchés à la pointe des aiguilles, qui vous font une garde d'honneur ou lorsqu'on touche des yeux, sur la plus haute flèche, la statue dorée de la Madonnina, la Sainte Vierge protectrice des Milanais. On est sur le pont d'un vaisseau à qui la transhumance des nuages donne tout son mouvement, sous le coup d'ailes alenti de grands oiseaux migrateurs.

La Cène

Et la si célèbre, l'iconique *Cène* de Léonard ? La fresque que Vinci peignit à son rythme, que lui avait commandée Ludovic Sforza, alors duc de Milan, sans doute vers 1492, qu'il termina en 1498 ? Elle enseignait les Dominicains, dans leur réfectoire, au couvent de Santa Maria delle Grazie remodelée par Bramante. Cette œuvre que je me promettais toujours d'aller admirer, lorsque mon travail m'entraînait à Milan, mais que je ne parvenais jamais à voir – soit que je n'aie pu trouver un billet, soit que le lieu ait été en travaux.

Je désirais d'autant plus la regarder que j'avais mis mes pas dans ceux de Simone Weil, qui avait connu en Italie et à Milan, à la veille de la guerre, les heures les plus heureuses de sa vie. À Milan, elle avait étudié la fresque de Léonard et sa structure, avec son sens aigu des mathématiques. Elle avait découvert une composition « sur plusieurs plans », et reconnu dans cette géométrie invisible la « clef de tous les arts ». J'avais fini par trouver un ticket en appliquant la méthode italienne, enseignée par une cousine devenue romaine de cœur et par le mariage : « Rends-toi, tôt le matin, directement au guichet. Il y a toujours des désistements dans les réservations du jour, surtout en semaine… De toute façon, avait-elle ajouté, en Italie, je te déconseille de passer par les tours-opérateurs, compliqués, et chers. »

Je me suis donc présentée à l'ouverture de la billetterie. Pepa avait raison. Il y avait une place, et pour la première visite encore. « Quinze minutes pas plus », nous avertit la préposée.

Et me voilà, poussée par le groupe, émue à l'idée de voir, de mes yeux voir, le tableau le plus célèbre de Léonard après *La Joconde.* Il est toujours difficile de traduire le sentiment qui peut vous saisir devant une peinture, ni être certain, même si l'on s'est préparé à la rencontre, que l'émotion sera à la hauteur de l'attente. Mais cette *Cène…* Au fond d'une longue salle un peu basse, chaulée de blanc, la fresque occupe toute la largeur et la hauteur du mur. Déjà, la sensation d'une scène plutôt que d'un tableau, ou plutôt d'une apparition, comme suspendue, décollée du mur. D'une patine – que n'ont pas altérée les ultimes restaurations – telle qu'elle impose une sorte de halo. En arrière-plan du Christ, qui est au centre non seulement de ses disciples et de la table, mais aussi d'une des trois fenêtres qui derrière lui ferment la perspective, apparaît un paysage d'une grande douceur de collines bleues et d'un ciel presque au couchant. Le Christ est à contrejour. C'est nous qui devons être éclairés. Malgré les postures théâtrales des disciples qu'on devine indignés par la révélation de Jésus – « l'un de vous me trahira » –, malgré leurs protestations exprimées avec les mains, nul artifice, nulle trace d'art dans cette composition. La vague des corps qui s'écartent de lui. Sa solitude déjà. Un souffle. Une tristesse. Une pensée secrète. L'expression du mystère. « Léonard a voulu peindre la scène suprême, et capitale, en vérité, dans la tragédie d'un Dieu. Il fallait qu'une telle heure vînt pour le Sauveur du monde ; et il fallait que la pleine intelligence d'un homme choisît cette heure, entre toutes autres, afin de s'y mesurer », écrit André Suarès. Et Théophile Gautier : « L'effet est peut-être plus solennel et plus religieux que si le tableau même était vivant : le corps a disparu, mais l'âme survit tout entière. » Jamais quinze minutes ne m'ont paru si courtes ni mon plaisir si frustré par son interruption. Lorsqu'il a fallu quitter la salle, j'ai eu l'impression d'être chassée d'un temps où se jouaient l'avenir et le secours du monde. « Sans compter que je ne vois, tout compte fait, aucune raison avouable de ne pas passer la vie tout entière à Santa Maria della Grazia, devant *La Cène* », pour reprendre ce que confiait Simone Weil à ses parents.

À vive allure

Impossible d'effacer cette émotion ni de la compromettre en courant à la pinacothèque de Brera voir ce que Milan garde de chefs-d'œuvre pour les amateurs d'art – l'inouïe *Lamentation sur le Christ mort* de Mantegna, ou le célèbre *Souper à Emmaüs* du Caravage –, l'esprit est saturé, le trop-plein de beauté brouille les formes et les couleurs. J'avais du temps devant moi, avant ma rencontre avec Alberto Alessi, le directeur de la firme éponyme. J'étais venue à Milan pour l'interroger sur cette spécialité italienne qu'était le design, dont il était devenu le pape, dans cette ville dont elle était la capitale, avec la mode. Sur cette magie, comme il le promettait, « de faire de l'extraordinaire avec de l'ordinaire ». Mais en attendant ce rendez-vous, et à défaut de visiter des intérieurs de palais et de châteaux, il me restait donc les rues, les parcs, les faubourgs – Milan de l'extérieur. À l'étranger, j'ai toujours aimé emprunter les transports en commun, du moins les autobus. Et me laisser porter, au hasard des lignes, sur le cadran de la ville. Au long du trajet et de ses stations, chaque quartier délègue ses ambassadeurs. La bourgeoise tirée à quatre épingles des quartiers chics ; ses filles, souvent chlorotiques. L'ouvrière ou l'employée des quartiers populaires. Et partout, plus de femmes que d'hommes, et une jeunesse plurielle et bavarde. Enfin, l'oreille se gorge de cette langue chantante et aimée. Ô bonheur ! À Milan, j'ai trouvé mieux que le simple autobus – le noble tramway. « *Vendita biglietti* », annoncent les bars et les *edicole*, les kiosques à journaux. J'ai une tendresse particulière pour ces trains des villes, avec leurs antennes de coléoptères domestiqués. Milan entretient tout un réseau de ces wagonnets qui vous entraînent là même où vous n'auriez pas pensé aller, dans l'ébranlement des voitures, et alors, quelles belles découvertes ! Ou quelles déceptions… Je les prends au hasard, et c'est au hasard de leurs lignes que Milan, dans ses jardins, sa vie quotidienne, ses rues commerçantes, la flore de ses avenues, la statuaire de ses places se révèle dans toute sa singularité. Milan a su conserver, sur ses lignes du centre-ville, les tramways « série 1500 » avec leur petit air de jouets d'enfant, fabriqués dans les années 1930, étroits, largement vitrés, nantis de banquettes de bois qui courent de chaque côté du couloir central. Hier verts, aujourd'hui jaune orangé. Ceux-là mêmes qu'on trouve à Lisbonne, et à San Francisco à qui elle les vendit. Départ, la gare Milano Centrale, pour prendre la clef des portes. Ah !

Les charmes du jardin Indro Montanelli, proche de la porte Venezia. Ailleurs, l'arrêt à La Scala. Ou au château des Sforza, ou piazza Fontana, ou depuis la piazza del Duomo, la galleria Vittorio Emanuele II, ou encore… Santa Maria delle Grazie… Allez ! En voiture ! Et *avanti* !

Teatro Gerolamo

Existait-il encore ? Oui. Il était toujours là, « le charmant petit théâtre de marionnettes de la piazza Beccaria. (Théâtre Gerolamo – musique de Durando. Connais-tu ?) » qu'évoque Simone Weil dans une lettre à ses parents. Et d'ajouter : « Je donnerais cinquante *Aïda* pour un spectacle comme celui-là. » Il fallait que j'y coure ! Place Beccaria, je trouve son entrée, discrète, au numéro 8. Une porte, une enseigne rouge en demi-lune. Teatro Gerolamo. Mon billet est pris. Premier bonheur, la compagnie de marionnettistes est celle qu'avait applaudie Simone Weil ! « Carlo Colla e Figli ». Bien sûr, ce sont les *figli* qui se produisent ce soir. Second bonheur, ils donnent leur spectacle dans ce théâtre qui ne leur est plus entièrement dévolu. Verrai-je, sur scène, les marionnettes qui l'ont réjouie, lors de son passage en mai 1937 ? Seront-elles choisies dans l'impressionnante collection que la troupe a constituée depuis trois siècles qu'elle perpétue cet art ? Six cents personnages du répertoire historique. Deux mille nouvelles figures confectionnées dans les trente dernières années (on me dira tout cela lors de ma visite aux ateliers de la compagnie, où j'irai prolonger le bonheur de cette soirée). Et des décors, des perruques, des costumes, un mobilier… de poupée s'entend. Je suis chez Gepetto, avec une pensée émue pour son petit Pinocchio – le conte le plus prophétique qui soit, et écrit par une plume magnifique de surcroît, celle de Carlo Collodi. Mais retour *a teatro* ! J'entre dans la salle. Un bonbon de théâtre, rond comme une boîte à musique avec ses fauteuils de peluche verte, ses trois étages de loges. *Una picola Scala* comme l'appellent les Milanais. Mais chut ! Le rideau se lève et ce tout petit monde entre en scène, l'œil de verre roulant, le menton articulé et le teint frais. Remarquez la soie, le velours des costumes, la pointe des chaussons, la vivacité des gestes. Et ce héraut masqué qui accompagne les *puppi*. « C'est Gerolamo ! » me chuchote l'amie qui m'accompagne. Gerolamo ? Un cousin du Guignol de Lyon, du Sandrone de l'Émilie, du Pucinella de Naples ou des Puppi de Palerme. Au *Bel Paese*, la marionnette est un art ; une vivace tradition. Conçu en 1630 dans une vallée des Alpes, Gerolamo est adopté par une troupe ambulante. Il s'installe à Gênes, mais il en est chassé à cause de ses satires et de son crime de lèse-majesté sur la personne du doge qui s'appelle Gerolamo Durazzo... Malheureuse homonymie, dont notre Gerolamo, la langue bien pendue, aura su tirer parti pour secouer son auditoire de rires ! À Turin, par précaution, Gerolamo a pris un pseudonyme – Gianduja. Mais il n'a pas mis sa langue dans sa poche pour autant. Il réitère ses pitreries, excelle en *concetti*. Cette fois-ci, c'est Napoléon et son frère Jérôme qui font les dindons de sa farce : *Artaban Ier, tyran du monde, avec son roi* « par combinazione » *et Gerolamo son confident...* La pièce n'amuse pas du tout l'empereur. Pfuit ! Exilé. Gerolamo réapparaît à Venise, articulé par le Vénitien Luciano Zane. Charles Dickens, de passage et incognito, applaudit fortement le spectacle qui, pourtant, pastichait un *milordo inglese*... Lorsqu'il revient à Milan, en 1865, Gerolamo a des habits neufs : longue veste rouge à brandebourgs, culotte marron et bas rouges, mais toute sa verve ancienne. Il s'installe au petit théâtre de la place Beccaria. Le succès est tel que le théâtre prend son nom. Tout Milan s'y presse. « Révoltant, grossier, paresseux, gourmand, vantard », jugent certains critiques étrangers. En l'occurrence Antoine Claude Pasquin, bibliothécaire du roi Louis-Philippe. Quant à Igor Stravinsky, il s'enflamme de bonheur. Gerolamo parle en dialecte lombard, il brocarde les mœurs, se moque des travers des petits et des grands, réinterprète les classiques – *Hamlet*, *Cendrillon*, *Les Mille et Une Nuits* et bien d'autres encore – à la lecture des actualités locales, et des tics des Lombards. Pour la grande joie du public. Ce soir-là, les Milanais qui m'entourent pleurent de rire. Ils hoquettent, tandis que sur scène, le temps qu'ils reprennent leur souffle, quelques ballerines de bois donnent un ballet en guise d'entracte, ou d'interlude. Moi, je ne comprends rien aux allusions, aux boutades ni à l'intrigue de ce *Gerolamo confident des femmes.* Inspiré de Casanova peut-être ? Mais je ris des pitreries, des virevoltes prodigieuses, des courbettes, des plumes et des coups de théâtre. Je suis fascinée. Quels prodigieux funambules que ces marionnettes ! Quelle dextérité ont leurs marionnettistes ! Je finis par me demander, des deux, qui manipule qui. Je rapetisse dans mon fauteuil. Je prends la taille de ces petites personnes – un demi-mètre – savamment peintes et vêtues, richement insolentes. Je retrouve l'esprit d'enfance. Comme la dame assise à ma gauche, j'appelle Gerolamo pour qu'il botte les fesses du séducteur impénitent. Je n'appartiens plus au monde réel, mais au monde vrai, le seul qui vaille – celui de nos représentations.

Du design

« Le design ? Comment le définir ? Je dirai qu'il s'agit d'une discipline créative globale qui, comme telle, préside à la création de produits. Lorsqu'on crée une forme qui se libère du seul cahier des charges techniques, on apporte un peu de transcendance à ce monde pétri d'immanence. »

Alberto Alessi défend la paternité italienne de la discipline.

« Certes, des mouvements tels qu'Arts and Crafts aux États-Unis ou le Bauhaus en Europe ont bien existé avant lui, mais le design italien s'est imposé dès 1945, aussi fortement que le pop'art importé des États-Unis dans les années 1960. En fait, la reconstruction, après la Seconde Guerre mondiale, fut la véritable révolution industrielle de l'Italie, et le design des produits de consommation a dès lors été considéré comme une expression de la renaissance nationale. Cet élan a donné au monde l'objet industriel le plus extraordinaire jamais vu : la glorieuse Vespa. Elle est devenue le symbole parfait de style spontané, de maniabilité et d'esprit pratique, un symbole de l'Italie. Ce sont les industries manufacturières de base, essentiellement implantées en Lombardie, ainsi que les petits fournisseurs qui ont permis au design italien de prospérer. Grâce à leur grande souplesse, à leur petite taille et à leur formidable adaptabilité. Le goût, l'esprit d'initiative, l'audace ont concouru à créer ce que le théoricien Emilio Ambasz définit comme le "nouveau paysage domestique". »

Les salons, les concours – le Compas d'or décerné par les magasins la Rinascente – et la multiplication des showrooms en ont fixé le centre nerveux à Milan. Le secteur du mobilier a majoritairement bénéficié de cette extraordinaire infrastructure industrielle, dynamisé par Ettore Sottsass, le grand pape du design italien, ainsi que par toute une génération d'architectes formés dans les années 1930 et qui conseillent les Olivetti, Cassina, Brionvega ou Artemide : autant d'entreprises qui, chacune dans son secteur, ont eu recours au design pour se distinguer dans la difficile compétition de l'économie post-Seconde Guerre mondiale. Avéré, le succès du design italien a suscité des écoles, engendré des dissidences, attiré paléontologues, sémiologues, sociologues. Il s'est exposé au Moma de New York ou à Beaubourg. Il a par ailleurs affiché ses ambitions : faire coïncider les aspects sociaux, techniques et esthétiques de la création. Et, « parce que rien n'empêche de saupoudrer l'utile de rêve », dès 1980, Alberto Alessi confie le dessin de ses projets à des architectes contemporains.

« Aujourd'hui, rares sont les entreprises qui échappent au pouvoir des designers. C'est ce petit plus du "look" qui emporte la mise – la seule prouesse technologique ne suffit plus à faire la différence. »

Lorsque je lui demande, au moment de prendre congé, si le design a encore de l'avenir, il a un grand sourire : « Il reste l'univers entier à dessiner ! Si nous étions vraiment capables d'ouvrir nos portes à la création, nous, entreprises, nous pourrions transformer le monde. C'est notre chance d'hommes, et notre damnation peut-être, que de pouvoir redessiner l'univers. »

Les grands lacs

Orta

Orta, Majeur, Côme, Iseo ou Garde : on peut discuter des heures pour savoir quel est le plus beau de ces lacs ; on ne se mettra jamais d'accord. À Orta, c'est Orta bien sûr et à Garde, on ne jure que par lui. Ce qui sépare, ce sont leurs caractères – Orta l'intime, Majeur le magnifique, Côme l'aristocrate, Iseo le sauvage, Garde le si bleu. Ce qui unit, c'est cet effet commun qu'ils exercent sur l'âme : ils attirent l'amour par sortilège, et le retiennent dans une passion exclusive. C'est qu'ils sont autant de miroirs qui renvoient nos désirs de volupté et les comblent, autant d'univers clos qui tiennent loin de l'esprit les horreurs du monde. Quand on vient de Milan, on atteint Orta, le plus occidental et le plus petit des lacs italiens, après une route encombrée et la grande plaine du Pô. Aussitôt, on est ravi, comme au théâtre dont les gradins seraient des vergers, et la scène, ce lac où trône l'île de san Giulio, sortie tout droit d'un décor fantastique.

« Le savez-vous ? Il y a un élément indiscutablement magique, c'est le magnétisme tellurique de ces lieux, m'annonce Alberto Alessi qui me reçoit dans sa propriété. Ainsi, cette île aurait, selon une étude des sols, cette particularité géologique qui fait les lieux sacrés. » L'île, on l'aperçoit dans l'échappée entre les arbres immenses, depuis ses vignes que le maître des lieux me fait visiter. Sur les pentes abruptes du mont Mottarone où s'attardent les dernières chaleurs du jour, l'homme qui fit du design un huitième art a repris une propriété viticole de deux hectares et élève son vin selon les principes de la biodynamique. À quelques kilomètres de son « usine à rêves », sise à Omegna, au nord du lac, il concocte avec son œnologue le cru dont il a déjà dessiné la bouteille. Pour Alberto Alessi, le plus beau des lacs, évidemment, c'est Orta – le sien. Il a le sentiment d'en posséder un bout d'histoire : ses vignes appartenaient à la reine Willa qui, en 900, résista héroïquement sur l'île de San Giulio à l'empereur Otton. Quant à l'île, elle exerçait son magnétisme depuis la nuit des temps. Au IVe siècle, les frères Giulio et Giuliano vinrent d'ailleurs de la lointaine Égine, en Grèce, christianiser la région avec la bénédiction de l'empereur Théodose. Sur l'île, Giulio érigea ce qui fut – encore un signe du ciel – la centième église de la chrétienté. Mais pour l'atteindre, le saint dut faire de sa bure une barque. C'est que l'endroit recelait un bestiaire de serpents, de dragons et de salamandres fabuleuses ; et personne n'acceptait d'y mettre un pied.

« Je vous assure qu'on ne doute pas de la légende, en naviguant la nuit sur le lac, quand les eaux fument et que l'île tremble dans la brume lunaire, affirme Costantino Tromelli, le médecin de famille qui exerce sa science chez les riverains du lac. Ce lieu a cette particularité qu'ont tous les sites sacrés, un rapport singulier avec l'au-delà et l'indicible. »

Le docteur Tromelli me raconte cette traversée, sa première visite, en 1954, réveillé en pleine nuit pour aller, sur l'autre rive, mettre un enfant au monde. Et de ressusciter, avec ses souvenirs, le lac d'alors, sa douceur d'endormie et son intense trafic lacustre. Pêcheurs et paysans croisaient les ouvriers partis vers Omegna où étaient les fabriques. Lui-même faisait ses visites en barque, et à la rame. La cité médiévale d'Orta San Giulio, exquise dans son clapotis et ses palais Renaissance qui lui donnent depuis toujours ses allures de Venise égarée, invitait parfois les gens d'Omegna, de Miasino, de Boletto ou Armeno, sur la rive d'en face, à festoyer. Aujourd'hui encore, aucun de ces bourgs riverains ne peut rivaliser avec la beauté d'Orta San Giulio, posée au bout de sa péninsule. Maisons ocre et cannelle, cours secrètes ouvragées de glycines, rues en pente douce jusqu'à la piazza Motta qui meurt sur la grève, où s'échouent les barques peintes en vif. Et partout, balcons et grilles en fer, forgées si artistiquement que leurs créateurs, au XVe siècle, furent appelés par les Grands d'Espagne pour orner leurs palais andalous. De retour chez eux, ces maîtres ferronniers construisirent des maisons dignes de leurs nouvelles fortunes. Alberto Alessi, comme le docteur Tromelli, aiment à rappeler que le travail du fer qui abonde dans les montagnes voisines, exploitées depuis la préhistoire, est ici un savoir-faire ancestral. Après les balcons, il y eut les outils, puis les couverts – premiers services en métal pour les gens du peuple –, les robinets et les cafetières italiennes, et des empires comme Lagostina… ou Alessi. Toutes ces entreprises, à la taille du lac, et dans l'esprit de famille de ses riverains. Et ce n'est pas un hasard si le premier barrage hydroélectrique d'Europe fut construit ici, en 1862.

« L'atmosphère des lacs a attiré à lui des gens du monde entier, leur économie aussi, qui ont fait leur renommée en retour. D'ailleurs, insiste le docteur, c'est encore sur cette île que naquit le précurseur historique de l'Europe. »

Alcide de Gasperi ? Non pas, bien que le fondateur de la Démocratie chrétienne fût né dans la région, mais Guglielmo da Volpiano, qui vit le jour vers 957 et fut, déjà, l'ardent défenseur d'une Europe chrétienne. « À propos, savez-vous qu'il fut le réformateur de l'abbaye de Saint-Germain-des-Prés ? »

Le lac Majeur

C'est un autre point commun des lacs que d'avoir rêvé l'Europe sur toutes ses rives, et que l'Europe s'y soit rêvée de tout temps. Dans leur géographie d'abord, qui en fait le nombril de ce continent. Le nom de Milan toute proche – de *mediolanum*, la Vouivre à l'origine – ne s'est-il pas interprété comme *Mittland*, le milieu des terres ? L'espace où le Nord se confrontait au Sud, les Barbares aux Romains et où les plus batailleurs, ducs de Milan et rois de France, Espagnols et Autrichiens, troupes napoléoniennes, tous alanguis par la splendeur des paysages et la douceur du climat, finissaient par déposer leurs armes ? Lorsqu'on prend la petite route qui fait le tour d'Orta, grimpant jusqu'au sanctuaire de la Madonna del Sasso en à-pic au-dessus du lac, ou sur l'autre rive, à l'assaut des mille cinq cents mètres du Mottarone qui le sépare du lac Majeur, l'œil embrasse la beauté des panoramas, leur rudesse alpine balayée des douceurs d'Amalfi. La route pour le lac Majeur joue aux montagnes russes, traverse des forêts de chênes et de pins géants, entrechoque le vert des frondaisons et le bleu du grand lac qui apparaît d'un seul coup, après le col. Là, le petit tire-fesses des jours de neige et la station de ski en miniature rappellent qu'à vol d'oiseau, des sommets culminent à trois et quatre mille mètres. Alors, on redescend en lacets secs et courts vers le lac Majeur et Stresa, la station balnéaire qui, dans les années 1920, porta la rumeur des lacs italiens jusqu'aux Amériques. Hemingway occupait la suite du Grand Hôtel. Steinbeck s'y plut, et Clark Gable posa sa signature dans le livre d'or, à côté de paraphes tout aussi célèbres que celui de Margaret d'Angleterre. Évidemment, il y avait la vue : ce chapelet d'îles au nom enchanteur, dont l'évocation reste, à elle seule, tout un voyage : voilà les fameuses îles Borromées, comme une flotte qui aurait jeté l'ancre. En navire amiral, l'Isola Bella, nef immobile surchargée de ponts vénitiens, de statues et de fontaines, de paons et d'azalées, d'ifs et de colonnes tandis qu'à sa poupe, l'énorme palais (1638) où Napoléon rêva son empire, et où fut signé le traité de Stresa, semble pétrifié par ces instants où se joua le destin de l'Europe. J'ai une pensée pour ce comte Vitalien de Borromée, chef d'artillerie et conseiller du roi d'Espagne, qui vint ancrer sur ce récif de roches informes son rêve d'un paradis sur terre, et celui d'accomplir ainsi sa vocation d'homme. « Les petites îles Borromées ressemblent à une création de l'Arioste. Elles ont la même grâce que les inventions de *L'Orlando furioso*, avec quelque chose de plus sauvage », souligne Edgard Quinet. Il faut la petite île des pêcheurs, gouailleuse et populaire, ses matous borgnes et ses filets étendus au soleil pour absorber la splendeur empesée des salons et des marbres. Il faut l'Isola Madre, calme et voluptueuse, ses jardins serrés autour du palais du XVIIIe siècle où l'on succombe à l'ivresse suprême que prodiguent les lys et les citrons en fleurs pour, d'un seul coup, saisir pleinement le charme si particulier des lacs italiens. Immobile dans l'ombre d'un grenadier, je comprends qu'ici, c'est la Terre qui tourne autour des lacs, dès qu'on s'y pose, avec la légèreté du pétale de la rose quand il chute au jardin. Et la vie, la vraie vie est sur l'eau, dans le ballet des navettes qui desservent les rives depuis bientôt deux siècles, les cousent, l'une à l'autre, comme le lacet ses œillets. On embarque après que le capitaine a attrapé le ponton au lasso par une petite passerelle où poussettes, caddies, touristes, voitures s'il s'agit d'un ferry, et même un cheval ! se pressent et s'engouffrent. Le bateau n'attend pas ! Andrea, le capitaine – on ne boude pas son uniforme – montre le drapeau qui flotte sur l'Isola Madre. Les Borromées sont là. Petite touche aristocratique qui fait oublier que les touristes sont moins glorieux que dans l'entre-deux-guerres, quand le tunnel du col Simplon permit enfin à l'Orient-Express de relier l'Italie du Nord au reste de l'Europe.

Andrea est un ancien boxeur qui a troqué ses gants pour le gouvernail et bien sûr, pour lui, le lac Majeur, le plus étiré, est aussi, et surtout, le plus splendide de tous. Et tout le long de la navigation, de me vanter la pureté de ses eaux, avec le petit détail technique dont les hommes sont si friands – « elles sont pures depuis qu'elles sont filtrées et traitées ». Oubliées les pollutions des ateliers de tissage, quand l'invention locale de la doublure synthétique empoisonna Orta d'abord, en amont, le lac Majeur ensuite. De nouveau, truites et tanches, brochets et autres poissons de lac font la joie des pêcheurs. Et d'évoquer pour moi la beauté solitaire du monastère de Santa Caterina del Sasso, creusé dans la falaise, et de déclamer, en faisant filer entre ses mains, pour la manœuvre, l'acajou du gouvernail : « Baveno ! Sa belle église romane et ses villas du XIXe, la reine Victoria venait s'y reposer ! Votre Gustave Flaubert et Charles Dickens aimaient s'y promener. Pallenza ! Comment ! Vous ne débarquez pas à Pallanza ! Mais les jardins de la villa Taranto ! Et Cannobio ! Le beau village… »

Lentement, depuis le pont, je regarde glisser la rive et les balustres de pierre qui brodent les jardins des villas. Au fur et à mesure de la remontée vers le nord, les rives se rapprochent, les pentes se raidissent, le ciel se fait sinueux. Nous voici au bout du bout du lac, à Locarno la suissesse, dont les berges furent des ports et les restaurants, des garages à bateaux. La ville, à l'ombre du château des Visconti, longtemps maîtres des lacs, a gardé une physionomie ancienne. Ses rues pavées, quoique bordées de boutiques, ont une sage vétusté et un parfum de montagne que contrarient les platanes du môle, bien méridionaux. À Locarno, en 1925, on signa un pacte pour interdire la guerre en Europe ; et on y crut vraiment. Et comment croire à la guerre dans cet écrin de monts vierges et le miroir de ces eaux ? Comment y croire alors qu'ici, sur le Monte Monescia qui domine la ville, un laboratoire d'idéologues fournissait à l'Europe quelques-unes de ses utopies, et hélas aussi leurs ferments les plus explosifs ?

Célèbre comme Orta pour son fort magnétisme tellurique, le Monte Verità, tel qu'il sera rebaptisé, a attiré là, dans les années 1880, un petit groupe venu de Munich, passionné de théosophie. Ses adeptes étudièrent les forces de la Terre et celles du Cosmos et comment s'y soumettre au mieux pour exalter leurs puissances secrètes. Leurs études dévoilèrent les connexions géologique et magnétique d'une île à l'autre – on peut encore les admirer, comme autant de dessins d'écorchés sur des planches d'anatomie. Jiddu Krishnamurti (« On ne peut pas inviter le vent, mais on peut laisser la fenêtre ouverte »), et Rudolf Steiner, le père de la biodynamique, bâtirent leurs théories anthroposophiques, qui enthousiasmèrent nombre d'optimistes, mais aussi les sombres rêveurs du régime nazi. Grisées par les visions de Goethe que la mainmise de la science sur la nature horrifiait, celles de Rudolf Steiner affirmaient la réincarnation des êtres, l'existence de l'Atlantide, la gémellité du corps humain avec un corps astral et, pour peu qu'on travaille à les réveiller, nos dons de télépathie. Elles prônaient une troisième voie, tout ésotérique, pour dépasser l'appréhension économique et technique du monde. On sourit moins de ces théories aujourd'hui, où on reconnaît au docteur Steiner d'avoir inventé l'écologie spirituelle. Las ! La rudesse des hivers écourta vite les expériences des deux gourous. Leur succède alors une communauté, ancêtres des babas, adeptes du retour à la terre, végétariens et naturistes, dévolus au culte du Soleil et de la Lune, défenseur de l'amour libre, que visitèrent Hermann Hesse et Élisée Reclus. Plus tard, ce sera une poignée d'anarchistes, dont Bakounine et quelques syndicalistes enragés. Plus tard encore, des artistes pour trouver la formule de la « danse moderne » : c'est la danseuse Charlotte Bara et ses postures empruntées à l'Orient, qui fera dire à Gabriele D'Annunzio venu l'applaudir : « Elle sait par quels mystères surgissent des profondeurs les plus belles clartés. » Plus tard toujours, en 1929, tous les artistes du Bauhaus, dont l'hôtel actuel reste une magnifique illustration. Enfin, figure emblématique de la bohème de l'entre-deux-guerres, Otto Gross, psychanalyste, cocaïnomane, libertaire, voudra inventer l'homme nouveau, désenchaîné des pressions de la civilisation. Il est impossible d'énumérer toutes les utopies, les modes artistiques et les tendances qui s'élaborèrent au Monte Verità et irradièrent l'Europe. Le lieu vit toujours, qui accueille visiteurs et congrès. Après une halte de quelques jours, je saisis à quel point on peut y être attaché, et jusqu'à quel point on peut laisser ici ses pensées divaguer, s'offrir la faculté d'une pure liberté d'idées et de rêves, de délires et de passions pour cette terre, ce monde capable d'avoir créé pour nous ces plis, ces creux, ces délices. Depuis l'hôtel Bauhaus, on voit les eaux du lac Majeur miroiter faiblement et l'intransigeance des glaciers accrochés aux cimes. Je n'y ai qu'un regret – l'hôtel est trop éloigné de la rive pour que je puisse apercevoir, de mon balcon, les îles de Brissago, certes suisses, mais ne sont-elles pas baignées par les eaux tout italiennes du lac Majeur ? Et plantées de jardins aux mille espèces tropicales, de celles qu'on retrouve à Naples et en Sicile ? C'est d'ailleurs à Naples que le riche Richard Fleming, leur propriétaire, finit par aller vivre. Il abandonna sur les deux îles, acquises pour y créer un jardin botanique, sa femme et sa fille. Elles n'en moururent pas. Elles y reçurent des amis, des musiciens, des poètes – James Joyce y fut très heureux. Et il est vrai qu'on ne peut pas rêver meilleur endroit pour s'échapper du monde, tourner le dos à ses horreurs et croire encore au paradis. Le capitaine du bateau qui m'en ramène le lendemain évoque les mangroves de l'île et la tempête qui, heureusement, a épargné ses plus beaux arbres. C'est qu'ici, les vents sont dangereux, imprévisibles, fantasques.

Si prompts à la renverse et aux humeurs que personne ne songerait à s'en moquer, au risque de se faire rappeler vertement la double rudesse de la mer et des Alpes.

Iseo

« C'est une de ces tempêtes qui a entraîné Pietro Riva, charpentier maritime, de Côme où il résidait, au lac d'Iseo où on le réclamait, me racontera, quand je poserai mon sac à Iseo, Alessandra Viola, qui me reçoit dans les ateliers de la plus célèbre marque de hors-bord au monde. En 1842, le sarnechera, vent violent du sud, y avait détruit l'intégralité de la flottille de pêche. »

On avait alors fait appel à Pietro Riva. Il n'avait plus quitté le petit lac sauvage, profond et étroit comme un loch écossais avec ses eaux vertes, ses montagnes pelées et ses feuilletés de roches en à-pics vertigineux.

Iseo est un lac d'une beauté rebelle, le moins connu de tous, injustement – quels paysages magnifiques, et cette route qui en fait le tour, au ras des eaux et des falaises vertigineuses. Quel charme, la petite ville d'Iseo ! Quel univers, ses tourbières ! Quelle harmonie inspirée, celle de ses monastères ! Pour être plus encore « ailleurs », j'embarque pour Montisola, la plus grande île lacustre d'Europe, où George Sand vint cacher ses amours avec Musset d'abord, avec Chopin par la suite. Elle fit de l'île le décor de son *Lucrezia Floriani*. Si les filets de nylon pour le sport ont remplacé les filets en coton pour la pêche, et les machines, les femmes dans les ateliers, l'île n'a rien perdu de son air désuet. Il y a quelque chose de suranné dans les ruelles qui montent avec raideur jusqu'au château. Une rudesse qui se répète dans les ajoncs des tourbières, et le vol des canards sauvages haut vers les cimes. Un sentiment d'être hors du temps qu'on retrouve en faisant le tour de l'autre île du lac, Loreto, fief d'un château crénelé, un décor parfait pour les amateurs de dragons et de donjons terribles. C'est pour Lovere que mon cœur s'emballe – élu comme l'un des plus jolis villages d'Italie. Pour ses rues pavées, ses *piazzette*, son dédale de ruelles tarabiscotées, ses palais et ses tours médiévales – la tour de la citrouille et celle des Alghisi. Sur la piazza Vechia, le Municipio. Sur la place Vittorio Emanuele II, la tour carrée et sa grosse horloge. Enfin, le grand palais néoclassique Tadini, sur la rive où s'exposent des œuvres de Bellini et de Tiepolo ; et toutes ses façades, en camaïeu de pastels contre le marbre noir de la montagne, d'où l'on extirpa les colonnes de la basilique Saint-Marc, à Venise.

Côme

Rien de commun avec le lac de Côme à quelque cent bons kilomètres. Côme, le lac aux trois bras qui étire ses eaux de saphir sur cinquante kilomètres. Côme, dont les rives ne sont jamais éloignées de plus de deux mille mètres l'une de l'autre, et peuvent dès lors se tutoyer et se répondre. En son temps, Pline le Jeune y bâtit deux villas, face à face, « Tragédie » et… « Comédie » et pleurait quand ses affaires le retenaient à Rome, loin du lac. Côme la vénéneuse, de brume et d'or, aux monts de marbre noir, où le jeune Henri Beyle, alors dans les pas de Bonaparte, tomba à genoux d'amour, enchanté par les palais, les jardins, les parfums, et se releva Stendhal. « Lorsque vous écrirez l'histoire de deux amants heureux, placez-les sur les rives du lac de Côme », écrit Liszt de son côté. Le compositeur passe de longs mois à Bellagio, avec Marie d'Agoult qui mettra au monde, à Bellagio même, leur fille Cosima, future Mme Wagner. Manzoni y promène ses *Fiancés*, les personnages peut-être les plus célèbres de la littérature italienne. Bellagio, au centre du lac, au point de retrouvaille des deux branches du lac, suffoque d'œuvres d'art et de villas princières, de jardins et de perfection, de camélias et d'escaliers dont les marches s'abandonnent dans les eaux vert sombre. Depuis toujours, le lieu n'est dévolu à rien d'autre qu'à la beauté, à la contemplation, au *farniente*. Et la villa Serbelloni, transformée en palace en 1873, n'a pu qu'accélérer le phénomène d'aimantation. Comme si l'Europe avait rêvé sa perfection et dessiné sur ces rivages l'utopie de ce qu'elle se devait d'être, raffinée et quiète, chatoyante et cosmopolite, une conversation de pierres et de fleurs, de musique et de poésie, comme le suggère *Après une lecture du Dante* que Liszt composa à l'ombre de la statue d'Alighieri, dans les jardins de la villa Melzi. « On voudrait vivre ici et y mourir », note Flaubert dans son journal de voyage. À sa suite, à celle de Stendhal et de Byron, toute la Mittle-Europa viendra, sur ces rivages, prendre son départ pour le Grand Tour, voyage initiatique qui lançait l'Europe à la rencontre des Latins et des Grecs, des temples et des églises. Dans les salons des hôtels, alors, langues et idées s'échangent, les us de l'Autriche se frottent aux coutumes anglaises.

« Côme reste le symbole d'un savoir-faire, du cousu main, et d'un raffinement purement européens, reconnaît Moritz Mantero depuis sa résidence et son jardin délicieux qui dominent la ville. » Sa Maison édite les soieries des grands noms du luxe depuis cinq générations. Dans ses ateliers, j'ai le privilège de feuilleter les cartons, d'admirer la délicatesse des tons et des motifs, les géométries et les fleurs, et de plonger mes mains dans la volupté des soies, des foulards, des crêpes – des plus diaphanes – des ailes de libellule – aux plus lourdes – ces brocarts qu'on retrouve aux fenêtres des palais. Si, à Côme, on tisse peu la soie aujourd'hui, on l'imprime encore après avoir créé les cartons pour les maisons de mode. Côme est depuis des siècles la capitale européenne de la soie.

Son industrie a créé toute une hiérarchie chez les artisans qui s'y consacraient. L'art suprême du métier, me raconte encore Moritz Mantero, appartenait aux teinturiers, maîtres des secrets de la couleur – et les mieux payés. « Dans les bals, les filles qui cherchaient un mari les repéraient à la couleur de leurs mains, teintées souvent de manière indélébile à force de manier les pigments. »

Le raffinement a pris ses habitudes ici dès 1294. Les Visconti, qui se sont emparés du pouvoir à Milan et qui ont noué des alliances avec les cours d'Europe en mariant leurs filles, font venir à Milan et à Côme les peintres et des architectes, qu'inspire la grâce des lacs enchantés. Dans la bourgade de Côme, je me fais une joie de courir jusqu'à la cathédrale. Sur la place, j'ai le sentiment curieux d'être *vraiment* en Italie, cette Italie toute de douceurs qui me touche tant et après quoi je soupire à Paris. Entre gothique et Renaissance, voilà la belle façade flanquée du Broletto – le campanile de briques roses lié à l'église par une loggia. Chacune des portes est une œuvre d'art. D'ailleurs, toute la ville de Côme est une fête pour les yeux. Le lendemain, j'ai obéi aux recommandations de mes hôtes comasques. Je n'ai pas oublié de parcourir la rive orientale du lac en partant de la place Cavour, en direction de Torno. Après la station du funiculaire qui grimpe jusqu'au village de Brunate – à ne pas manquer tant le panorama y est inégalable –, j'ai longé la série de jardins et de villas, jusqu'à la plus belle, la villa Margherita. Cette tranche du rivage a été la villégiature préférée de deux étoiles de la scène italienne – la cantatrice Giulietta Pasta pour qui Bellini composa *La Somnambule*, et, plus tard, la tragédienne Adelaïde Ristori – la Sarah Bernhardt de la Péninsule dont elle était la contemporaine. Aujourd'hui, ce sont d'autres célébrités qui s'installent dans ces palais. George Clooney a remis le lac à la mode – du moins chez les happy few de ce siècle. Après qu'il a acheté la villa Oleandra, sur l'autre rive, Brad Pitt, Tom Cruise, Richard Branson ont élu Côme comme villégiature.

Une ascension acrobatique, et la route retombe sur le village de Torno. En pensée, je remercie mes hôtes de m'avoir incitée à faire cette excursion. Le port est ravissant avec l'église posée sur la jetée et ses treilles de roses. Les ruelles en tourbillons vers le haut du village, délicieuses. On les suit ; on redescend à flanc d'une montagne verticale où s'accroche un fouillis de chênes verts et de châtaigniers. Tout au bout du bout de la route, une grille interdit la longue terrasse où s'élève, construite en 1573, à l'emplacement même d'une des maisons de Pline le Jeune, la villa Pliniana, en surplomb du lac. Léonard de Vinci et Napoléon y séjournèrent. Mais encore Liszt, Rossini qui a laissé là son piano, Bellini, Puccini ; Stendhal et Shelley, Byron et Manzoni. Le lieu est sauvage, accessible jusqu'aux années 1980 uniquement par bateau. Il émane de lui quelque chose d'un peu farouche – une atmosphère légèrement oppressante entretenue par l'ombre de la montagne et le miroitement sombre des eaux qui la baignent. On raconte que la villa est restée fermée longtemps à cause de ses fantômes. Je m'offre un frisson en demandant qu'on me raconte cette légende le soir même, dans une trattoria de Torno – où je goûte pour la première fois le plat emblématique du lieu, le mussultin, un poisson du lac séché et grillé, servi sur de la polenta et arrosé de vinaigre balsamique… Dehors, la brume d'automne monte doucement des eaux et se colle aux baies vitrées.

« La légende est née chez les villageois de l'autre rive. Tous les soirs, à minuit, ils voyaient une forme blanche plonger de la terrasse dans les profondeurs du lac. Cette vision les terrorisait. Ils étaient persuadés qu'il s'agissait du spectre du premier propriétaire du palais, Giovanni Anguissola, assassiné dans ses murs après avoir tué le duc de Parme. En vérité, ce fantôme était bien vivant et son apparition devait tout à l'étrange pratique du couple le plus sulfureux de l'époque, Emilio Barbiano di Belgiojoso, et la princesse Marie-Élisabeth de Wagram. Les deux, chacun marié de son côté, abandonnèrent mari, épouse et enfants – un nouveau-né pour la princesse –, pour aller vivre sans témoin et sans entrave leur irrépressible passion. Ils s'enfermèrent à la villa Pliniana. Pendant huit ans, dans un absolu tête-à-tête, ils se livrèrent à leurs plaisirs dans les chambres pleines d'ombre du palais. À minuit, nus, ils s'enroulaient dans un drap blanc et plongeaient ainsi, enlacés, dans les eaux noires du lac. »

Mon cicerone s'interrompt pour servir ma commande. Il conclut, avec un clin d'œil : « Rien d'étonnant à ce que les villageois d'en face aient cru à un fantôme. Comment imaginer pareille folie ? Ce qui est plus étonnant, au su de l'histoire, c'est que la villa, abandonnée depuis la guerre, ait été récemment rachetée pour en faire un hôtel dédié à la célébration des mariages… Moi, j'hésiterai à convoler ici. Je ne sais pas si ses murs sont un gage de fidélité conjugale. »

Le lendemain, j'étais de retour à Côme pour reprendre mon exploration du lac, en bateau, par petites étapes vers le nord, par la rive occidentale cette fois-ci. Cernobbio et la villa d'Este qui fut aussi, en 1815, le nid – dit-on – des amours scandaleuses de Caroline de Brunswick – princesse de Galles. Déjà, si j'ose dire… Je ne peux, les unes après les autres, décrire toutes les villas qui se succèdent sur ces berges et rivalisent de jardins et de terrasses. Mes yeux se lassent presque et pourtant, alors que je crois la perfection atteinte et ma propension à m'éblouir épuisée, ma curiosité est piquée par la côte qui se creuse à partir d'Aregno, s'ouvre en larges golfes, se festonne de caps d'opérette. Le rivage s'adoucit. La montagne semble mieux respirer. On est à Lenno. Là commence la partie sans doute la plus enchanteresse du lac de Côme – le « jardin de Lombardie » comme l'appelle Maurice Barrès dans la relation de son voyage. La pointe Balbianello, et la villa des Visconti dentellent l'horizon. On croit atteint le summum et voilà le splendide village de Tremezzo et la villa Carlotta, autrefois casa Sommariva. Oui, vous l'avez reconnue, c'est là que Stendhal a campé l'intrigue de *La Chartreuse de Parme* – un peu plus au nord, les stendhaliens trouveront le monastère del Dongo… Ces paysages, ces villas, ces jardins épuisent tous les superlatifs et il faudrait y jeter l'ancre des mois entiers pour en goûter toutes les beautés, les unes après les autres. Allons ! Rentrons. Gardons un peu d'appétit pour le lac de Garde. D'autant plus que vers le nord, le lac de Côme perd un peu de sa splendeur.

Le lac de Garde

Le lac de Garde, Churchill le préférait aux autres, pour ses eaux « bleu Madone » qu'il aimait peindre, et pour bien plus encore : un éventail de paysages largement ouvert entre les fjords du Nord et l'épanouissement des rives du Sud. Assurément, la flore la plus luxuriante des lacs d'Italie : après le fouillis des châtaigniers de Côme, voilà les cyprès immenses qu'on dirait inspirés, dans leur croissance, par des colonnes de temples grecs. Le lac de Garde est un lac en majesté. Virgile, Horace et Catulle déjà, vouaient un amour immodéré à leur *Benacu.* « Je prie les âmes sensibles au sublime de regarder, une fois seulement, le lac de Garde », recommandera Stendhal. Cinquante kilomètres de long sur vingt dans sa plus grande largeur, au sud. Je commence ma visite en voiture – sans m'interdire d'embarquer de temps en temps pour caboter sur cette mer intérieure, qui a ses courants, ses humeurs et ses renverses capricieuses de vent. Et puis il me tarde de connaître ce petit port de Riva del Garda, tout au nord du lac, où, au XIXe et au XXe siècle, se donnaient rendez-vous la jeunesse et les artistes d'Allemagne et d'Autriche-Hongrie, lorsqu'ils étaient en mal d'Italie. Goethe, Nietzsche, Thomas Mann, Franz Kafka, Gustav Klimt. Mais encore D. H. Lawrence et André Gide. On vous racontera, dans la région, que la silhouette du castel d'Arco, au-dessus de Torbole – et qui est une absolue splendeur –, aurait inspiré à Franz Kafka l'idée de son *Château*. L'auteur de *La Métamorphose* est venu deux fois à Riva. La première, en 1909, il a vingt-six ans, entraîné par ses amis, les frères Otto et Max Brod – Max, qui publiera ses œuvres après sa mort. Les deux l'avaient invité pour apaiser l'acédie dont Kafka souffrait, et sa brutale stérilité littéraire. Incapable d'écrire une ligne, il avait quitté pour la première fois sa Tchéquie natale et, pour la première fois encore, il avait pris des vacances. Riva del Garda vivait alors ses années fastes et joyeuses. Les hauteurs de la ville abritaient des établissements de soins, flanqués de salles et de jeux, de bals, de fêtes masquées et vénitiennes et de dérives nocturnes sur des bateaux pavoisés. Les trois amis logeaient dans une pension de famille, sur la place Cesare Battisti. Ils passèrent leur court séjour à s'amuser, à prendre les eaux aux bains de la Madonnina qui surplombe la vieille route du Ponale, qui est fermée aujourd'hui à la circulation automobile mais fut considérée, lors de sa construction au milieu du XIXe siècle, comme la plus belle route panoramique du monde… et la plus vertigineuse. Ensemble, les trois amis poussèrent jusqu'à Brescia assister au premier meeting aérien de l'histoire – ils n'avaient encore jamais vu d'avion voler, pas plus que Puccini ou Gabriele D'Annunzio, du voyage. Kafka publia dans des journaux les relations de ses aventures. Il revint de ses vacances riche d'un conte étrange et métaphysique, *Le Chasseur Gracchus*, avec Riva del Garda pour décor. C'est donc à Riva del Garda qu'il revint tout naturellement quatre ans plus tard, alors en proie à une profonde dépression nerveuse. « Je voudrais rester dans une totale solitude, me retrouver seul face à moi-même », écrit-il dans son journal, le 1er juillet 1913. Il entra au sanatorium d'Hartugen, spécialisé dans le traitement des maladies nerveuses. Quelque temps auparavant, en 1902, Thomas Mann avait résidé dans ses murs. La bâtisse surplombait la ville depuis les hauteurs du mont Brione. On y expérimentait les premiers soins naturels et hygiénistes dont Kafka restera un adepte toute sa vie. À l'exception d'une sortie pour revoir Malcesine, il ne quitta pas l'institut de soin. Ce qui le guérit cette fois-ci fut sa rencontre avec une toute jeune fille, pensionnaire elle aussi du sanatorium, catholique, dont il tomba éperdument amoureux. Pour elle, pour leurs stations au soleil, leurs longues promenades en bateau, il prolongea son séjour d'une semaine et se risqua même à une excursion à Vérone, où l'on fêtait le centenaire de Verdi, mais il ne fit rien de plus pour que perdure ce tête-à-tête qui lui redonnait goût à la vie… Est-ce à cette époque qu'il consigna dans son journal cet aphorisme : « En théorie, il existe une parfaite possibilité de bonheur : croire à ce qu'il y a d'indestructible en soi et ne pas y aspirer ? » J'aime m'imaginer ce jeune homme frêle, coiffé de son chapeau melon, vêtu de noir, en promenade sur le bord du lac, laissant courir ses doigts nerveux le long de la balustrade de pierre qui annonce les splendeurs de la Vénétie aux rêveurs. La présence de tous ces fantômes et l'idée que je regarde à mon tour – avec quelles pensées ? – ces paysages qui les ont enchantés, que j'ai d'abord découverts en lisant leurs pages, dans le secret de ma chambre, m'étreint le cœur. (Kafka : « Croire veut dire : libérer en soi ce qui est indestructible, ou plus exactement : se libérer, ou plus exactement : être indestructible, ou plus exactement : être. ») Leur souvenir apporte une densité toute particulière à cette grève vers laquelle mène tout le lac. Depuis le petit port de San Nicolo, il faut filer piazza III Novembre, flâner sous ses arcades, à l'ombre bleue de la tour Apponale qui domine depuis huit siècles la vieille forteresse de La Rocca. Visiter l'église Inviolata… Il n'y a que Malcesine, sur la presqu'île au pied du mont Baldo, à quelques kilomètres, qui rivalise – et selon certains surpasse Riva – en beauté. Le 13 septembre 1786, la splendeur de son château médiéval avait d'ailleurs précipité Goethe en prison. Impressionné par les remparts, la silhouette et la position de la forteresse des Scalinger, le poète allemand avait sorti son carnet et ses crayons et commencé à esquisser ce paysage. Deux mains s'étaient abattues sur ses épaules. La police ! Accusé d'espionnage, il avait été arrêté et jeté en prison, jusqu'à ce qu'on informe les gardiens des frontières de l'identité du personnage. Et rien sans doute ne donne meilleure impression de la beauté de Malcesine que le tableau de Gustav Klimt qui vint ici, à son tour, trouver de nouvelles vibrations après sa rupture avec le mouvement Sécessionniste.

Certes, le tour du lac de Garde fait cent cinquante-huit kilomètres mais il convient, comme à Côme, de le faire au moins deux fois. La première en bateau, la seconde en voiture. La croisière est délicieuse, depuis Riva jusqu'à Sirmione, au sud extrême, construit sur une étroite péninsule, et ses remparts crénelés du château des Scaliger baignant dans les eaux douces. Catulle y avait sa résidence et les ruines d'une villa romaine, tout au bout du bout, le rappellent au promeneur. À chacun de ses ports, le lac de Garde me réserve une surprise, pleine d'émotion et de points d'exclamation. Ici, à Bardolino, la petite église carolingienne. Là-bas, à Limone sul Garda, le port le plus secret et le plus charmant, des espaliers de citronniers – ceux-là mêmes que chante Goethe qui séjourna dans cette petite ville – et qui secrètent le sortilège de leurs parfums. « Connais-tu le pays où fleurit… le citronnier. » Car il s'agit bien des citronniers de Limone Sul Garda qu'il chante, mais qui sonnaient trop acides dans la traduction française et dès lors, qui devinrent des orangers. À Limone sul Garda, les Franciscains inventèrent le principe des serres, pour pouvoir cultiver sur ces rives les citronniers les plus septentrionaux d'Europe. « On venait les chercher d'Autriche, d'Allemagne et même de Russie, pour leurs vertus curatives, bien sûr, dit Marco Girardi, directeur de l'association des producteurs de citrons ; mais encore pour leurs saveurs et l'essence de leurs fleurs. » Les méthodes modernes ont supplanté le système des moines, mais les citronniers, comme l'olivier, continuent de prospérer sur les pentes très abruptes de Garde. Et partout, dans tous les villages, Venise s'annonce dans l'architecture. Venise en offensive constante contre les Scaliger de Vérone. Les châteaux de Malcesine, la forteresse de Lazise, témoignent des combats et des résistances, jusqu'à ce que douze galions vénitiens, tirés par deux mille bœufs, remontent le fleuve Adige jusqu'à Torbole et conquièrent tout le lac de Garde. Alors, en 1426, la Sérénissime déclara Salò, sur la rive occidentale du lac, capitale de cette nouvelle région.

Salò

Salò : on connaît mieux son nom depuis que Mussolini, sur l'ordre d'Adolf Hitler, y établit son gouvernement, en 1943, à un vol d'oiseau du Vittoriale de Gabriele D'Annunzio, héros du nationalisme italien. Le poète fantasque, aventurier et ultra-nationaliste, obsédé par les femmes et la drogue, le seul qui osa faire attendre le *Duce* pendant une heure, vint finir ses vieux jours à Gardone Riviera, la ville voisine. Ruiné – mais fut-il un jour seulement fortuné ? –, il s'installa dans la villa du critique d'art allemand Henry Thode, réquisitionnée pendant la Première Guerre mondiale. Il truffa – surchargea ! – la maison des trophées de ses aventures militaires, de meubles, de tentures, de portraits. Les jardins du Vittoriale où le poète, mort en 1939, est enterré, écrasent de leurs ombres les résidences de la République fasciste, d'où le *Duce* cautionna les pires crimes du Führer. La défaite consommée, il s'enfuit avec sa maîtresse Claretta Petacci. Il fut rattrapé et abattu à quelques kilomètres de Côme par des partisans communistes. Lorsqu'on se promène à Salò ; lorsqu'on visite la résidence mégalomaniaque de l'histrion génial qu'était D'Annunzio, on peine à croire à tant de violence. À ces heures sanglantes. Salò est (re)devenue une villégiature charmante. Des boutiques élégantes bordent sa promenade et les hôtels de luxe se succèdent. En face, au large de la péninsule de la Rocca du Manerba, les créneaux Renaissance du palais d'Isola Garda découpent l'azur. Et sur l'eau, fragiles comme des ailes de papillon, les planches à voile de la jeunesse européenne filent au gré du vent, qui sait être violent, mais qui tourne toujours avec le soleil.

Vérone

Sous le signe de Juliette

Dans la dernière décade du mois de juin, à l'heure où les hirondelles rasent les toits de Vérone et l'arc de ses remparts, je me mêle aux étranges fidèles qui descendent la via Mazzini, l'artère chic du centre-ville. Place Bra, l'une des plus vastes d'Italie, je traverse avec eux le *listone*, large trottoir pavé de dalles claires dont la courbe épouse l'ellipse des palais. Insensibles à la tentation d'un apéritif en terrasse, à l'appel des pizzaïolos, au roucoulement de la fontaine au cœur du jardin, tous nous nous engouffrons sous les voûtes monumentales de l'Arène. C'est là, dans l'amphithéâtre romain, que nous entraîne une passion commune. Là que se donnent, aux soirs d'été, les grands-messes du *bel canto*. Là que Vérone, lyrique, chante, tandis que sur les gradins énormes de marbre rose, quelque vingt mille mélomanes brandissent la flamme de leurs bougies et, parfois, reprennent en chœur les arias de *Turandot*, de *Carmen*, d'*Aïda* ou de *Madame Butterfly*, les héroïnes tragiques des opéras programmés lors de ces festivals. Ainsi le veut la tradition de la ville, depuis des siècles – c'est l'amour qui tient le premier rôle. Amour de cette *urbs nobilissima*, érigée par Rome au Iᵉʳ siècle avant Jésus-Christ, dans un raffinement étudié de beauté pour prouver aux barbares susceptibles de déferler des Dolomites toutes proches la puissance de la Ville éternelle et le raffinement de sa civilisation. De là, l'énormité de l'amphithéâtre, troisième de l'Empire par son importance, après le Colisée de Rome et celui de Capoue. Dans l'Arena, comme on l'appelle ici, trente mille spectateurs venaient des quatre coins de la province s'échauffer au sang des gladiateurs. Et si, au cours des siècles, la nature des spectacles a changé, la fièvre du public y est restée intacte. C'est d'ailleurs aux Arènes qu'on commémora en 1913 le centenaire de la naissance de Verdi, héros et chantre du *risorgimento.* Verdi, que le peuple acclamait en scandant, à la fin de chaque représentation, VIVA V.E.R.D.I., initiales providentielles de *Viva Emmanuel, re d'Italia.* Le monumental *Aïda* donné pour l'occasion fut l'événement mondain de la Belle Époque. Dans le public, le jeune Kafka s'essaie au journalisme, Puccini et Gorki s'émerveillent des décors pharaoniques. Le festival lyrique était né, à la démesure du lieu. « Ce n'est pourtant pas l'Arène qui a fait la réputation mondiale de Vérone, reconnaît l'un de ses responsables, même si de nombreuses amours y ont vu le jour, telle la passion de la toute jeune Maria Callas pour un notable véronais qui devint son mari. Tel, auparavant, le coup de foudre de Gabriel D'Annunzio pour la tragédienne Éléonore Duze. Elle avait quatorze ans. Elle jouait ici, les bras emplis de roses, le rôle de Juliette. »

Juliette ! Le nom est dit, comme un sésame. Juliette, patronne de la ville, avec l'officiel saint Zénon ! Si Dante en deuil de Béatrice a composé, à Vérone, son *Purgatoire*, si Pétrarque pleura ici la mort de Laure, c'est Shakespeare, qui n'y vint jamais, qui a donné à cette cité de quelque trois cent mille âmes son aura, ses fantômes, son caractère. Marquée au feu par la tragédie des Capulets et des Montaigu, Vérone ne put qu'offrir à la légende l'écrin de ses rues, de ses places, de ses palais. Que la ville accueille aujourd'hui la plus grosse foire européenne d'agriculture, le Salon international des machines agricoles, qu'autour d'elle des entreprises célèbres y fleurissent, tel l'éditeur Mondadori, le monde entier n'en a cure. Depuis le XVIIe siècle, des générations bouleversées par le drame des deux amants viennent en pèlerinage, Charles Dickens en fit partie. Le désir de Juliette de tous ces visiteurs était si grand qu'on fouilla dans les archives. Et bien que l'histoire des deux amants qui inspira Shakespeare fût située à Sienne d'abord, sous la plume de Masuccio di Salerno, et à Vérone bien plus tard, sous celle de Luigi Da Porto, on trouva une maison Capulet, au 23 de la via Capello. Juliette avait enfin sa demeure. Il lui fallait dès lors un balcon – un sarcophage de marbre, gothique en diable, fit l'affaire ; et une tombe – elle s'inventa dans la crypte silencieuse et moussue de l'ancien couvent des Capucins, sous le cloître Saint-François. Dès lors toute la cité se fit complice, avec ses remparts, ses églises, ses cloîtres, ses rues en chausse-trappe, son atmosphère médiévale, son histoire. « L'hiver surtout, me dit une résidante, quand la brume monte du fleuve, envahit les ruelles, on s'attend à voir surgir, comme aux temps de Juliette, Roméo fuyant le cadavre de Tibalt, ou celui d'un des podestats qui firent la gloire de Vérone à cette même époque, les Scaliger. » Ces seigneurs de la ville dès le XIIIe siècle furent aussi sanguinaires que protecteurs des arts et des lettres. Ils nantirent Vérone d'une forteresse militaire, le Castelvecchio, et la meublèrent d'édifices comme on meuble un salon d'apparat – pour leur plus grande gloire. On mesure encore leur ambition place des Seigneurs, au cœur de la ville. Elle se tient derrière la joyeuse et populaire place aux Herbes, sertie de palais du XIVe et d'anciens greniers à blé, de maisons à arcades et de façades dentelées, de fontaines et de colonnettes. « Peu de villes ont mieux conservé le cachet médieval : les arcades ogivales, les fenêtres en trèfles, les balcons découpés, les maisons à piliers, les coins de rue sculptés, les grands hôtels aux marteaux de bronze, aux grilles ouvragées, [...] vous reportent aux temps passés, et l'on est tout étonné de voir circuler dans les rues des gens habillés à la moderne », écrit Théophile Gautier. Merveilleuse et grave Vérone ! Les statues du palais Maffei narguent les fresques peintes des maisons Mazzanti ; la pierre ciselée le dispute au marbre rouge. Place des Seigneurs, rien de cette atmosphère légère, mais, comme un envers de décor, une austérité pleine d'arrogance. Dure et hautaine, toute fermée de voûtes, de cours, d'escaliers majestueux, c'est à peine si le soleil y est toléré. Ni le café Dante, ni les graciles loggias du Conseil, ni la somptueuse porte Bombardiera, ni même le rire des enfants ne l'égayent vraiment. La majesté de l'escalier gothique en marbre rouge, à flanc de la tour des Lamberti, la plus haute de la ville, souligne cette solennité qu'ont voulue les Scaliger, jusque dans leur mort. Leurs tombeaux, brandis au ciel, se dressent en clôture de la place, à l'ombre glacée de Santa Maria Antica, leur église. Les voilà : ils sont là qui vous narguent de haut depuis leurs baldaquins gothiques, Cangrande Ier Scaliger, dressé sur son cheval, ou le gisant de Mastino II, ou encore celui de Cansignore. Fort heureusement, pour s'éclipser de son décor de tragédie, Vérone s'est inventé des échappées belles. Il suffit d'enfiler la via Sottoriva, bordée de portiques, débordée de cafés où il fait bon déguster un verre d'*amarino*, le vin noir et fort de Vénétie. Il faut se perdre un peu autour de la cathédrale, via Duomo, via Pigna, ou sur les petites places Broilio ou Vescovado. Enfin, il est temps, les yeux fermés pour mieux savourer la surprise, de franchir la tour de Garde pour emprunter le ponte Pietra. Alors, quel ravissement ! De chaque côté du pont romain, étroit et piétonnier, l'Adige se replie comme deux ailes de colombe sur le corps rude de la vieille ville. Dos tourné à l'austère rempart des maisons sur les berges, on contemple, dans le creux de l'autre rive, le théâtre romain sculpté dans la colline. De terrasse en terrasse, les cyprès escaladent la pente, encadrent un vieux couvent et des vestiges, jusqu'au vieux château nimbé de vapeurs et d'oiseaux. C'est au printemps, au début du mois de juin, qu'il faut venir ici. Dès les premiers jours, la ville se met à chanter et entre en scène. Un festival de jazz d'abord, fameux dans toute la Péninsule. Puis un festival Shakespeare succède aux saxophones. « On y programme aussi des ballets, des pièces contemporaines, des concerts baroques, souligne Marina, dont le grand-père dirigeait le festival lyrique des Arènes. L'hiver, c'est au Théâtre philharmonique qu'on se retrouve. Savez-vous que Mozart y donna son premier concert italien ? Il a passé deux semaines à Vérone, ville natale de Salieri. C'est dire l'accueil qu'on lui avait réservé ! » Le portrait du jeune prodige, *Mozart à Vérone* (veste rouge, l'air sérieux, les doigts sur les touches du clavecin), peint par Giambettino Cignaroli, a été vendu aux enchères avec les collections d'Alfred Cortot. Est-ce parce qu'elle est plus douce, sur cette rive, que Vérone s'appelle Veronetta ? Est-ce parce que cette autre tranche de ville, longtemps occupée par les Autrichiens, autrefois Palatin des Romains, recèle le plus beau parc à l'italienne de toute la Péninsule ? Les jardins Giusti (1580), brodés de buis depuis la Renaissance, ont conquis Goethe qui chanta leurs parfums, leurs labyrinthes, leurs statues, leurs fontaines et leurs buis et surtout, leurs cyprès en colonnes. Pelouses et bordures, ifs et citronniers en pots s'étagent sur les flancs de San Zeno in Monte. À son sommet, dans un écrin d'arbres et d'essences rares, une gloriette, un escalier en colimaçon et une tour. Alors, de là-haut, Vérone tout entière s'offre et se dévoile. Voilà le Castelvecchio de briques rouges et son cordon ombilical qui le lie à la ville – le monumental pont Scaliger, roman et crénelé. Voilà, par-delà l'autre lacet du fleuve, posé sur l'horizon, chef-d'œuvre de l'art roman, le bijou de Vérone : la basilique San Zeno Maggiore. Plus loin encore, les Dolomites. Le coup d'œil est étourdissant, par sa beauté, par l'étendue d'églises et de trésors qu'il laisse entrevoir. Alors, on se prend à songer aux merveilles déjà aperçues, dans cette « Petite

Rome » comme on appelle Vérone. Les vestiges romains de la porte Borsari, de la porte des Lions ou de l'arc des Gavi, et aussi tous ses palais, tous ses cloîtres, toutes ses églises, qu'elles soient cathédrales ou basiliques, la ravissante église San Lorenzo du corso Cavour ou Sant'Anastasia, San Fermo Maggiore et ses fresques, ou Santa Maria in Organo et ses marqueteries précieuses. Comment me les rappeler toutes, si riches d'histoire et d'œuvres ? Comment préférer, dans la ville de Véronèse, Mantegna ou Titien à Pisanello ? Le Verdi pharaonique des Arènes, au pleur des saxophones dans le théâtre romain ? Je ne le peux, sauf à attendre, sur la terrasse suspendue des jardins Giusti, que le couchant mêle dans ses ors toutes ces images, toutes ces couleurs, toutes ces musiques, et les confonde dans l'écume de l'Adige, en un seul éclat, celui du souvenir.

Sous le signe de Maria Callas

On ne peut pas marcher dans Vérone sans penser *aussi* à elle. Maria Callas. Je lui dois l'une de mes plus belles émotions – le jour où j'ai entendu le *O mio babbino caro* de Puccini. Par quelle magie une musique pouvait-elle se faire voix ? Et donner, comme le disent les paroles, le désir de mourir d'amour ? Je m'étais demandé pourquoi tant de bruits, de conversations, de brouhaha m'avaient jusqu'alors caché *cette* voix, et ce chant. La voix de Maria Callas interprétant cet aria me bouleverse toujours aussi profondément aujourd'hui, timbrée pour moi seule du souvenir de ce grave et premier frisson. Ah la fraîcheur des moments où l'on *entend pour la première fois*... Où l'on *voit pour la première fois*... Plus tard, j'écouterai des amis débattre avec fougue, certains pour dénoncer la voix de la Callas devenue, disaient-ils, insupportable – métallique dans les aigus –, d'autres pour la porter aux nues, prêts à pourfendre ses contempteurs. Elle est celle qui a le mieux répondu à tous : « Certains disent que j'ai une voix magnifique, d'autres disent le contraire. C'est une question d'opinion. Tout ce que je peux dire est que ceux qui ne l'aiment pas n'ont qu'à ne pas m'écouter. » Ou encore, à quelqu'un qui lui faisait entendre une soprano, avec l'idée, sans doute, de lui prouver qu'il y avait désormais mieux qu'elle : « Quelle belle voix, mais qui y prête attention ? » C'est à Vérone, en 1947, que Maria Callas fit ses débuts et la cité de Juliette ne l'a pas oubliée, qui rappelle au promeneur ses lieux de résidence et de passage. Elle avait vingt-quatre ans quand elle posa le pied pour la première fois dans la ville. Le célèbre ténor Giovanni Zenatello l'avait découverte à New York, où elle prenait des cours sous la direction de la cantatrice espagnole Elvira de Hidalgo. Emballé par sa voix et son génie expressif, entre la *commedia del arte* et les Tragiques grecs, Zenatello l'invite à l'Arène où le chef Tullio Serafin cherchait une soprano pour chanter *La Joconde* de Ponchielli, qu'il avait programmé pour le festival international d'art lyrique qui déjà, se tenait ici. À son tour, Tullio Serafin est conquis : « Elle était si étonnante, si imposante physiquement et moralement, si certaine de son avenir. Je savais que cette fille, dans un théâtre en plein air comme l'est Vérone, avec sa voix puissante et son courage, ferait un effet démentiel. » Maria s'appelle encore Cecilia Sophia Anna Maria Kalogeropoulos. Tullio Serafin lui donne son nom de scène : « la Callas ». Où loger ? Les organisateurs du festival l'installent à l'hôtel Accademia, propriété de la famille Meneghini dont l'héritier, Giovanni Battista, est aussi un riche industriel, amateur d'opéra. Il a quarante ans de plus que la jeune soprano. Après deux années de liaison tumultueuse – la famille Meneghini ne veut pas entendre parler de cette jeune américaine d'origine grecque, pauvre et orthodoxe de surcroît –, Maria Callas épouse Giovanni Battista dans la sacristie de l'église dei Padri Filipini, entourée de deux seuls témoins. Meneghini, célèbre dans tout Vérone pour son amour du gain, prend en main la carrière de sa jeune épouse dont il devient l'impresario et le mentor. Ils resteront mariés pendant dix ans, jusqu'à leur divorce, en 1959, à la demande de La Callas qui vient de rencontrer Aristote Onassis. Le couple réside à Sirmione, sur le lac de Garde, et dans la banlieue de Vérone, à Zevio où Meneghini possède une vaste demeure, à côté de l'église. Maria Callas s'y enferme pour répéter les rôles qui la rendront célèbre et travailler sa voix à la tessiture si riche : à la fois soprano, mezzo-soprano et colorature, et répondre aux nombreux engagements que signe pour elle Meneghini. Aujourd'hui, si vous interrogez, dans les épiceries ou les magasins de Zevio, des habitants d'un certain âge, nul doute qu'un d'entre eux se souviendra de l'avoir entendue vocaliser. C'est dans cette maison, place de l'église, que la municipalité a ouvert un musée entièrement dédié à « sa » Callas, « la Divina » pour y exposer, enfin, tous ses objets qui n'ont pas encore été dilapidés, ses robes, ses lettres, ses livres, ses photographies, et ceux qu'elle avait abandonnés dans la maison de son mari et y étaient restés. Mais la véritable rencontre italienne de la Callas, c'est avec Visconti qu'elle la fera. En février 1953, elle chante *Le Trouvère* de Verdi à La Scala de Milan. Cet amateur d'art lyrique – comme tout Italien – qui a connu Giacomo Puccini et Gabriele D'Annunzio, est ébloui – voilà enfin la diva qu'il attendait pour s'accomplir pleinement comme réalisateur – par la mise en scène des opéras entendus dès son enfance. Sa mère ne jure que par Verdi et son père, mécène du lieu, est propriétaire d'une loge à La Scala. Luchino Visconti montera cinq opéras avec et pour Maria Callas, entre 1954 et 1957. *La Vestale* de Spontini, *La Somnambule* de Bellini, *La Traviata* de Verdi, *Anne Boleyn* de Donizetti et *Iphigénie en Tauride* de Gluck. Alors, Luchino apprend à Maria qu'elle a certes une voix, mais aussi un visage d'une beauté singulière, et dont elle ignore encore le pouvoir. Il lui enseigne que ce visage, ses mines, ses expressions, ses longs doigts accrochés au taffetas de ses robes de scène, accordés à son chant la rendent insurpassable. Il révèle chez elle ce qu'elle n'avait pas encore déclaré – cette allure, cette silhouette, ce profil qui, alliés à la tessiture, font une diva d'une chanteuse. « De Visconti, elle a appris l'art de se maquiller de dedans. Chanter, ensuite, n'est plus qu'une vérification », résume André Tubeuf. En scène, il n'y a plus qu'elle. Elle ne prend pas son rôle, elle le vit, le souffre, le sublime. Sur scène, elle transpose ce qu'il y a de plus vivant, elle-même, sa voix, dans ce qu'il y a de plus artificiel – l'opéra, le seul lieu où l'on chante quand on vous assassine, disait, je crois, Jules Renard. Avec Visconti, grâce à Visconti, la Callas a ressuscité le mélodrame italien – non plus larmoyant, un tantinet vulgaire comme on l'estimait alors, mais sublime et tragique. La Divine avait prêté aux larmes de Manon de Puccini la douleur glacée d'Iphigénie. Et à cet aria du *Gianni Schicchi* de Puccini, cet *O mio babbino caro*, le léger rubato final qui m'avait donné l'envie de mourir d'amour.

Casanova en Vénétie

Sa Vénétie est une carte du tendre. Casanova, sans cesse par voies et chemins, a sillonné l'arrière-pays de la Sérenissime tout comme il arpente l'Europe. Elle était alors un immense salon. Il n'est pas de cité, Padoue, Vérone, Trieste, Vicenze, Bolzano, où il n'ait pas fait de halte, pour une nuit ou quelques jours. Il serait cependant vain de traquer, dans *L'Histoire de ma vie*, mémoires qu'il rédige sur le tard, ces jolies descriptions de monuments, de paysages, qui font aujourd'hui le miel des dictionnaires amoureux ou des anthologies du voyage. Au XVIIIe siècle, ce n'était pas la mode. Et ce n'était pas non plus le tempérament de Casanova, autoproclamé chevalier de Seingalt.

Aventurier, charlatan, abbé, libertin – on a dénombré, dans ses *Mémoires*, quelque cent vingt conquêtes –, espion, diplomate, écrivain bien sûr – et quel immense écrivain, insolent, drôle, profond –, Casanova manifeste un seul intérêt, la vie, et une seule passion, les femmes. Il consomme les deux au gré des aventures, dans une « insolente liberté » selon le mot de Félicien Marceau, que n'entament jamais le remords ni la culpabilité. De Venise où il est né, le 2 avril 1725, Giacomo Girolamo (Jacques Jérôme) Casanova ne livre pas davantage de lieux. Une exception toutefois : son premier voyage. Le médecin consulté pour soigner ses saignements de nez conseille à Zanetta, sa mère, de l'installer à Padoue. Il a neuf ans. Casanova embarque alors sur le *burchiello*, la péniche qui relie Venise à cette ville, en empruntant le canal de la Brenta. Le trajet dure huit heures. « Le burchiello peut être regardé comme une petite maison flottante. Il a une salle qui a un cabinet à chacun de ses deux bouts, et un gîte pour les domestiques à proue, et à poupe ; c'est un carré long à impériale, il est bordé de fenêtres vitrées, avec des volets », se rappelle-t-il. Mais des fameux palais sur les rives, pas un mot. Il faut dire que le *burchiello* voyage de nuit et qu'au petit matin, de son lit, Casanova n'aperçoit que des arbres en marche sur les berges. Il sera plus observateur à Padoue, en notant que la fille Ottavioni, sept ans, est jolie comme un ange… À dix-sept ans, Casanova a fait le séminaire. Clerc, il décide de partir pour Rome, la ville éternelle, à pied. Le voyage ne cessera plus, ou presque, « faisant des folies dans toute la liberté de mon corps et de mon âme, sûr de n'être connu de personne, jouissant du présent et méprisant le temps futur et tous ceux qui s'amusent à maintenir leur raison dans le triste emploi de le prévoir ». Il ira jusqu'à Dux, en Bohême, où il s'éteint en 1798, dans le château où il occupait la charge de bibliothécaire. De Constantinople à Saint-Pétersbourg, de Varsovie à Londres, de Berlin à Paris et à Madrid, Casanova se promène. Mais il revient toujours à Venise – qu'il fuit parfois comme un voleur, quand il s'échappe de la prison des Plombs. Quelle ville pouvait être plus adaptée à son tempérament ? Le carnaval y dure six mois par an et les prostituées sont payées par la Sérénissime. « Venise n'est pas là-bas, Madame, mais là-haut », corrige-t-il la Pompadour, à Paris. De la Vénétie comme de l'Europe, Casanova montre non pas les dorures, mais les soupentes, les bouges, les tripots ou les prisons et c'est cela qui fait la drôlerie, la richesse, la verve de ses Mémoires, animés par tout un petit peuple joyeux, hédoniste, gourmand de jeux et des plaisirs de la chair – les femmes surtout, jeunes ou mariées, marquises ou religieuses. À Venise, Casanova a pour maîtresse la mère supérieure d'un couvent et deux religieuses qu'il partage avec l'ambassadeur de France, l'abbé de Bernis, futur cardinal. Lorsqu'il est argenté – on l'a dit espion, attaché à la loge maçonnique –, le voilà aussi dans les palais, chez les Grands. Il sera bientôt sous leur édredon, avec leur femme ou avec leur fille, parfois les deux ensemble. Casanova n'avait pas de maison, ni d'adresse qui lui fût propre. À Padoue, cependant, il résidait dans le palais de Matteo Giovanni Bragadin, vieux sénateur vénitien d'illustre lignage, à qui Casanova avait sauvé la vie. Les deux hommes furent si liés qu'au moment de se suicider en se jetant du pont de Westminster, à Londres, dans une crise de désespoir, Casanova décida de rédiger un testament complet en sa faveur. Padoue fut véritablement la ville de cœur de Casanova, bien plus que Venise. Sans doute parce qu'il y fut pensionnaire, qu'il y connut ses premiers émois amoureux et qu'il y perdit son pucelage. C'est aussi à Padoue qu'il fit ses études. Il y revint souvent visiter ses amis, et plus tard, âgé, pour y prendre les bains, aux thermes d'Abano et Arquà. On ne sait pas très bien localiser le palais de Matteo Bragadin. Une chronique datée de 1779, signée de Casanova, évoque la via Belzoni (numéro 180). Ce serait l'unique lieu, avec la funeste prison des Plombs, où l'on peut, en Vénétie, fixer la présence de l'insaisissable prince de la liberté. Qu'on ne s'en attriste pas. Casanova n'a jamais été là où on l'attendait ; il est tout entier dans ses manuscrits, trois mille sept cents pages rédigées dans un français que corrigea Crébillon et qu'admira le prince de Ligne.

Venise

Dès qu'il a eu trois francs et six sous, mon père a acheté un Grondin Major. Un petit sloop de sept mètres à peine, tout en bois vernis. Une cabine avec trois couchettes. Un minuscule coin cuisine avec son brûleur et son évier. Le soir, une fois que nous étions tous les trois couchés, il installait une planche sur les deux banquettes du cockpit, déroulait un matelas de mousse et s'endormait là, dans les bras de ma mère, son meilleur moussaillon. C'étaient nos vacances, caboter le long des côtes de France, d'Espagne, de Croatie et d'Italie. Une vie d'ondins et d'oiseaux. Pour les longues traversées, il naviguait de nuit, nous trois bien au chaud, bercés plus ou moins durement par la vague. Lui à la barre où le relayait ma mère, tous les deux l'œil sur le compas. Cette année-là – quel âge avais-je, sept, huit ans ? – il nous a promis une surprise à notre réveil, pour nous consoler de quitter les îles Brijoni. Nous venions d'y passer des jours de robinsons et j'avais désiré, de toutes mes forces, y prolonger mon enfance. Nous avons levé l'ancre et le lendemain, ma mère nous a réveillés avec le ton qu'elle réservait aux matins de Noël. Nous sommes montés sur le pont, entre aube et aurore. Mon père avait affalé les voiles et nous naviguions à petite allure, au moteur. La nef du voilier ouvrait la lagune tels des ciseaux un drap de soie noire. Alors, comme une écharpe se dénoue, la nuit s'est dissoute et Venise nous est apparue. Une suspension. C'est la première impression que j'ai eue d'elle, le mot que j'ai gardé de cette vision qui exigeait le silence, pour ne rien rompre de l'enchantement. Était-ce un subit gonflement de la mer qui la tenait ainsi, à mi-ciel ? Ou les brumes roses du matin qui la soulevaient dans leur ascension en se dissipant ? Était-elle faite d'éther ? Était-elle même vraie ? À chaque tour d'hélice, la merveille se précisait et pourtant, semblait plus diaphane, immatérielle, évanescente. Venise vint à nous en archipel, par fragments. Ce fut d'abord l'île de San Giorgio Maggiore, et son petit port où nous accostâmes comme on aborde un mirage, puis les quais anciens, le duomo de l'île, son campanile et son vaste dôme puis, entre ciel et ciels, entre eau et eaux, devant nous, par-delà l'ultime frontière d'un bras de mer, Saint-Marc et le palais des Doges. Depuis cette première rencontre – je ferme les yeux et cette image me revient comme un visage aimé – jamais ma jubilation n'a faibli à l'approche de la cité des Doges. Je m'y rends par l'eau toujours, pour me préparer à sa fluidité, ses miroitements, ses reflets et ses chatoiements. J'aime y arriver la nuit, dans ses jeux d'ombres secrètes et de pâles lumières et à peine le pied à quai, j'y erre longuement, prestement – vite le tour de la place Saint-Marc, vite écouter les cloches graves et si enrouées du palais des Doges que je les ai toujours crues emplies de brumes, les écouter sonner minuit et sonnant, jouer la plus somptueuse des valses lentes ; vite revenir en me frottant les yeux – c'est bien Venise, Venise où tout se meut comme on tremble, j'y suis une fois encore – vite repasser le pont de l'Accademia déserté à cette heure du flot de ses touristes, et enfin à l'hôtel, me laisser tomber dans mon sommeil avec, pour dernière pensée, l'idée que le lendemain, je serai de plain-pied dans ce rêve.

« … Avec les clairs et les obscurs, la lumière donnait si bien perspective et relief à ce à quoi elle voulait donner perspective ou relief, que moi, qui sais comment votre pinceau est le génie des génies, trois ou quatre fois, je m'écriai : "Ô Titien, où êtes-vous donc ?" Ma foi, si vous aviez peint ce que je vous raconte, vous frapperiez les hommes de la même stupeur que celle dont je fus confondu, quand, contemplant ce que je viens de vous décrire, je m'en rassasiai l'esprit, plus longtemps même que n'avait duré ce merveilleux spectacle », écrit l'Arétin en mai 1544 à son ami Tiziano Vecellio. Mille tableaux, mais pas plus mille pages, mille livres ne suffiraient à fixer l'infinité des nuances et des variations de la lumière dans Venise, sur Venise, par-dessous Venise. La lumière est le suprême architecte de la ville. Une sorcière malicieuse qui jette à l'eau et au ciel leur jouet préféré, et alors se la renvoient, la cachent, la dévoilent, l'exaltent. Elle est peintre aussi quand elle irise les plafonds des palais avec ce miroitement si particulier de la lagune – berlingots mouvants et fugaces. Et l'on ne sait jamais, du ciel ou de l'eau, qui reflète qui. Avec elle, chaque palais, chaque mur se métamorphose cent fois dans la journée, rosit de l'orangé des briques au matin, rougit des tons de grenade à l'ombre du soir. Le matin encore, elle donne au marbre des palais le frémissement d'un duvet de colombe. Et le soir, au déclin du soleil, tout Venise semble se dilater, s'épanouir, vivre une apothéose ; la lagune s'habille d'écailles d'absinthe et de nacre ; alors une douceur douloureuse monte en mon cœur, et trouble en moi toutes celles que je suis. On dit que Venise est une ville carte postale, figée dans son décor, mais voici bien l'aveu d'un amant négligent, d'un amoureux qui ose détacher son regard de l'aimée ou n'aime d'elle que les lèvres, ou les yeux. Plus on fréquente Venise, plus on la découvre plurielle. Plus on s'y perd, plus on franchit ses ponts, plus on longe ses *fondamente*, plus on glisse sous ses *sottoportico*, plus on admire ses *vera*, les margelles des puits aux centres des places, en marbre blanc ou en pierre d'Istrie, plus Venise s'anime et s'anamorphose. Je ne vais place Saint-Marc qu'à la nuit et je fuis le pont des Soupirs. Le jour, je m'abandonne au plaisir de m'égarer dans le réseau capricieux de ses ruelles, ses impasses étranglées, ses *campi* et ses *campielli* – ce petit pont, ne l'ai-je pas déjà franchi ? Ce *cortile*, ne m'y suis-je pas déjà aventurée ? Mes pas ont fini par composer mon agenda – le matin au campo Santa Margherita pour y lire, y bavarder avec les Vénitiens, y déjeuner en terrasse, ou bien sur les *zattere* face à la Guidecca ; l'après-midi dans le quartier de Cannaregio et alors, je m'isole dans le monde clos de la chiesa della Madonna dell'Orto. Tout est *adorable* dans cette église. Son approche, le campo qui l'annonce, la façade avec son contraste délicat des blanches statues d'apôtres, six de chaque côté du portique, et les briques poudrées de ses murs ; à l'intérieur, les colonnes de marbre gris dont les nervures s'élèvent en volutes, la tombe et les tableaux du Tintoret – et parmi eux, son incroyable *Jugement dernier* ; les œuvres du Titien aussi et le regret qu'on éprouve à ne plus pouvoir admirer l'original de cette Vierge à l'Enfant, de Giovanni Bellini, volée en 1993 et dont il ne reste que le cadre vide. Sur l'autel qu'elle ornait, on a posé une reproduction pour nous consoler de son absence. Le *sestiere* de Cannaregio est le village de Venise. Il fut aussi le ghetto de la cité – le premier en Europe – dont Napoléon fit abattre les portes, après qu'il eut émancipé les Juifs. Ses hautes maisons, ses *campi*, ses *scole* – traduisez ses synagogues –, ses canaux où accostent les gondoles débordant des fruits et des légumes, ses marchés aux fleurs et les flâneries de ses résidants – c'est tout un chez-soi à Venise qu'évoque un film délicieux : *Pane et Tulipani* de Silvio Soldini, avec pour personnages essentiels le formidable Bruno Ganz et la Sérenissime.

Dans aucune autre ville au monde on ne se réclame autant d'en être l'intime. Chacun dessine son réseau de promenades préférées, s'enorgueillit de posséder au cœur la carte de la ville, mais se réjouit silencieusement, une fois perdu, de retrouver à l'angle d'une venelle la petite pancarte jaune et sa flèche brune qui remettent dans le droit chemin. Chacun choisit la porte des églises qu'il préfère y pousser – toutes riches d'œuvres d'art et de triomphes ; chacun veut connaître l'escalier qui mène aux plus jolies terrasses plantées sur les toits, ces *altane*, parfois chapeautées de pergolas fleuries, ou bien pavoisées du linge fraîchement lavé… C'est depuis ces terrasses que les Vénitiennes obtenaient ce blond cuivré qu'elles convoitaient autrefois. Elles enduisaient leur chevelure d'une mixture d'herbes en poudre et de miel, dégageaient leurs cheveux du chapeau de paille à large bord dont le fond était évidé, et laissaient le soleil les frapper d'or. Venise sécrète des jalousies, un désir d'exclusivité : on se prend à maudire les touristes – et le bruit infernal de leurs valises à roulettes – comme si on n'en était pas un. On conspue les monstrueux paquebots qui dégorgent leurs hordes pressées dans la ville et la noient plus sûrement que ses *acqua alta*. Et l'on se souvient avec une nostalgie inavouable des films visionnés pendant la pandémie : Venise désertée, ses eaux limpides, les cygnes en place des gondoles… Aussi est-ce hors saison et en semaine, voire l'hiver quand elle s'enveloppe de brouillards et de mystères qu'il faut aller à Venise. On retrouve alors, presque pour soi seul, ce qu'elle a d'unique et de spectaculaire à nous offrir. On y découvre combien Venise porte plus que la Beauté elle-même, tant elle chante les noces harmonieuses de l'Orient et de l'Occident : Venise cristallise la Beauté dans sa fragile épiphanie. La place Saint-Marc, la Piazetta et ses deux colonnes, où comme le dit Cocteau, « les pigeons marchent et les lions volent ». La Riva degli Schiavoni jusqu'à l'arsenal que gardent des chats endormis et des lions en pierre – ceux-là mêmes à qui Wagner avait donné le nom des deux géants de sa *Tétralogie*, Fasolt et Fafner. La statue du *condottiere* Bartolomeo Colleoni, de Verrochio, qui vous toise avec toute sa morgue du haut de son cheval, d'un coup d'épaule et de mâchoire carrée. La pointe de la Douane, où la Fortune, en équilibre sur le globe d'or, tourne aux quatre vents. Les palais du Grand Canal – la si merveilleuse Ca d'Oro… Le Rialto. Et tant de merveilles encore.

San Marco

Parmi elles, la basilique Saint-Marc a toutes mes faveurs. C'est un bijou, un bibelot serti de breloques, projeté vers notre admiration par un quadrige de chevaux de cuivre flamboyant. Tout en rondeurs et en cloisonnés, tout en mosaïques d'or et en camés de pierres rares. Un écrin de coupoles profondes, dansantes, dont on dit qu'elles inspirèrent à Monteverdi ses *Vêpres de la Vierge* et son *Duo Seraphim a tre voci*. Une châsse pour le Pala d'Oro, l'icône mathématique faite d'or et de pierres précieuses. La basilique est posée contre l'Orient de la place Saint-Marc, si carrée, si rationnelle. C'est en elle que repose le corps de saint Marc, qu'en 828 les Croisés avaient volé en Égypte où l'apôtre avait fondé l'Église d'Alexandrie. Deux marchands vénitiens, Bon da Malamocco et Andrea dit « Rustico » da Torcello l'avaient rapporté à la Sérénissime pour que la ville jouisse de la protection d'un saint patron au moins aussi prestigieux que celui de Rome. Comme Pierre, Marc n'avait-il pas connu Jésus ? Le doge Giustiniano Participazio, à qui les marchands l'offrirent, avait alors commandé la construction d'une basilique digne de l'apôtre. Un siècle et demi plus tard, la Sérénissime décidait d'embellir la première chapelle après qu'un incendie avait ravagé le palais ducal. Las ! Lors de cette reconstruction, en 1063, les reliques de saint Marc furent perdues. Perte terrible, pleine de funestes présages ! Trois mois de jeûne furent ordonnés à toute la ville qui s'abîma en prières. Alors eut lieu le miracle : après trois jours – le temps qu'il fallut au Christ pour ressusciter –, l'un des piliers du transept s'effrita. Un bras du saint apparut.

Le reste du corps fut dégagé, couché dans un sarcophage de cristal, et posé dans la crypte sur laquelle toute la basilique put désormais reposer. Pour ce chantier sacré, le doge Contarini avait appelé des architectes de Constantinople afin qu'ils élèvent pour Venise « un superbe temple singulier et rare ». Et, de fait, ces architectes apportèrent les formes mystérieuses et raffinées que déjà la ville avait recueillies de l'ancienne Byzance – Constantinople – qui tombera à son tour. En cela, la basilique Saint-Marc subsume l'empreinte laissée au monde par l'apôtre au lion ailé. Sa beauté, ondoyante comme le ciel et la lagune qui la portent, a le tremblement d'un mirage – celui de Byzance et de l'Orient défunts. Et nul ne l'a aussi bien exprimé qu'André Suarès, dans la relation de son voyage italien qu'il a ressaisie sous le titre *Le Voyage du condottière* : « L'espace central, que dominent les arcs du haut avec tant de sereine majesté, ce plan inouï du feu le plus dense et le plus pur, voilà le sanctuaire unique au monde ; et, sinon le plus beau, le plus brûlant. [...] Le songe de l'Orient, à Venise, est enfin passé à l'acte. » Élevés sur l'eau, les sols de la basilique ondoient. On est avec le Christ Pantocrator, en gloire, dans le triomphe même de son propre mystère.

Sur la lagune

Et la navigation à Venise ! Les *vaporetti*, les gondoles, les *motoscafi*, les embarcations des éboueurs qui broient les *scoasse*, les ordures ménagères collectées au passage des canaux. Et puis les marchands de fruits, de bonbonnes d'eau ou de gaz, les péniches où s'entassent des briques et du sable. Les bateaux corbillards qui emportent les morts – Venise se rappelle la gondole noire qui transporta, du palais Vendramin où il mourut, Wagner, dans le cercueil inouï envoyé par Louis II de Bavière. Tout ce qui glisse, vrombit, fait des vagues, du *moto ondoso*, froisse la lagune, ajoute au bruit d'ensemble le clapotis de l'eau sur la pierre. Tout ce qui danse. Tout ce qui nous rappelle le génie de Venise : avoir conçu des remparts d'eau pour se protéger. C'est sur l'eau que Venise fête son histoire, tous ses bateaux invités à sa réjouissance. Ainsi lors de la Fête du Rédempteur, en souvenir de la prière du doge que le Christ entendit, et qui mit fin à la grande peste qui décima la Sérénissime. Les embarcations maquillées et pomponnées de fleurs, de guirlandes et de lampions prennent la lagune pour la Giudecca où se dit la messe, dans l'Église du même nom construite en action de grâce. Et le jour de l'Ascension, la procession navale et sa cohorte d'esquifs tous propulsés à la rame, gondoles, *mascarete*, *sandali*, pour la *Festa della Sensa*, ma fête préférée, qui célèbre chaque année et depuis mille ans les noces de Venise avec la mer ! Et encore la Vogalonga ; ou encore, le carnaval de lagune : la *Regata Storica* et son cortège de gondoles et de galères du XVe siècle, actionnées par des rameurs costumés. C'est le retour, en 1489, de la reine de Chypre, Caterina Corner, à la cité des Doges, qu'on commémore ce jour-là... Trouverais-je la Méditerranée si belle si Venise n'existait pas ?

Au Palazzetto Bru Zane

Je ne le trouve pas tout de suite et je m'en réjouis. Je peux me perdre un peu dans les *fondamentine* du *sestere* San Stin et me tromper de pont ou de rio, découvrir ce que je ne cherchais pas – un plaisir de la ville. Ah ! Le voilà ! Le Palazzetto Bru Zane. Au bout d'une de ces voies sans issue sinon les immeubles qu'elles desservent. Un palais ? Plutôt un *casino*, un *ridotto*. Petite maison conçue au XVIIIe siècle pour recevoir ses amis, plus facile à chauffer que les grands palais. Salon littéraire, de jeu ou de musique, de danse aussi, la noblesse vénitienne y donnait rendez-vous au cercle de ses familiers. Le lieu était entièrement dédié aux plaisirs de l'esprit, parfois des sens, et un temps du jeu. Les fortunes dilapidées et les duels fréquents que les cartes et les dés provoquaient ont contraint la République à les proscrire sévèrement – le flagrant délit était puni d'exil. Le Palazzetto Zane a été construit à côté du palais Zane, dont il était la dépendance et il est ravissant. Une cour close – un *corte* – et pavée où l'on jouait autrefois au palet, un jardinet de buis, banc et sculptures de pierre. Les fenêtres traditionnelles en culs de bouteille sertis de plomb. Des persiennes d'un beau gris. Il reste peu de ces *casini* à Venise. Le Venier (prononcez Vénière), siège de l'Alliance française et celui-ci, qui était en ruine, et qu'a racheté Nicole Bru pour entièrement le restaurer, à l'identique. On imagine mal l'ampleur du chantier. Il a fallu revoir les fondations, remplacer un grand nombre de pilotis. À l'intérieur, redonner leur éclat aux stucs, très riches, à la balustrade de bois sculptée par Andrea Brustolon et aux fresques délicates de Sebastiano Ricci. Nicole Bru est élégante, précise, occupée et généreuse. Elle est médecin, chercheuse, et femme d'affaires. Elle a abandonné la présidence de ses laboratoires pharmaceutiques (UPSA) pour se consacrer à sa Fondation et aux mécénats qu'elle lance dans le domaine de la culture. L'histoire voulait que ce casino ait été construit par la famille Zane pour que leur fille musicienne y donne ses récitals. Mozart aurait joué là lors de son passage à Venise, en 1771. Hervé Niquet, le créateur du *Concert spirituel*, suggère alors à Nicole Bru de consacrer le casino à la musique romantique française, d'y faire ce qu'on réalisait depuis quelques années pour le baroque. Fouiller dans les bibliothèques. Exhumer des œuvres et des compositeurs injustement oubliés. L'énorme chantier terminé, le *palazzetto* rendu à sa beauté originelle, Nicole Bru offre à l'écrin un projet qui le rende vivant. Elle y installe le Centre de musique romantique française, amené à travailler avec les institutions vénitiennes, les conservatoires ou les opéras européens, et à accueillir concertistes et musicologues. Elle y organise des concerts, des expositions de photographies, des ateliers d'études musicales. « J'ai voulu un thème dont l'universalité réponde à celle de Venise. Et, par un mécénat privé, sauver un patrimoine. » Lorsque je lui demande si elle croit en la mort de Venise, son lent engloutissement, elle me rétorque qu'elle ne croit qu'« en la force des initiatives privées. On a évoqué, pour Venise, une gestion confiée à l'Unesco. Ce serait, à mon sens, une erreur. On dévitaliserait la ville de sa culture propre. Venise est aux Vénitiens et aux institutions qu'ils ont élaborées au cours des siècles. D'autre part, j'ai les plus grands doutes sur les capacités des bureaucraties à créer ou à sauver ce qui s'essouffle, surtout lorsqu'elles sont greffées arbitrairement ». Peut-on penser sérieusement à Venise comme à une ville d'avenir ? « Venise est une belle endormie qu'il fallait réveiller, et qui n'est en rien anachronique. » Nicole Bru rêve de la retrouver « telle qu'elle était au temps des Doges », ces cent vingt chefs de la République qui se sont succédé de 697 à 1797, et qui engloutissaient leur patrimoine dans les fastes de la Sérénissime. Tenus de pourvoir aux frais de leur fonction, d'offrir au moins cinq banquets par an, les Doges encourageaient les propriétaires à embellir leurs demeures. Ils les exonéraient d'impôts au prorata de la magnificence des décors. De là, les façades peintes de fresques signées par les grands maîtres – hélas décrépites par le temps ou remplacées par le marbre au XVIIe siècle ; de là les soins de manucure apportés aux palais. « La culture est l'avenir de Venise. Elle pourrait être un centre artistique universel et elle le sera si on le veut. Il y a de beaux projets. Il faudrait éviter le danger des grandes administrations et des restaurations brutales, qui feraient de Venise une belle enveloppe… entièrement froide et vide. »

Musique

La Sérénissime est faite de trois éléments, l'eau, la lumière et la musique. Et, comme l'eau et la lumière, la musique ruisselle à Venise. N'est-ce pas, dès l'aube du XVIIe siècle, par la musique – religieuse et profane – que les Vénitiens ont répondu au déclin économique dans quoi les routes maritimes ouvertes vers l'ouest les avaient plongés depuis un siècle ? Plutôt que se recroqueviller, ceux qui ne composent pas s'épanouissent aux œuvres que leurs enchanteurs – Monteverdi, Cavalli, Legrenzi, Vivaldi, Marcello, Galuppi – leur donnent à entendre dans les maisons et les palais, dans les bals en plein air, les fêtes religieuses et le carnaval qu'on prolonge jusqu'à une moitié d'année. La musique met en scène les grandes processions sur l'eau ; elle triomphe dans les « maisons d'opéra » qui fleurissent dans toute la Sérénissime. Chaque foyer, jusqu'au plus humble, se meuble d'instruments à cordes et à vent, chaque enfant s'y exerce. Le père de Baldassare Galuppi était barbier… et violoniste. On chante pendant les messes et dans les gondoles des hymnes et des madrigaux. On se toque d'arias, on se pâme tant la virtuosité des chanteurs se fait acrobatique. Les *prime donne* comme Francesca Cuzzoni défient les castrats tel Farinelli. On n'est un bon gondolier que si les trilles de la voix égalent celle de la *forcola*, taillée à la mesure de ces maîtres à bord et avec quoi ils godillent comme s'ils dessinaient l'eau. Il n'est pas un visiteur qui ne s'émeuve de leurs chants, entendu le soir, quand l'agitation de la cité s'est assoupie. « Les canaux sont pleins de gondoles, la place San Marco est remplie de monde et, jusqu'aux rives des canaux, partout retentissent des chants harmonieux. Les gens du peuple ont l'habitude de chanter en se promenant bras dessus, bras dessous, si bien qu'ils semblent converser en musique de même que dans les gondoles sur l'eau », rapporte le compositeur Charles Burney de retour à Londres. Venise enseigne la musique à ses enfants. Les *Ospedali* qui accueillent les abandonnés – le Pio Ospedale della Pietà – ouvrent les premiers conservatoires pour éduquer les orphelines au chant, *figle del coro*, ou bien à la pratique d'un instrument ; les petites filles – les *putte* en vénitien – et seulement elles. Les plus douées prennent le nom de leur talent. Anna Maria dal Violin. Leurs chorales qu'on vient écouter dans les églises – elles, cachées derrière des jalousies, dans l'ombre des loggias – font plus pour la réputation de la paroisse que les homélies du prêcheur. L'extrême qualité de l'enseignement, dispensé par des maîtres, Vivaldi et Gasparini au Pio Ospedale della Pietà, Tartini et Galuppi à l'Ospedale dei Mendicanti attire bientôt d'autres élèves, venues des cités italiennes puis de toute l'Europe apprendre à Venise l'art musical. Venise comptera quatre de ces hospices musiciens. Aujourd'hui encore, beaucoup d'églises ouvrent le soir pour des concerts, où Vivaldi se taille la part du lion mais on aurait tort de penser que l'activité musicale de Venise ne perdure que pour les mélomanes de passage. La Fenice, renée de ses cendres, entretient la flamme amoureuse de la musique dans les cœurs des Vénitiens.

La Barchetta

Lorsque la nostalgie de Venise me submerge, rien ne m'y transporte mieux que sa musique. Et parmi tous ses compositeurs, toutes leurs œuvres, trois morceaux auxquels j'ai intimement lié son image, avec un éclat, une puissance d'évocation incomparable. *Si dolce è il tormento* de Monteverdi, que chante Lea Desandre, et c'est le cœur et non la guitare qui est pincé par la suavité de cette mélodie, et la voix qui la déploie. La *Sonate en do majeur* de Baldassare Galuppi – et quelle tristesse qu'on n'entende pas davantage ce Vénitien né à Burano sur la lagune, admiré par Haydn et Carl Philipp Emanuel Bach, et que défendit Casanova ! Chaque note de piano, touchée par Arturo Benedetti Michelangeli, réveille les reflets de la lagune, ses miroitements joyeux, la légèreté de vivre. Et enfin il y a *Venezia La Barchetta* composé par Reynaldo Hahn, chanté par Gérard Souzay. Certes Reynaldo Hahn n'est pas né à Venise, mais il fut vénitien le temps de son séjour, lorsqu'il y vint pour retrouver Proust. Il avait vingt-six ans. La musique du dialecte « enchanteur et surtout juvénile » le séduit d'emblée. Il compose six mélodies sur six poèmes italiens. Il donne à son piano la clarté de la guitare. Et lorsqu'il doute encore d'avoir saisi l'essence des lieux, il s'assure que la vénusté de sa musique séduit l'oreille des Vénitiens. Il va les chanter lui-même sur les *piccoli canali :* « Dans une barque illuminée, j'étais seul avec le piano et deux rameurs. Peu à peu, des passants se sont rassemblés, garnissant les balustrades des ponts ; un public plébéien s'est formé, compact, attentif. *Les Chansons vénitiennes* ont fait l'effet, dans cette petite foule, de cartouches explosives, causant une joie, une surprise qui m'ont fait plaisir. "Ancora ! ancora !" criait-on de là-haut... » J'écoute à mon tour. Ah ! ce chant qui glisse comme la *barchetta* sur l'onde, et le piano qui la porte et l'accompagne, en léger clapotis. Ah ! cette barcarolle. Moi aussi je crie « *Ancora !* »

La vie à Venise

Alors Venise ? Une ville opéra, avec son ouverture (place Saint-Marc), ses récitatifs (ponts divers) et ses arias (dédales de rues à l'infini, qui vous renvoient à la place Saint-Marc). Imaginez la distribution : livret Goldoni, musique : Vivaldi ; personnage : Casanova qui servit d'ailleurs de modèle à

Da Ponte et à Mozart pour *Don Giovanni* où retentit l'air *Que viva la liberta* ! Venise est d'abord une fête de la pensée et de tous les sens, qu'elle convoque. Irisation des tons, flux des couleurs, chatoiement des nuances, de l'ocre clair au rose thé ; le marbre et les pierres sont pris dans ce flottement de tous les instants ; tout coule, se mélange, s'emporte, s'évapore, s'enfuit : un rythme continu de part en part. Autre cliché : Venise, ville morte – le tourisme prouvant par l'absurde une absence de vie en propre. À l'origine de ce mythe, quelques grands Allemands comme Wagner qui conçut, penché sur le Grand Canal, la mort de Tristan – il avait entendu dans la nuit l'ancien chant des gondoliers. Il le traduira en cantilène mélancolique, pour ouvrir son troisième acte. « Amour-Tragique » furent ses derniers mots notés sur sa partition. Thomas Mann, et sa postérité, qu'a fixée à jamais Visconti. Entre le réalisateur et Venise, ce fut une histoire d'amour. Folle, excessive, unique – à la mesure de l'ardeur que le maestro insufflait à ses passions. Aussi, pour commémorer les cent ans de sa naissance, en 2006, la cité lacustre a rendu hommage à celui qui aura su la filmer comme nul autre auparavant, ni depuis. Elle a programmé la *5e Symphonie* de Mahler à l'opéra de la Fenice, cette musique dont le soupir perce à travers le silence des espaces infinis, et restitue aux amoureux de *Mort à Venise* une part de leur éternité, sinon de leur rêve. La Fenice ? En fait, le lieu de départ de toute la réflexion esthétique, voire politique de Visconti. Dès *Senso*, son premier chef-d'œuvre, plébiscité en 1954, il reconstitue la révolte des patriotes italiens qui veulent affranchir Venise de la domination autrichienne ; et sur quoi le film s'ouvre-t-il, si ce n'est sur un opéra de Verdi, donné devant un parterre d'officiers italiens en 1866 à la Fenice ? Comme si la scène de l'opéra était le lieu symbolique de la révolte contre l'imposture et l'annonce du chant qui précède la victoire. Héritier par sa naissance de la famille des ducs de Milan, Visconti, l'insoumis, n'a eu de cesse de se tourner vers Venise la Républicaine et ses lions ailés, qui protègent l'entrée de la ville de Vénus : d'abord, adolescent, pour assister à sa Mostra, ensuite pour en faire le noyau caché de son œuvre : un haut lieu qui conjugue, dans une danse de carnaval, images colorées, musique extatique et joies de l'amour interdit. Puis, poussant la métaphore de Venise comme ville-musique, à la fois flot et flux, durée sensible au cœur, il décide d'opérer leurs métamorphoses réciproques : en 1970, il prend le prétexte d'un roman de Thomas Mann pour porter à l'écran ce qui reste le premier film opéra, un concept qui n'a rien à voir avec celui de film d'opéra. Tout le pari de la dramaturgie tient à la montée en puissance de la musique, à ses retours et à ses variations, à tout ce qu'elle suggère. Frappé par un adolescent dont la beauté lui rappelle sa fille morte, le compositeur Aschenbach (en français « rivière de cendres ») va le suivre dans les rues de Venise, au gré des rappels de la musique de Mahler, qui servit de modèle à Thomas Mann, comme Leverkühn dans *Doctor Faustus* lui avait été inspiré par Schönberg, d'ailleurs présent dans le film sous les traits d'Alfred, l'ami. Film d'une puissance magistrale, *Mort à Venise* mêle plusieurs thèmes que souligne l'adagietto de la 5e *Symphonie mahlérienne* : celui du voyage entre le monde réel et celui du rêve ; voyage à travers les signes et les sensations, comme chez Marcel Proust ; voyage enfin dans les parages où musique, création et amour se répondent, où chaque voix a pour corollaire un désir de perfection, malgré la mort. Une réflexion sur l'amour qui, comme la musique, lorsqu'il recherche l'absolu, prend le risque de le manquer ou de ne pouvoir jamais le saisir que dans une étreinte mortelle.

À l'encre de seiche

James de Coquet, dans ses savoureuses chroniques culinaires, regrettait que le ravioli, « ce séducteur », n'ait jamais reçu d'Oscar et qu'il ne porte plus l'empreinte de la main humaine, quoiqu'il ait connu, en France, les derniers raviolis « garantis cousus main », l'œuvre bien sûr d'une Italienne, la généreuse Lucia. Sans doute James de Coquet ne visait-il que la France, ou n'avait-il pas mis un pied en Italie depuis longtemps. À Venise, la *pasta* est un délice revendiqué comme une excellence locale, une histoire de famille et les raviolis sont toujours faits main, et généralement farcis des produits de la mer – chair des gobis pêchés dans la lagune, petits calamars, arrosés d'encre de seiche. La *pasta al nero di seppia* est la spécialité de la Sérénissime. Certes, à Venise, si on n'affirme pas haut et fort le rôle de Marco Polo dans l'introduction d'une des plus savoureuses spécialités de la Péninsule, servie comme *primi piatti* à tous les repas dignes de ce nom dans les bonnes maisons italiennes – entre les hors-d'œuvre et la viande ou le poisson –, on vous le laisse entendre. Cette curieuse pudeur a ses raisons : Marco Polo n'a jamais introduit les pâtes à Venise. Or, quoiqu'il ait passé des années au service de l'empereur Kubilay Khan, le marchand vénitien n'est jamais revenu avec les fameuses nouilles chinoises – dont on doute aussi, par ailleurs, qu'elles soient une invention exclusive de l'Empire du Milieu. La légende est née aux États-Unis. Elle fut lancée par *The Macaroni Journal* qui défendait les intérêts de l'industrie des pâtes – fondée, soit dit en passant, sur le port de Brooklyn par un Français d'origine italienne – et tentait de convertir les Anglo-Saxons, mangeurs de pommes de terre, à la consommation massive de la *pastasciutta*. Entre trois publicités pour les meilleures marques de nouilles, le magazine avait publié l'historique des pâtes, intitulé « Une saga de Cathay ». Le journal écrivit que « selon la légende », Marco Polo, obligé de faire escale sur la côte chinoise pour ravitailler l'équipage en eau, aurait envoyé à terre l'un de ses marins, vénitien lui aussi, nommé… Spaghetti ! Dans le village, celui-ci aurait été interloqué par les longs fils qui séchaient à l'air libre sur des cordes. Puis il y aurait goûté. Quelle formidable ressource pour des navigateurs ! se serait-il dit. En bon Vénitien, il aurait acheté tout ce qu'il pouvait emporter de vermicelles, la farine qui les composait, et la recette pour les fabriquer. À bord, il se serait aussitôt lancé dans leur fabrication, mais, maladroit, il aurait confectionné dans un premier temps, non pas des… spaghettis, mais des pâtes en ruban, des tagliatelles. C'est ainsi que Marco Polo, *via* le marin Spaghetti, aurait introduit les pâtes à son retour à Venise. Entretemps, l'ingénieux Spaghetti était passé maître dans l'art de cuisiner la *pasta*, dans de l'eau bouillante, salée à l'eau de mer. Le copyright de cette histoire, à défaut de celle des pâtes, fut déposé en Pennsylvanie, dans la ville de Lebanon où des émigrés italiens avaient implanté une fabrique de pâtes, la Macaroni Manufacturing Company. Et quelque chose me dit que son fondateur, comme l'auteur de l'article, était vénitien. Aujourd'hui, Venise a ses spécialités de pâtes – les *bigoli*, sorte de gros spaghetti, souvent servis en soupe avec des haricots blancs – *pasta et fagioli*. Ou les *ditalini*, des petits cubes. Après les *primi piatti*, il faut goûter les *moeche*, petits crabes frits de la lagune, les *folpeti*, tout petits poulpes, les *schie*, sorte de crevettes locales et, enfin, le foie de veau, *fegato alla veneziana*, coupé en morceaux et rissolé avec des oignons. Mais la reine de la table, reste la *pasta, et le ravioli al nero di seppia…*

Les îles

J'ai visité les îles de la lagune vénitienne et je dois à ce reportage le bonheur d'avoir navigué dans des petits matins d'hiver, à la surface d'un entre-monde d'éther et de reflets, avec ses vifs envols de canards sauvages, le saut argenté de quelques poissons, dans le frisson du vent et des roseaux. Je n'ai pas parcouru Murano, Burano ou Torcello et ses jardins, mais les îles abandonnées, ou en deshérence, et que la Sérénissime avait décidé de mettre en vente, pour « sauver Venise ». Dans la cité des Doges, l'antienne est aussi récurrente que le *Delenda Carthago* de Caton l'Ancien. Depuis novembre 1966, date de la catastrophique inondation de la ville, le leitmotiv n'a plus cessé de volatiliser des milliards de subventions ; de faufiler les promesses électorales ; d'alimenter discours et polémiques et de rémunérer une prospère bureaucratie. *Sauver Venise* a aussi accouché de projets extravagants. Après Moïse, prototype de quatre-vingts digues-écluses qui a pris quarante années d'études et de retards avant d'être – enfin ! – mis en service en octobre 2020, après un métro qui ne vit jamais le jour mais fit toucher le fond du désespoir aux esthètes et aux écologistes ; après le rapide rêve de lévitation de la ville par injection de ciment dans ses fondations ; après le séduisant fantasme d'un gigantesque oléoduc reliant le complexe industriel de Porto Marghera à Trieste pour refouler les énormes pétroliers de la lagune ; on avait envisagé la résurrection des îles vénitiennes… à compte d'auteur. L'idée n'émanait pas des huit cents têtes pensantes du fameux *Consorzio Venezia Nuova* chargé, depuis 1987, de sauver Venise. Elle avait jailli d'un constat très simple : l'argent manquant cruellement, l'État avait décidé de confier la restauration des îles abandonnées à de riches particuliers. Dans le passé, ces mécènes s'étaient montrés très généreux

– en 1966, l'Unesco avait recueilli 14 millions de dollars pour l'opération *Salve Venice*. L'idée semblait lumineuse. Pour en connaître tous les détails, j'avais rencontré Carmello Ianni, *direttore compartimentale del territorio per le tre Venezie* (directeur du ministère de l'Équipement pour la région de Vénétie). *Il professore* m'avait expliqué en substance que les îles n'étaient pas à vendre, mais données en concession. Du moins, celles qui étaient propriété de l'État italien. Les concessions seraient proposées au cours d'enchères internationales, avec mise de départ et cahier des charges rigoureux. Quatre îles avaient déjà été sélectionnées. Dès l'annonce du projet, me dit encore *il Direttore*, des dizaines de demandes avaient afflué du monde entier. Quelles perles suscitaient donc une telle convoitise, parmi les trente-quatre petits bouts de territoires abandonnés, oubliés des guides, livrés aux ronces, aux chats et aux moustiques, et qui furent, au temps glorieux de la Sérénissime, autant d'appendices urbains, de banlieues administratives de la République, bâties de monastères, d'hôpitaux, d'asiles ou de fortifications militaires ? Où l'hédonisme virulent des citoyens expulsait ses furoncles : malades, équipages en quarantaine, délinquants, fous, artificiers et militaires, disséminés sur cet archipel fragile, pour mieux livrer la ville aux intrigues, aux affaires, au luxe et… à la luxure. À cette époque prospère, hantée par Casanova, la très puissante Magistrature des eaux entretenait cet archipel. Elle savait que la santé de la Cité passait par l'équilibre de la lagune. Elle la choyait mieux qu'une courtisane : tamaris plantés sur les barènes, ces hauts-fonds de sable et de vase qui brisent les humeurs des marées-tempêtes. Interdiction d'y puiser du sable ; d'y creuser des bassins ; et même, d'y planter le moindre pieu. Curage et curetage des canaux, mise en cale sèche périodique des milliers de pilotis sur lesquels repose la Cité : autant d'actes d'hygiène oubliés. À cette époque encore, et grâce aux îles, Venise se gardait. Des invasions par mer, contre lesquelles on édifia ces fameux *ottagoni*, fortifications de brique où les mercenaires du doge attendaient de pied ferme les galéasses de l'ennemi. Elle se gardait des maladies : les hôpitaux s'y spécialisaient entre affections contagieuses, mentales ou chroniques. Elle se gardait de Rome et de la toute-puissante Église : couvents et confréries pouvaient prier pour le salut des âmes... de loin. On se gardait même du peuple laborieux, dont il reste les œuvres plus que les vestiges : Murano, l'île de verriers. Burano, l'île des dentellières et des pêcheurs, aujourd'hui plus vivantes que la cité mère dont les fondations s'étiolent, se délitent, s'étoilent, s'écaillent et se rongent, et qui coule inexorablement, pendant qu'en surface, avec une obstination héroïque, l'Unesco et les comités privés continuent de repeindre en rose la joue d'un ange de Titien, le vernis d'un Carpaccio ou un retable du Tintoret. Est-ce bien Ruskin qui a écrit « Venise n'est pas bâtie sur le sable de la mer, mais sur le sable du sablier » ?

L'archipel

Alors, de ces îles qui étaient abandonnées, pillées, dépecées, délabrées, lesquelles seraient offertes aux enchères ? Était-ce San Clemente, que je suis allée visiter ? Une église du XVIe siècle y creusait ses lézardes. Le palais Renaissance où les doges organisaient de féeriques réceptions pour les ambassades étrangères et les hôtes de marque pâlissait au soleil. Il devint, en 1873, un asile psychiatrique réservé aux femmes. On le ferma définitivement en 1992. Tout était immense et vide, sauf de chats furtifs et sauvages. Les dédales sans fin de ses couloirs enserraient des patios ombrés de figuiers et de kakis. Les marbres de l'escalier magistral y avaient des accents d'Autriche. Le palais ne s'égayait qu'au couchant, lorsque les ultimes rayons du soleil éclairaient la façade couleur de Sienne. Était-ce Poveglia ? L'île la plus lointaine dans la lagune ? Au XIIIe et au XIVe siècle, cette virgule de terre abritait une population de huit cents personnes. Elle fut même reconnue République autonome. Je n'ai pu m'y rendre qu'avec une autorisation spéciale et une escorte de *carabinieri*. L'île était interdite d'accès, et elle l'est restée. Elle avait la réputation d'être hantée et la légende perdure. Des phénomènes effrayants s'y manifesteraient. Les spectres des soixante mille personnes jetées encore vivantes dans des charniers, lors de la grande peste de 1575, rôderaient dans les couloirs du monastère et du palais, transformé en 1922 en hôpital psychiatrique pour hommes. Le lieu les rendit plus fous encore – harcelés par les plaintes des pestiférés enterrés vivants, par les apparitions de leurs fantômes, certains des malades s'étaient jetés par la fenêtre. Le cicerone qui m'accompagnait ce jour-là avait une explication plus prosaïque : « On répand ces légendes pour écarter les curieux et les promeneurs. En vérité, l'île occupe une position stratégique parfaite pour les trafiquants, notamment de drogue. On vient par la mer déposer les colis. On arrive de Venise pour les récupérer. D'où l'interdiction absolue d'y poser un pied. »

J'ai passé une journée entière sur cette île mélancolique et quasiment en ruines. L'escalier de pierre du cloître, envahi de ronces, de lianes et de lierre, mène aux cellules éventrées des nonnes qui s'occupaient des malades. L'asile a fermé en 1968 mais le lieu s'est ouvert au vent et à la pluie. Son campanile-phare est depuis longtemps éteint. Son église, autrefois décorée par Titien et pavée de marbre, ressemble désormais à un grand cadavre écorché. Les salles où, entre un petit théâtre et un jardin clos, bivouaquaient les marins en quarantaine, se délitent. On m'a dit qu'il y a peu, l'île aurait trouvé preneur… du moins le prétend-on, au vu des quelques échafaudages installés. On ne connaît pas le nom du propriétaire. Est-ce un particulier ? Une chaîne hôtelière comme celle qui finira par acquérir San Clemente ? Ou l'œuvre des revenants, usant d'un ultime subterfuge pour continuer à errer sans être dérangés par d'inopportuns intrus ? Sera-ce l'île de San Servolo qu'on mettra aux enchères ? Le plus beau balcon de pilastre ouvert sur la Giudecca, San Salute et le palais des Doges ? L'île, au VIIIe siècle monastère bénédictin, puis lazaret, puis hôpital militaire, est coupée en deux, en attente d'avenir, et on a tort de ne pas lui rendre visite. Au sud, un centre de formation international pour la restauration des œuvres d'art y accueille, dans une joyeuse précarité, les artisans du monde entier et des expositions itinérantes ; tandis qu'au nord, les voûtes d'un cloître et les meneaux d'un monastère bâillent devant les bureaux d'une administration quelconque – un peu ministère, un peu délégation universitaire. Finalement, aucune de ces quatre îles – les plus belles – n'entrera dans ce programme d'enchères à compte d'auteur. Mais Monte Oro, l'Ottagono Ca Roman et San Angelo delle Polveri. Monte Oro ? une île déserte, au fin fond de la lagune, creusée par les chercheurs d'or que la légende d'un trésor enfoui là avait attirés pendant des siècles. L'Ottagono Ca Roman ? Un terre-plein entouré de fortifications, inaccessible par vaporetto tant l'eau est peu profonde. San Angelo delle Polveri ? Certes, cette île fut un couvent à l'origine, réquisitionné à la fin du XVe siècle par l'armée du doge pour le transformer en dépôt de munitions et fabrique de poudre. Mais une explosion et un incendie rasèrent, en 1689, les trois beaux bâtiments. L'île n'est plus que ruines étalées sur cinq mille mètres carrés. Qui placerait un sou dans ces bouts de terre, sachant qu'il serait alors obligé de restaurer, quand ils en ont, leurs bâtiments à l'identique ? Ces fragments d'archipel, et de mémoire vénitienne, méritent-ils qu'on s'y ruine ? « Ah ! me dit le capitaine du *motorscafo* qui me ramène de Ca Roman, quand je lui explique la raison de cette course sur la lagune, encore des *ciacole !* » « Des bavardages », traduit le Français qui m'accompagne et dont la mère est vénitienne. Les deux hommes ont encore quelques mots en dialecte, et un grand rire. « C'est bien la première fois que l'administration cherche des pigeons pour Venise », traduit-il. Mais alors, que choisir, entre la prédiction de Paul Morand « Venise se noie et c'est peut-être ce qui pouvait lui arriver de plus beau », et le vœu de Rainer Maria Rilke : « La Sérénissime ? Un fragment de notre passé riche de notre avenir » ?

Marco Polo

Venise, comme Gênes, a son grand aventurier. Marco Polo. Et comme Christophe Colomb à Gênes, la Sérénissime n'a rien conservé du passage de son grand homme, qui découvrit la Chine au XIIIe siècle et la rapporta à la cité des Doges, dans ses malles, et dans les pages de son récit de voyage, *Le Devisement du monde*. Certes, Marco Polo ne fut pas le premier à mettre un pied dans cette Asie extrême – il ne s'agissait pas alors de traverser un Océan inconnu sur un monde que beaucoup encore croyaient plat et bordé de gouffres effrayants. Mais il est revenu, le premier, parler de Cipango – le Japon –, du grand Khan, l'empereur mongol, des lamaseries du Tibet et de l'invention du papier-monnaie. Il rapporta à Venise des malles emplies d'épices inconnues et de cette soie dont il ouvrit la route. Quand il revint du plus long de son voyage – vingt-cinq ans de pérégrinations –, il était méconnaissable. Ses concitoyens ne l'identifièrent que lorsqu'il défit la doublure de son vêtement tartare, libérant des poignées d'or et de pierres précieuses. Au musée Correr, une peinture du XVIIIe siècle d'Hermanusz van Grevenbroeck le représente vêtu de cet accoutrement, avec son blason – un écusson barré et trois merles. Certes, l'aéroport de Venise porte son nom comme à Gênes celui de Christophe Colomb. Mais dans la ville ?

La maison où il est né ? On n'en sait trop rien. La *casa Polo* où vécut sa famille, dans le quartier de Cannaregio, fut détruite dans un incendie en 1598. Celle où il s'installa en 1299, après trois années de prison aux mains des Génois, fut rasée pour laisser place, en 1679, à la construction du théâtre Malibran. Quant à l'église San Lorenzo et son monastère, dont il fut le bienfaiteur et où il fut enterré en 1324, elle fut détruite, pour être remaniée et reconstruite en 1592... Venise voue-t-elle à son héros voyageur le culte qu'il mérite ? Dès le XIIIe siècle, Marco Polo est discrédité. Le récit épique de ses aventures, qu'il a dicté au Pisan Rustichello alors qu'il croupissait dans sa geôle génoise, ne serait qu'une compilation des histoires contées par les marchands perses croisés sur les rives de la mer Noire. La controverse rebondit aujourd'hui, sur la foi d'anachronismes dans ses souvenirs et de grands vides dans les annales chinoises et mongoles. Nulle trace de Marco Polo. Et dans son propre récit – comment a-t-il oublié de mentionner la Grande Muraille, ou les pieds bandés des femmes ? S'il a ses procureurs, Marco Polo a aussi son avocat, l'historien John Larner. La Grande Muraille ? Elle était en ruine quand le Vénitien a traversé la Chine. Les pieds bandés ? Seules les femmes de l'aristocratie subissaient ce rituel, et il leur était interdit de quitter leur domicile ou de se montrer. Quoi qu'il en soit, les aventures de Marco Polo ont fait rêver ses contemporains et les esprits de la Renaissance. Grâce à lui et à ceux qui ont suivi ses pas sur la route de la soie, la Sérénissime est devenue le centre du monde, le trait d'union entre l'Orient et l'Occident, le cœur de l'Europe entre ses deux poumons. Et si Venise a définitivement gagné la guerre contre Gênes à Chioggia, au fond de sa lagune, Christophe Colomb, en découvrant l'Amérique, lui a porté son coup le plus fatal. L'Europe s'est alors tournée vers l'Atlantique, en tournant le dos à Venise, et avec elle, à toutes les richesses, les finesses, les cultures, les chatoiements et la spiritualité de l'Orient.

Gênes contre Venise

Des lions, des canaux, des palais, un pont – le pont Vigo – qui a des allures de Rialto. Je suis à Chioggia, la petite Venise, plus ancienne que Venise même, posée tout au bout de la lagune et où se jette mollement le canal de La Brenta, que bordent les belles villas palladiennes. Chioggia est une Venise de province et de douceur, plus proche de la mer et plus distante du tourisme. Je suis venue visiter le lieu où le génie stratégique de la Sérénissime s'est joué de la puissance militaire de Gênes « la Superbe », Gênes « l'Orgueilleuse ». En ce 13 septembre 1379, l'heure fut si grave pour Venise que pour la première fois depuis deux siècles, le *Concio*, l'Assemblée populaire, avait été convoqué dans la basilique Saint-Marc. La Sérénissime est assiégée. Après avoir maîtrisé les forteresses qui contrôlent les communications de la Sérénissime vers la Lombardie, après avoir conquis et incendié les villes de Umago, Grado, et Caorle, Gênes a pris Malamocco et Loreo sur le Lido, et les îles de Poveglia et de San Erasmo dans la lagune. Et depuis le 16 août, la flotte génoise occupe Chioggia. Quant à la flotte vénitienne, elle a été en partie défaite un mois auparavant, devant Pola, à quelques volées des lions de Saint-Marc... Bien sûr, il reste encore l'autre moitié de la marine, commandée par Carlo Zeno, mais elle navigue en Méditerranée, alors que les Génois sont en Adriatique. Ce siège est l'épisode le plus grave des quatre guerres qui ont déjà opposé Gênes et Venise, toujours pour les mêmes raisons – le contrôle du commerce du Levant et de la mer Noire. Pourtant, tout avait commencé sous les meilleurs augures pour la Cité des doges. Le 31 mai 1378, Victor Pisani avait profité d'une tempête pour attaquer et défaire, à Anzio, dans la mer Tyrrhénienne, la flotte génoise. Mais Gênes avait aussitôt répliqué et fait reconstruire une flotte envoyée à Pola, en Adriatique, sous le commandement de l'amiral Luciano Doria. C'est lui qui a tendu un piège à Pisani et défait le très populaire amiral vénitien, qui avait pu, *in extremis*, sauver six galères et rentrer au port… où il avait été jeté en prison : pour la loi vénitienne, faillir, c'est trahir. Jamais la situation n'a été si complexe, ni si périlleuse pour Venise. Elle a, en François Carrare, Seigneur de Padoue, un ennemi infatigable qui s'est ligué contre la cité des Doges avec le roi de Hongrie, les ducs d'Autriche et le patriarche d'Aquilée. À Constantinople, le neveu rebelle de l'empereur Andronic II Paléologue a usurpé le trône et donné aux Génois l'île de Ténédos, verrou du détroit des Dardanelles et donc de l'accès à la mer Noire. Gênes a aussi pris Chypre et égorgé tous les Vénitiens de l'île. La haine flambe entre les deux Républiques maritimes, au point qu'elles ont contracté des alliances contre nature pour l'Italie – Venise avec le roi d'Aragon et Gênes avec « l'usurpateur » grec, Andronic III –, comme le leur a fait remarquer Pétrarque qui a tenté de ramener les deux doges à la raison. Mais voilà qu'en ce 13 septembre 1379, le vieux doge Andrea Contarini (1368-1382), élu contre son gré, a une idée de génie en convoquant le *Concio*. Alors que tout semble perdu, et la Cité des doges condamnée à la famine, le peuple et le Sénat se redressent d'un seul élan. Tous les citoyens valides sont appelés à combattre. On édifie des fortins, on obstrue les passes principales en coulant des coches – grands bâtiments de commerce. À l'Arsenal, on reconstruit à un rythme intensif une nouvelle flotte, tandis que Victor Pisani, à la demande du peuple, est délivré de sa prison. Et toutes les nuits, subrepticement, ou lors d'assauts meurtriers, les Vénitiens vont boucher toutes les passes de Chioggia. Les Génois, à leur tour, sont assiégés, pris au piège par la lagune. Pendant ce double siège, l'amiral Carlo Zeno reconquiert les bases vénitiennes prises par Gênes, pille les convois génois – dont le Richignona, la perle de la flotte marchande – puisque la voie est libre sur les eaux, enrôle des mercenaires et enfin, le 1er janvier 1380, il revient en Adriatique, renforcer le siège de Chioggia. Il faudra encore six mois, ponctués d'assauts meurtriers pour que Gênes se rende. Venise, victorieuse mais exsangue, et Gênes à jamais défaite, signeront enfin, à Turin, le 8 août 1381, sous la médiation d'Amédée VI de Savoie, le traité de paix qui met un terme définitif à la guerre séculaire de Venise contre Gênes, et de Gênes contre Venise. Pour qu'enfin naisse un rêve d'Italie.

Une lettre

André Suarès à Louis Jou le 27 juillet 1929 :

> Hâtez-vous, mon cher vieux. Ne vous attardez pas trop à Venise. Passez au galop dans Bologne, à travers tous les Guido et les Carrache. Coûte que coûte, il vous faut donner quelques jours à Urbino et Orvieto. Sur le chemin du retour, Pise et Lucques. Il le faut absolument. Je sais trop par moi-même qu'on ne refait pas aisément le voyage qu'on abrège en se promettant de le mieux faire.

Toscane

Lunigiane

Le plus joli chemin pour entrer en Lunigiane, cette petite corne tout en haut de la Toscane, où le marbre gît comme une perle au creux de sa coquille, reste la voie Francigena, l'artère vitale qui reliait, au XIIe siècle, l'Europe à Rome. On suit ainsi dans un même mouvement la pente de l'histoire et celle de la géographie : du mégalithique aux Temps modernes, du nord au sud, des Alpes apuanes à la mer Ligure. C'est donc de Pontremoli, à la frontière de l'Émilie, qu'il faut s'élancer à la découverte de cette région âpre et méconnue, et privilégier le printemps pour ce voyage. Avril vous propulse dans un décor de *Dame à la Licorne* : des nappes de jonquilles et de narcisses, à perte de vue, s'étalent sur les hauteurs des collines. Aucune trace humaine ne perturbe l'ondoiement des milliards de fleurs, piquées çà et là de bouquets d'arbres. Les gens d'ici appellent ces prairies les *prade* – un paysage entre landes et alpages, sans une seule habitation, ni rien qui heurte le regard. Voilà le premier cadeau, dans cette entrée en matière magistrale. L'Italie, comme la plupart des pays d'Europe, souffre de l'urbanisation qui s'est infiltrée partout à une époque où la préservation des paysages ne préoccupait pas autant la population. Souvent, on ne trouve plus la beauté qu'en parcelles, à la condition de tourner le dos aux installations modernes. C'est à l'œil et à l'imagination de reconstituer le décor que les peintres de la Renaissance nous ont donné à désirer. Ici, à mille mètres d'altitude, le sauvage y est à foison. La pureté de l'air et les parfums d'avril grisent l'âme, et c'est un bonheur d'enfant que de s'étendre au milieu de cet incroyable jardin, si l'on ose froisser ses fleurs. C'est ainsi que cette part de Toscane m'a conquise avant même que je m'aventure plus avant, dans ses vallées qui cascadent vers la mer. On appelle la Lunigiane le pays aux cent châteaux. On croit en découvrir mille. Ses routes dévalent en épi jusqu'au lit du fleuve Magra. Avec elles, des ruisselets, des torrents, des sources qu'enjambent de vieux ponts de pierre. Chaque virage dévoile le relief belliqueux chapeauté de donjons et de bastides, de remparts et de villages fortifiés, qui semblent sur des arbres perchés quand ils émergent des forêts qui moutonnent. La pierre est noire, le créneau vindicatif et les tours aveugles, mais soudain, une courbe plus loin, une loggia délicate se dévoile, un palais léger, une ribambelle d'antiques maisons sur les hauteurs en guise de contreforts et des petites églises qui ont mille ans. Toute cette armure de rocs montait la garde pour les Malaspina, famille féodale qui régna ici du XIe au XVIe siècle. En 1306, Dante Alighieri, compromis dans les sombres complots qui opposaient les Guelfes et les Gibelins, demanda leur protection. Il vint se réfugier dans leur fief de Mulazzo. Il y fut heureux. Sa gratitude lui inspira le chant VIII de son *Purgatoire*.

« J'ai retrouvé ces pages apprises dans mon enfance lorsque j'ai décidé de m'installer ici. Je ne sais pas si c'est à cause de Dante, mais lorsque je suis venue pour la première fois, je me suis sentie immédiatement chez moi », me raconte Gabriella Girardin chez qui j'ai posé mon sac.

J'ai rencontré ce personnage par un hasard bien sûr providentiel. La nuit tombait et je n'avais aucune idée d'un endroit où trouver un hôtel. La route suivait le val d'un torrent, entre deux montagnes, sans embranchement ni perspective d'un village. J'ai pris un chemin qui grimpait. J'ai imaginé à son terme une ferme, ou un hameau, âme qui vive qui m'indiquerait un toit pour la nuit. Après les nombreux lacets d'une côte interminable, j'ai débouché au sommet d'un piton rocheux, sur une vaste esplanade où s'élevait un château médiéval. Le Castell del Aquila. Pont-levis, cour intérieure, donjon. Gabriella, la propriétaire des lieux, louait des chambres et parfois tout le lieu pour des mariages ou des congrès. Elle s'était installée dans une dépendance habillée de tapisseries du temps jadis, éclairée par une vaste cheminée où crépitait un bon feu. Les flammes elles-mêmes avaient l'air médiéval. Gabriella m'a raconté son histoire. Elle vivait à Milan où elle rêvait d'une maison isolée, qui ait du caractère et une histoire. Elle l'avait en vain cherchée en Provence, en Lombardie et enfin en Toscane dont elle avait prospecté tous les points cardinaux. « J'ai fait comme vous. J'ai vu ce chemin en passant sur cette route. Je m'y suis engagée. Au sommet, je suis tombée sur les vestiges de ce château, qui a appartenu comme tant d'autres aux Malaspina. J'ai été saisie par un violent sentiment d'appartenance. J'avais trouvé ma maison. »

Pendant dix ans, pierre après pierre, Gabriella reconstruit l'énorme édifice après en avoir retrouvé les plans. La chapelle, la salle d'armes, le donjon… « L'œuvre de ma vie », me dit-elle. Enfin, elle s'y est installée, rassurée par une vaste bibliothèque, visitée de temps en temps par ses amis et chaque jour par une ronde d'aigles. Le soir, au retour de mes randonnées, elle me parle de ses lectures, d'Ulysse le trompeur, des Chants de Dante et de Cristina Campo. Nous partageons du vin, du pain grillé assaisonné d'un peu de sel et d'un filet d'huile d'olive lourde et fruitée. La nuit, dans la crue des vents et l'amitié des étoiles, je dors comme jamais. L'air vif. Nul bruit, sauf de hiboux. Les pierres du donjon où se trouve ma chambre donnent au silence une matité de neige.

J'établis mon camp de base chez Gabriella, au Castell del Aquila. De là, je rayonne dans les vals, dont sa propriétaire m'indique les pépites. Et chaque jour, je file à l'aventure. Comano, Licciana Nardi le long de la rivière Taverone ; Fivizzano, « la petite Florence de Lunigiane » ; Verrucola la splendide dans son écrin de roches et de remparts ; ou Casola et Codiponte, dans la vallée de l'Aulella où se dresse le Castell del Aquila. Dans tous ces bourgs, un parfum de terre fraîche et de bois fumé. Certains sont presque abandonnés. Je croise des bergers, de vieilles femmes et leurs ballots d'herbes glanées. À la nuit tombée, par les fenêtres, des familles éclairées au dîner et je m'étonne que ce ne soit pas à la chandelle, tant le temps semble s'être fixé au XIVe siècle. C'est à peine, ici et là, s'il a risqué une sortie dans la Renaissance. « Le Moyen Âge est à mes yeux la plus belle expression artistique de l'Italie », approuve Gabriella lorsque je lui dis mon sentiment de traverser non pas des lieux, mais des siècles. « Et c'est en Lunigiane qu'il triomphe. »

Je reviens à la *prada* fleurie de Logarghena – on y prépare une des *sagra* dont la Toscane a le secret, auxquelles elle tient corps et âme. Là, c'est celle des jonquilles. Ailleurs, à d'autres mois, c'est la Fête de la polenta, ou des châtaignes, le Festival des anguilles – *dell'Anguilla* – à Gassano ; ou d'une victoire ancienne gagnée de haute lutte sur les troupes des Sforza, ou celle d'un saint telle la Fiera de San Genesio.

« J'ai toujours projeté de visiter la Toscane en suivant le calendrier de ses fêtes, me dit Gabriella. » Et encore quand je lui dis, au retour des Jonquilles, toute ma tristesse d'avoir vu tant de maisons fermées, et de hameaux en ruines : « La nature est splendide au printemps et en automne, l'hiver aussi avec la neige, mais il faut revenir l'été. Des ruines, oui, il y en a. Mais les Italiens restent très attachés à leur village d'origine. À la belle saison, les villages s'ouvrent. Les familles se retrouvent. Les cousinages se recomposent tous les soirs dans les rues qui deviennent des salles à manger. On vit portes et fenêtres ouvertes. C'est très joyeux, très familial et… très bruyant. Avez-vous remarqué les enseignes ? me dit-elle encore. En France, on s'enorgueillit du neuf. "Nouvelle maison Dupont", "Nouvelles galeries", "Boucherie nouveau propriétaire". Ici, c'est toujours "*Antica trattoria*", "*Antica Focacceria*", "*Antica locanda*". »

La famille italienne s'est préservée de l'atomisation, et, ainsi, a conservé ses racines. Elle est le noyau du pays – la cellule, comme dans la ruche, les alvéoles des abeilles. Le mariage continue d'y être primordial – la fête, la joie de s'agrandir en épousant la famille de l'autre. Quant aux enfants, ils sont l'essence même de la cellule. Les petits rois.

L'Italie s'est construite en famille, et entre familles. Avec les alliances, les guerres, bien sûr mais comme autant de maillons forts comme une cotte de mailles. Elles assurent la solidité du pays dans les tourmentes, et des individus dans les crises. Même si la vie de ses membres, en leur sein, s'est modifiée, même si les rapports entre eux ont évolué – la *mamma* perd un peu de son influence sur le fils, le mari et la femme partagent davantage la conduite du foyer –, elle est toujours là – un roc. Aujourd'hui encore, la majorité des jeunes ne quittent le domicile parental que pour se marier ou vivre en couple, rarement avant. Certes, ce modèle a engendré ses versions noires, ses idées folles – la Mafia, conçue comme une grande famille, dont elle a retourné les règles –, la fidélité aveugle, notamment des épouses pour les *capi*, l'entraide, la protection du *pater familias*. L'appartenance des mafieux et l'autorité dont ils jouissent dans leur fief. De là que la Mafia se soit si profondément enracinée sur les terres pauvres et sans autre recours que la clientèle.

Ce fut notre discussion du soir. Le lendemain, j'ai l'œil plus attentif en traversant les villages. Je remarque des échafaudages, ici une toiture refaite, là, la camionnette d'une entreprise. La Lunigiane reconquiert ses âmes.

« Qu'avez-vous aimé aujourd'hui ? » me demande Gabriella deux jours plus tard, à mon retour d'une excursion, et alors que je fais ma valise. Je commente mon plaisir du jour : le contraste entre la pierre sombre, à peine équarrie des maisons, et la finesse des *maesta,* sculptures dans le marbre le plus fin et le plus blanc qui soit, placées au-dessus des portes. Dans chaque bourg, elles illustrent les blasons des familles, leur métier, des devises, des épisodes religieux, la protection de la santa Madonna. Elles ont la délicatesse des rosaces d'église ou de leurs fonts baptismaux. Gabriella a raison : ces maisons ont leurs histoires, leurs fiertés, leurs familles. Elles les disent au passant attentif, d'une parole gravée dans le marbre, qui fait leur Gotha.

Carrare

Comment, lorsqu'on arrive à Carrare, ne pas penser à Michel-Ange ? Michel-Ange quand il vint, en 1505, courir les montagnes. Cette même année, le pape Jules II avait appelé l'artiste à Rome. Il avait des projets grandioses pour la cité vaticane et la papauté. Lorsqu'il avait fait part de ses intentions à son architecte, Giuliano da Sangallo, et qu'il lui avait demandé qui pouvait réaliser son tombeau, Sangallo rétorqua qu'un seul sculpteur en Italie en serait capable. Un Florentin. Michel-Ange. Ce que désirait pour lui-même le pape fraîchement élu, c'était un spectaculaire mausolée qui serait placé dans la future basilique vaticane. Un monument plus impressionnant que celui d'Auguste, encore enfoui sous la Rome médiévale, plus grandiose que celui d'Hadrien, devenu le château Saint-Ange. Un chef-d'œuvre qui surpasse celui de Mausole, à Halicarnasse, cinquième merveille du monde. Lorsque les deux hommes se rencontrent, Michel-Ange a trente ans. Petit, vigoureux, très large d'épaules. Le pape et l'artiste se ressemblent, violents, orgueilleux, dotés du même amour de la bataille, et surtout de la même résolution à vaincre. Jules II passe la commande sans détour. Michel-Ange a tout le marbre de Carrare à sa disposition, ce marbre que vanta Pline, qui fit la colonne de Trajan et l'Arc de Titus – et la Bourse de Rome pour couvrir ses dépenses. Qu'il engage tous les carriers, prospecte dans toutes les carrières. L'ambition de l'artiste est égale à celle du pape quand il lui présente son projet : un édifice colossal doté de quarante statues et de bas-reliefs, et de quatre géants – Moïse, saint Paul, la Vie active et la Vie contemplative. Au troisième étage du mausolée, le dernier, le sarcophage du pape sera supporté par deux Titans – allégories de la Terre et du Ciel. Michel-Ange a conçu les noces de l'idée et de la forme et Jules II s'enthousiasme. Il envoie séance tenante l'artiste à Carrare trouver le marbre le plus pur. Le voilà courant les carrières, les flancs de cette gigantesque montagne toute de marbre qui domine la mer Ligure. Aujourd'hui encore, on ne se lasse pas de l'étrangeté de ces monts si gris, pelés, un dos bosselé d'éléphant, derrière les collines verdoyantes et la plaine où sont les plages. Michel-Ange révère la blancheur du marbre autant qu'il boude la peinture qui privilégie la couleur aux dépens de l'idée. Accompagné d'un seul cheval et de deux serviteurs, pendant huit mois, il parcourt l'Alpe apuane. Il inspecte la moindre ravine. Il la sonde pour y débusquer la veine sans fissure et sans défaut. Il découvre enfin la chair de ses rêves, ce marbre blanc, d'une lumière de lune, qui met le feu à « son cœur de soufre et sa chair d'étoupe ». Mieux encore que la glaise de l'Éden dont fut modelé Adam. Le *nec plus ultra*, le plus translucide, le plus lumineux, à la fois le plus dur et le plus tendre au ciseau – le blanc statuaire, extrait des carrières de Polvaccio. Pline avait vanté sa beauté sans égale, qu'il admirait à Rome sur la colonne de Trajan, l'arc de Titus et les statues de l'Apollon Palatin. À Seravezza, il fait ouvrir une carrière pour en extraire sa pépite – l'Altissimo – et une route pour la transporter. L'exaltation enfièvre Michel-Ange : il veut revenir et là, sur place, sculpter la montagne entière. Tout est hallucinant de blancheur, celle-là même qu'il adore, intolérable au promeneur ordinaire quand le soleil flambe. L'été, le décor immaculé le brûle et l'aveugle. Pailleté de sa poussière, il se transforme en statue vivante. Ses mains, son visage saignent. Et puis il faut dégager les blocs gigantesques, les faire descendre jusqu'à la mer – tous les bœufs de la région sont requis, pour tracter le traîneau construit à la démesure des monolithes. Au mois de décembre, l'extraction prend fin. Le marbre attend sur la plage d'être embarqué, puis débarqué à Ostie où des galères lui font remonter le Tibre. Déchargé sur les quais, il est ensuite acheminé jusqu'à la place Saint-Pierre où il restera des années, en plein vent. Jules II s'est désénamouré de son mausolée, et Michel-Ange est ruiné. Légende ? À Pietrasanta, la rivale de Carrare, on affirme que dans les anciennes cavernes, on peut encore lire le M. que l'artiste gravait sur les veines qu'il convoitait.

« Des journalistes américains ont voulu retrouver ces initiales, me raconte l'artiste sculpteur Luciano Massari, depuis les ateliers d'art des caves Michel-Ange, à Carrare. Ils ont longtemps marché, en vain. Croyez-moi, les marbres du David, de la Pietà ou du Moïse sortent d'ici, du gisement de Polvaccio. »

Dans cette part de Toscane, la compétition légendaire des villes italiennes ne s'est pas éteinte. Aujourd'hui, Carrare, qui s'est aussi taillé une solide réputation d'anarchie née du fier tempérament de ses carriers, louche un peu sur l'image de « Petite Athènes » qu'élabore, à coups d'artistes de renom et de fonderies d'art en plein rendement, la délicieuse Pietrasanta, sa rivale. Une jolie cité élevée en 1255 par le podestat de

Lucques, à une trentaine de kilomètres à vol d'oiseau. Un mouchoir de poche brodé de palais et de belles églises. Des artistes de renom ? Fernando Botero vient y travailler tout l'été, qui a signé sa présence par un monumental cavalier étrusque en bronze à l'entrée de la ville, et deux fresques, *Le Paradis* et *L'Enfer*, dans l'église de la Miséricorde. Dans ses rues, les amateurs d'art croisent aussi Sofía Vári, Mitoraj, Ivan Theimer, Kan Yasuda et même Gina Lollobrigida, reconvertie dans la sculpture. « Pietrasanta est ma deuxième maison, me dit-elle. J'avais fait l'Académie des beaux-arts pour être sculpteur, et je ne suis devenue actrice que par accident. J'ai étouffé ce rêve d'enfant pendant ma carrière d'actrice. Mais pendant mes années de tournage, j'ai toujours recherché la présence de grands créateurs comme Dalí, Jacob Epstein ou Giacomo Manzu. » Pietrasanta, sorte de Saint-Paul-de-Vence chic et inspirée, a connu d'illustres prédécesseurs à ces artistes – Henry Moore, Folon ou Harry Marinsky qu'ont attirés ici des fonderies de haute qualité. Ici, on n'« exploite » pas le marbre, on le « cultive » me fait-on remarquer au cours d'une conversation. L'expression révèle les liens intimes qui lient les Toscans et leurs carrières. Depuis plus de deux mille ans, les mains de l'homme taillent le marbre et le marbre façonne leur âme. Le dur labeur d'extraire, l'âpreté des Alpes apuanes ont forgé leur forte identité et leur noblesse. « C'est une Toscane rude qui déroute parfois le visiteur, plus préparé aux collines rondes des environs de Sienne et de Florence qu'à cet univers minéral et son arrière-pays âpre et montagneux, atteste Franco Barattini, directeur du vaste consortium des Carrières Michel-Ange. Elle ressemble à ses hommes. »

Il est mon sésame pour visiter les carrières de Polvaccio, de Ponti di Vara, Ravaccione ou Colonnata, où ses engins découpent des marches d'Hercule dans le cœur des Apuanes. Dense, massif, la tignasse drue et le visage buriné, Franco Barattini charriait des éboulis dès l'âge de sept ans. À dix ans, il tutoyait la montagne. Depuis ces gradins d'Hercule, ces amphithéâtres immaculés où se joue toujours la tragédie de carriers morts dans leur périlleux travail, il domine le monde. À ses pieds, par-delà la bande de plaines, la Méditerranée se fond dans un ciel vaporeux. Une brume ténue, à moins que ce ne soit la poudre de marbre qui vaporise l'entier panorama, voile les contours industriels de la côte. Car si l'arrière-pays, Lusignane ou Garfagnana, est resté pareil aux terres que chantait Dante dans son *Purgatoire*, le paysage, entre mer et montagne, s'est gâté, comme on le dirait du temps. La plaine, étalée entre la côte et les sommets du Sumbra ou de la Pania della Croce, n'offre plus un mètre carré de terrain vague. Hormis les pinèdes des plages, cette Versilia qui fut la villégiature de Gabriel D'Annunzio et de Puccini s'encombre maintenant de vastes entrepôts. La plupart sont dévolus au marbre et exposent à l'air libre blocs bruts ou plaques lisses, qu'un ballet de camions emporte vers le port marchand de Marina di Carrare. C'est que l'industrie du marbre pourvoie à l'économie de la région. Sans doute l'une des rares à perdurer depuis vingt et un siècles que l'homme extraie de la montagne cette pierre dure, homogène et compacte. En 1561, Cosimo Ier de Médicis, duc de Florence, fit construire à Seravezza, entre Carrare et Pietrasanta une résidence d'été afin de pouvoir contrôler les carrières situées sur son territoire. Aujourd'hui, les « studios d'art » de Carrare et de Pietrasanta réalisent les commandes qui leur viennent du monde entier. Lorsque j'y suis passée, on venait de livrer au Cesar Palace de Las Vegas un *David* en marbre, à l'identique – quatre mètres dix de hauteur – et une parfaite copie en bronze de la statue équestre de Marc Aurèle qui trône place du Capitole à Rome. Ces commandes sont légion. *David* restant, devant la *Pietà* et la *Victoire de Samothrace*, le modèle qui remporte la palme. Comment s'en étonner, quand on sait que la copie de l'original attire à Florence et chaque année, deux millions d'admirateurs ? Je me promène dans les rues de Carrare. Je pousse les portes des studios. Je visite « les ateliers d'art des carrières Michel-Ange ». Un autre David, couché sur le flanc, attend son départ pour l'université de Séoul. Sur le bureau, les commandes s'accumulent. Un bouddha, pour un temple de prière thaï, une allégorie pour la nouvelle poste centrale d'une capitale de l'Est, et une sainte pour le Vatican – Brigitte, signée Floriano Bodini qui ornera bientôt une niche sur la place Saint-Pierre de Rome.

Il serait vain de pleurer la beauté perdue d'un paysage quand il suffit de se tourner vers la montagne pour continuer d'en jouir. Depuis la vague bleue de la Méditerranée, même au cœur de l'été caniculaire, les veines ouvertes des Apuanes scintillent comme des neiges éternelles. Depuis les rues de Carrare, les chefs-d'œuvre arrachés aux blocs ravissent l'œil, qu'il s'agisse de la gracieuse façade du *duomo* et sa rosace, dentelle évidée dans un seul bloc, ou de la place Alberica et ses palais. J'y retrouve toutes les coquetteries dont cette montagne est aussi capable : bleu d'Ukraine, *bardiglio* gris, marbre rose veiné de vert, blanc bringé de rouge, marbre ocellé, et toujours, l'étincelant blanc statuaire, un marbre créé pour la création. Et puis, comment oublier que l'Académie des beaux-arts de Carrare, installée dans le splendide palais des Cybo Malaspina, fut créée par la sœur de Napoléon, Élisa Bonaparte, grande duchesse de Toscane, pour que jamais ne se perde l'esprit du génie des lieux – Michel-Ange ?

Pise

Existe-t-il spectacle plus saisissant au monde que ce champ clos, déserté le soir, protégé par de vieux remparts rouges où, posés sur l'herbe comme des bibelots gigantesques et précieux, quatre êtres de marbre palpitant montent la garde ? Voilà le *duomo*, sa tour qui penche, le baptistère et le cimetière. À leur pied, un gazon vert vif déployé en tapis de velours. Je suis à Pise, sur le campo dei Miracoli. Pouvait-il porter un autre nom ? Il est dix-neuf heures. La place fermera ses portes dans peu mais je voulais l'admirer au soir, désertée des touristes, l'avoir pour moi seule, dans le silence, avant d'y revenir au matin. La beauté de chaque édifice provoque celle des autres, dans un jeu de formes géométriques et d'énigmes. La sphère massive du baptistère, le haut cylindre de la tour, le rectangle du champ des Morts et les carrés en croix du *duomo*. Une présence architecturale compacte et légère. La matérialisation précise et raffinée, sublime et bouleversante d'une allégorie, celle de la vie d'un homme sur cette terre. La naissance, la vie, la lutte, et la mort. C'est mon propre passage que ces splendeurs résument, et c'est ma vocation plus que mon destin qu'elles interrogent. Les mystères qu'elles disent, le coin du voile qu'elles m'obligent à soulever, un court instant, avec un peu de terreur, sont peut-être l'essence du sentiment de langueur mélancolique, de vague tristesse qui enveloppe le lieu. Le silence y est celui de l'absence. Mais qui aujourd'hui regarde ces êtres comme ils doivent l'être – un songe de la vie intérieure ? Qui les observe assez longtemps pour s'engager dans le rêve qui les a matérialisés, il y a bientôt dix siècles, et comprendre la passion pour la plénitude qui les a inspirés, la vision qu'ils avaient de l'outre-mort et qui nous est cachée ? Je vois bien comme on erre dans le grand vide qui cerne ces temples. Je vois bien que chacun d'entre eux a pris aujourd'hui un aspect de pierres tombales. Qui admire l'ensemble ? On fait la queue pour le campanile parce qu'il penche. Lorsque je visite le cimetière le lendemain, nous ne sommes qu'une poignée tandis qu'il y a foule sur la prairie, au soleil, et là encore, j'ai cette même sensation d'un vide solennel que n'atténue pas l'arcature du cloître, ni son vaste promenoir. Si beau, si triste, si tranquille. « Les marbres font au soleil un deuil étincelant », écrit André Suarès. L'intérieur du *duomo* n'a pas beaucoup plus de succès. C'est à peine si, sur le parvis, la belle harmonie de la façade retient son monde. Le spectacle du Camposanto déstabilise au point qu'on lui trouve de l'exotisme. N'est-ce pas parce que le baptistère a un côté chinois ? Parce que la tour est *pendante* comme on l'a appelée d'emblée ? Ou parce qu'il ressemble à une ville défunte – comme on visite Pompéi ou Herculanum ? Ces édifices imposent une corrélation mystérieuse entre la vie et le néant. On veut rester, regarder encore, contempler, admirer cette liturgie de pierres et de marbre ; on veut partir aussi, échapper à cette douceur sombre, à ce pleur sec. Peut-être, pour les rendre à la vie, faudrait-il porter sur eux un regard moins païen. Peut-être faudrait-il les visiter avec en tête les vers des *Cantos pisans* qu'Ezra Pound composa à sa sortie de prison. Et déjà, les premiers : « Le paradis, voilà quoi j'ai tenté d'écrire / Ne bougez pas / Laissez parler le vent » et les derniers « Ici-bas toute l'erreur est de n'avoir rien accompli, / Toute l'ereur est, dans le doute, d'avoir tremblé. »

Cristina Campo

Sur la route de Florence, je retrouve l'agitation du monde avec plaisir. Sur les bas-côtés, on vend des pastèques et des fruits sous des parasols. Le désordre de la circulation m'enchante. Je suis toujours imprégnée de l'atmosphère mélancolique du Camposanto, que n'a pas effacée ma longue promenade sous les remparts de la ville, ni ma flânerie sur les larges rives de l'Arno, maigre et jaune, ni la pâleur de porcelaine du ciel, tiédi par un imperceptible souffle marin. Ni les joliesses de Pise, sa vie un peu lente qu'on dirait adaptée au cours de sa rivière, tout ondulant. Quelle forte impression m'a laissée, de nouveau, ce champ des Miracles ! Je cherche les mots pour la définir. Puissante et glacée ? Et je ne sais par quelle association d'idées je pense à Cristina Campo, cette Italienne, écrivain et poète considérable, pour qui la beauté s'enracine dans une nécessité à la fois naturelle spirituelle ; pour qui « son prix secret est le renoncement, en accord avec l'esprit même de la conscience étrusque qui est limite et retenue devant l'excès de toute vanité décorative ». Je pense à elle par association d'idées. Cette auteur gracieuse, vive, vouait un culte à la pureté et à la perfection. Elle ne supportait que la beauté, et désirait « changer en bonheur tout ce qu'elle touchait ». Je me demande si elle a écrit quelque chose sur Pise et il me semble impossible qu'elle ne l'eût pas fait. Elle avait dit souvent sa prédilection pour les lieux et les villes dessinés comme des compositions inaltérables, telle Venise, telle Florence. Je me suis promis, dès mon retour en France, de relire ses œuvres – de courts essais et de la poésie, et de très belles lettres. J'ai connu Cristina Campo en me penchant sur la vie de Simone Weil que cette Italienne avait découverte et alors aimée dans une fulguration. Elle était parvenue à ce qu'offre l'étude passionnée et attentive d'un auteur comme Simone Weil : la découverte de soi-même. Dans un élan d'affinités, j'ai lu toutes ses œuvres, un peu triste qu'elle ne jouisse pas d'une notoriété bien plus forte en France – même si elle est loin d'y être une inconnue. Cristina Campo aimait les cérémonials, les rites, la liturgie à la façon de Madeleine versant le rare parfum sur les pieds du Christ – Dieu devenu visible sous les apparences du rite. Elle avait fait signer une pétition à une kyrielle d'écrivains et de poètes du monde entier pour protester contre la suppression du latin à la messe et Paul VI, un temps, l'avait écoutée. « Elle emportait toujours avec elle un air de Florence, glacé, coupant, baigné d'une clarté éternellement blanche », a écrit d'elle son compatriote Pietro Citati. Sa Florence, « pure nette, d'un azur presque glacé » écrit-elle à son tour de cette ville qu'elle a habitée, quoiqu'elle soit née à Bologne, avant de s'installer à Rome où elle meurt à cinquante-six ans, en 1977, de la malformation cardiaque avec laquelle elle est née. Elle était de la même trempe que Simone Weil, habitée elle aussi d'absolu, assoiffée de vérité et de Beauté – celle du Christ, celle qui sauverait le monde comme le prédit Dostoïevski. Mais aussi ardente, follement dévouée à ceux qu'elle aimait, éprise, jusqu'au culte, d'amitié. L'indignation que lui procurait la misère ou la souffrance de ses amis pouvait la rendre violente. Avec l'écriture, elle était de la même impérieuse exigence. Des formules brèves, des poèmes comme le givre, des sentiments concentrés, et sur une trame serrée. Sur la route, je comprends soudain pourquoi ma visite du campo dei Miracoli m'a fait penser à elle. Ces moments sur cette prairie mystique ont éveillé l'écho d'un des derniers textes – l'un des plus beaux – de son plus beau livre *Les Impardonnables* : « Sens surnaturels ». En le vérifiant plus tard, je retrouverai les lignes que j'avais retenues pour leur beauté et leur incandescence, et qu'inconsciemment, j'avais associées aux édifices de Pise : « Celui qui, venant des routes du monde, s'approche des enclos sacrés, plein d'attirance et d'effroi, est saisi par deux angoisses complémentaires, toujours les mêmes. La terreur d'y "perdre" ses cinq sens et, à l'inverse, la crainte de demeurer trop charnel pour ces enclos. Que l'intimité avec le divin soit, pour les cinq sens, une occasion suprême – *l'occasion de la métamorphose* – comment le lui faire comprendre ? »

Florence

Peut-on exprimer avec exactitude tout ce que Fiorenza, ses beautés, sa subtilité, la violence de ses contrastes, ses apothéoses mystiques et sa volupté sensuelle, son exquis mélange de vie et de pierres monumentales suggère d'émotions et de bouleversements à son visiteur ? On consacrerait cent volumes à cette ville qu'ils ne suffiraient pas. Il faudrait encore cent volumes pour chaque œuvre, chaque lieu, et pour chaque lieu cent ouvrages pour chacune des saisons, des mois, et des heures du jour auxquels on les découvre. « Mes deux premières journées ne furent qu'un long éblouissement », écrit Lamartine « ivre de sensations avant d'être ivre de pensées » et incapable, pendant ses premières quarante-huit heures, de noter quoi que ce soit d'autre. Le choc peut être terrible, comme sait le donner la beauté telle que l'entend Rilke – une terreur « que nous sommes juste capables de supporter avec une crainte respectueuse ». Certains ne la surmontent pas. Ils vacillent, sont pris de fièvre et d'étourdissement. Les musées de Florence ont formé un personnel pour leur dispenser les premiers soins. Stendhal fut la plus célèbre de ces victimes ; au point qu'on a donné son nom à ce dérèglement des sens et de la raison (mais aussi syndrome de Brulard, un autre pseudonyme d'Henri Beyle). Le 22 janvier 1817 (ou le 27 septembre 1811, selon ses biographes), le plus Milanais des Grenoblois manifeste des signes avant-coureurs du mal dès son arrivée dans « cette noble ville, la reine du Moyen

Âge ». Un peu plus tard, à Santa Croce, la tête renversée, il contemple les fresques du Volterrano. Elles lui donnent « peut-être le plus vif plaisir que la peinture m'ait jamais fait. J'étais déjà dans une sorte d'extase. [...] J'étais arrivé à ce point d'émotion où se rencontrent les sensations célestes données par les beaux-arts et les sentiments passionnés. En sortant de Santa Croce, j'avais un battement de cœur, ce qu'on appelle des nerfs à Berlin ; la vie était épuisée chez moi, je marchais avec la crainte de tomber ». Il s'assied sur un banc pour reprendre ses esprits. Hélas, la lecture d'un recueil de poèmes aggrave le malaise.

Le syndrome de Florence a frappé d'autres artistes. Après la vision de mosaïques – celles du baptistère ? – George Sand rentre à son hôtel, se couche, se sent alors devenir mille fragments du plafond d'or. L'héroïne du roman *Une chambre avec vue* de Forster souffre d'une crise de tachycardie et d'évanouissement lors de ses visites florentines. Pour avoir reçu un bon nombre de ces malades à l'hôpital de Santa Maria Nova, la psychiatre Gabriella Magherina livre, dans les années 1980, une étude clinique de ce trouble psychologique que provoquent les chefs-d'œuvre de la Renaissance – et essentiellement ceux-là – et le débordement d'émotions qu'ils libèrent de l'âme. S'ils n'atteignent pas tous ces extrêmes, beaucoup d'écrivains décrivent leur exceptionnel émoi dès que Florence les enveloppe, et leur ébullition spirituelle quand ils sont confrontés à ses trésors artistiques. Jusqu'à Simone Weil, si rationnelle, profondément ébranlée par les statues de Michel-Ange dans la chapelle Médicis. « Je ne m'attendais pas à l'effet que ça m'a produit. C'est un art trop émouvant, comme Beethoven. Je ne croyais pas que cette Aube et cette Nuit étaient si douloureuses, un réveil et un sommeil d'esclave pour qui la vie est trop amère. »

Est-ce aussi l'effet des contrastes ? La ville n'inspire pas toujours, spontanément, l'émerveillement. La déception peut être tout aussi violente. « L'aspect général de Florence, contrairement à l'idée qu'on s'en fait, est triste. Les rues sont étroites ; les maisons hautes, sombres de façade, n'ont point cette blanche gaieté méridionale qu'on s'attendait à trouver », regrette Théophile Gautier lors de son voyage en Italie. « L'impression lugubre que produit l'entrée à Florence ne dure qu'un moment », se console Paul, le frère d'Alfred de Musset. Et ces lignes au vitriol des frères Goncourt ? – mais il est vrai qu'ils écrivent rarement d'une autre encre – : « Ville où les trois quarts des rues sentent mauvais, où les femmes ont sur la tête des paillassons pour chapeaux, où l'Arno, quand il a de l'eau, a de l'eau la couleur café au lait, où les quais sont une exposition de *ritirare*, où la place ducale a l'air d'un déballage d'antiquités, [...] une ville qui n'a pour elle que le bon marché de la vie, et le merveilleux musée des Uffizi. » Quant à l'Oltrarno, il est à leurs yeux « un paysage sévère, morose, austère ».

L'énormité des anciens et austères palais, la taille et la noirceur de leurs pierres et celles des dalles au sol appellent les mêmes excès dans les impressions qu'elles engendrent. Ces rejets sont rares. Le plus souvent, Florence opère sur l'âme une exaltation qui tient à l'essence de la beauté qu'elle dévoile, cet outre-monde dont les artistes qui furent invités à le révéler ont entrebâillé la porte, au printemps que fut sa Renaissance et qu'elle promet encore. Les fresques de Fra Angelico au couvent Saint-Marc, le cloître de Santa Croce que dessina Brunelleschi et sa chapelle Pazzi, le campanile de Giotto, les Vierges et les enfants des médaillons de Luca della Robia, les Vénus de Botticelli, les fresques de Masaccio du Carmine, les marbres qu'a façonnés Michel-Ange et tant et tant encore. La faim que Florence éveille – les « besoins de l'âme » – peut rendre fou. Elle contraint à l'humilité : nuls bras, aucun livre, aucune peinture ne peuvent embrasser entièrement la ville. Elle est trop riche pour apaiser les convoitises et trop subtile pour les théories. Parce qu'elle a donné le même pouvoir au pinceau du peintre et à l'épée de ses *condottiere*, elle touche toutes les notes du sentiment et en joue dans des variations infinies. Voluptueuse jusque dans l'ascétisme, troublante jusque dans la sainteté, à la fois chaste et ardente, telle est sa robe, son armature, son décor. Ce qu'il faut cacher, et ce qui se donne à voir. Aux palais qui font le cœur de la ville, ce sont des « fenêtres aux nobles proportions, extrêmement architecturales, dont la fonction paraissait moins d'offrir une communication avec le monde que de dissuader le monde de regarder à l'intérieur, barrées de grilles massives et placées à une hauteur telle que la curiosité, même sur la pointe des pieds, expirait avant de les avoir atteintes », décrit Henry James.

Mais voilà l'envers du décor, sur l'autre rive de l'Arno. En pente douce exposée suavement au soleil, étagés en terrasses, ce sont les jardins Boboli – le nom déjà ! –, la rondeur des citronniers mariée aux mèches noires des grands cyprès, les volutes de ses escaliers alliées à ses roses en treilles, la lumineuse façade de San Miniato al Monte ; tout invite à la douceur, à l'effusion amoureuse, à la dilatation de l'âme. Plus loin, les villas de la Renaissance. « Il y a un moment ineffable dans la vie des lieux animés par le grand art, et c'est celui où la fierté cède à l'extase, sans renier pour autant sa propre et irrésistible précision. Ce moment, c'est la villa toscane au bord ultime, extrême, de l'histoire de l'Europe : quand la culture florentine, la culture des sagaces marchands devenus seigneurs, devenus poètes se transforme, avec l'afflux magnétisé des pèlerins étrangers, en culture universelle », écrit Cristina Campo. Enfin, tout en haut de l'Oltrarno et de ses jardins, depuis la piazzale Michelangelo, une terrasse plutôt, on saisit la synthèse de la ville : on admire ce que le soleil caresse, la coupole magistrale, définitive – *il cupolone* – de Santa Maria del Fiore, qui donne à Florence sa cohérence et son harmonie, le trait d'argent de l'Arno, l'ourlet de ses rives et au loin, un ciel qui semble peint tant est léger, et bleu le dessin des monts Appenins. Tout un paysage de basiliques et de palais où se dit encore la puissance, mais dès lors joyeuse, épanouie, abandonnée.

« E quindi uscimmo a riveder le stelle »

Florence est la ville de Dante. Et Dante est le cœur de Florence. Il y est partout. Son portrait, qu'a signé Domenico di Michelino, trône en majesté dans la nef de Santa Maria del Fiore : *Dante Alighieri expliquant sa Divine Comédie*. Trente-quatre plaques de marbre, les *lapidi*, gravées chacune de versets empruntés à son chef-d'œuvre et posées aux murs du vieux Florence, illustrent son passage sur cette terre, et dans ces rues. Une *via* et une maison portent son nom. Sa statue de marbre trône sur le parvis de la basilique Santa Croce, où il a son cénotaphe à côté de ceux de Michel-Ange et de Machiavel et dans le cloître, son portrait peint par Giotto. Au cœur du baptistère si cher à son cœur – « mon beau Saint-Jean » – et où il fut baptisé, Paul VI a accroché un ex-voto : « En l'honneur de Dante » ; on y lit aussi ces tercets du *Paradis* : « S'il arrive jamais que ce poème austère / Auquel ont mis la main et le ciel et terre / Et qui m'a fait maigrir pendant de si longs ans, / Désarme la fureur cruelle qui m'exile / Du beau bercail où je dormis, agneau tranquille, / Sans autres ennemis que les loups dévorants ; / Avec une autre voix alors, une autre laine, / Je reviendrai poète, et là, sur la fontaine / Où je fus baptisé, je ceindrai le laurier. » Et pourtant, de son vivant, quel désamour de Florence pour Dante ! L'inventeur de la langue italienne y est né en 1265. Il est resté dans ses murs jusqu'en 1301 et ne les quitta que pour partir en mission diplomatique à Rome. C'est là qu'il reçut la sentence d'exil

– son parti vient d'être vaincu. Dante ne devait jamais plus revoir Florence et ce n'est pas sur les rives de l'Arno qu'il rendra son dernier souffle, comme il l'a souhaité pendant toute une errance, mais à Ravenne. Pendant son exil, Dante n'a songé qu'au pouvoir, à la reconquête de sa ville, à son retour, la tête haute. À un ami florentin qui lui annonce une amnistie possible s'il consent à un acte public de pénitence – amende, procession publique jusqu'au baptistère vêtu d'une bure et coiffé d'une mitre en papier –, Dante répond qu'il décline ce qu'il estime n'être pas une faveur, mais une humiliation, « une bassesse de cœur » s'il y consentait : « Si je ne puis rentrer honorablement à Florence, je n'y rentrerai jamais. » En mai 1314, la Seigneurie confirme sa condamnation à mort et l'étend à ses enfants. Sept ans plus tard, Florence finira par reconnaître ses mérites. Certes, de façon posthume et d'une plume… florentine : « En l'an 1321, au mois de juillet, mourut Dante, dans la ville de Ravenne, en Romagne, en revenant d'ambassade de Venise, au service des seigneurs de Polenta avec lesquels il demeurait : et il fut enseveli devant la porte de la grande église, en poète et en grand philosophe. Il mourut exilé par les Communes de Florence, à l'âge d'environ cinquante-six ans. […] Ce Dante, à cause de son savoir, fut un peu présomptueux, revêche et dédaigneux et, presque comme un philosophe peu aimable, il ne savait pas bien converser avec des laïques. Mais, grâce à ses autres vertus et science et valeur de si grand citoyen, il nous semble qu'il convient de lui donner perpétuelle mémoire en cette chronique, outre que les nobles œuvres qu'il nous a laissées par écrit rendent de lui un vrai témoignage et promettent une réputation honorable à notre cité. » Tel fut l'éloge funèbre signé du chroniqueur de la Seigneurie, Giovanni Villani. Mais Dante aurait-il composé son chef-d'œuvre, ce « poème austère », si Florence ne l'avait pas déshérité d'elle-même ? La privation de la cité natale et la douleur qui en résulte timbrent son œuvre. Voilà, dans son *Enfer*, les ennemis qui ont soufflé au Podestat la sentence d'exil : le comte Ugolin, l'archevêque Rugghieri, le poète Argenti et le *condottiere* Farinata Degli Uberti, chef de la faction gibeline. Voilà les tortures et les souffrances qu'il leur inflige : le feu, la glace, la poix, les serpents, un cycle perpétuel de souffrances. Voilà, au *Purgatoire*, la faute de Florence étendue à toute l'Italie : « Ah ! Italie. [...] Et maintenant tes vivants ne peuvent demeurer sans guerre, et ceux-là qu'une même muraille et qu'un même fossé renferment se rongent les uns les autres. » Voilà, pour donner à ce pays son verbe et dire au monde « les douces vérités », le *dolce stil nuovo* plutôt que le latin ou le dialecte florentin. Et voilà, au *Paradis*, la nostalgie de Florence – « nous aimions tant Florence que nous souffrons pour l'avoir aimée un injuste exil » –, devenue si forte qu'elle dilue toute amertume, toute idée de vengeance pour se commuer en tendre mélancolie, en nostalgie d'un amour plus grand encore, universel, cosmique, un Amour qu'il lui faut désormais célébrer au paradis.

L'aurait-il reconnue s'il y était revenu ? Et pourquoi non ? Florence avait commencé sa métamorphose dès l'enfance du poète. De petite ville ceinte dans un quadrilatère restreint, elle avait repoussé ses murailles, s'était étirée et elle avait gagné l'autre rive de l'Arno. Dante a vu s'ébaucher l'enceinte beaucoup plus vaste de la porte de San-Niccolo. À l'intérieur des anciens remparts, fermés par quatre portes, les rues, étranglées, sombres, bordées de quelque cent cinquante hauts donjons, se sont peu à peu désencombrées de leurs tours médiévales. Le palais du Bargello s'achève, et avec lui, le palais de la Seigneurie. Certes, si la cathédrale du XIe siècle, dévolue à sainte Reparata, a été détruite, quand il quitte la ville on commence à poser les fondations de Santa Maria del Fiore et celles du Campanile. Quant au baptistère placé sous la protection de saint Jean-Baptiste, il y fut baptisé. Il en admira les mosaïques d'or de ses fresques, toutes byzantines, posées sur la coupole pyramidale, achevées en son temps. Vint-il souvent les contempler ? Certains ont vu, dans *L'Enfer* de *La Divine Comédie*, des scènes inspirées de celui du baptistère. D'autres, des jardins au pied de San Miniato qu'il connut et du « rire plein de liesse » qu'ils suscitent, une préfiguration de son *Paradis*. Quant à moi, je veux garder, de sa présence, le rythme qu'il nous enseigne pour passer dans Florence, celui du « piéton infatigable » qu'il fut au pays interdit aux vivants. « Le pied du vers – inspiration et expiration – c'est le pas », comme l'écrit Mandelstam.

Café

À Riomaggiore, je m'étais promis, une fois à Florence, de visiter le café où le peintre Telemaco Signorini retrouvait les artistes que les critiques avaient appelés, sans aménité, les « tachistes », les Macchiaioli. Un livre d'histoire de l'art, consulté à la Feltrinelli, la grande et belle librairie de Florence, m'a donné leur adresse : via Larga, devenue via Cavour. Las ! Je n'y trouve qu'une plaque qui atteste la disparition du café Michelangelo. J'aurais aimé savoir à quoi ressemblait ce lieu, dans un pays où le café ne ressemble en rien à l'idée que nous nous en faisons en France – un établissement doté d'une vaste salle, de tables et de chaises « bistrot » ou de banquettes plus ou moins capitonnées, rendez-vous du quartier, de la jeunesse ou des artistes, des pauvres et des désœuvrés. En Italie, il n'y a pas cette culture m'a avertie ma cousine Pepa, lors de mon tout premier voyage à Rome, tandis que je cherchais un café chaleureux pour l'attendre avec un bon livre. Je m'en étais étonnée. Et comment ? Le *caffè* comme une religion, avec sa liturgie, ses raffinements – *ristretto* (3 cl), *espresso* (7 cl), *macchiato*, *cappuccino* – et pas de lieu qui lui soit réservé ? Eh non, m'a-t-elle dit. En Italie, le café se boit debout, sur le zinc (du marbre en général), *presto*, le matin, avant de filer au bureau, ou après le déjeuner. Dans des « bars » où l'on trouve aussi de quoi se restaurer sur le pouce – panini, portions de pizza, *foccacia* ou *tramezzine*, ou quelques sucreries. « *Ti offro un caffè al bar ?* » On y reconnaît l'habitué à la question que lui pose d'emblée le serveur : « *Il solito ?* » – « Comme d'habitude ? » Naples a sa spécialité, le *caffè sospeso* – soit le fait de payer deux cafés et de n'en boire qu'un seul – le second est réservé au pauvre qui viendra le mendier. Le « café du coin », à la française, ne s'est pas propagé dans les villes italiennes. Il y a les terrasses bien sûr, mais l'hiver, à Florence où il fait si froid, où la pluie sait tomber en rafales, ou même à Rome... Pour autant, chaque ville italienne possède un, voire deux « cafés » historiques, qui sont ce que nous appellerions des salons de thé. Lieu de rendez-vous où l'on peut trouver à s'asseoir ailleurs qu'en terrasse, nanti d'une salle intérieure, parfois conçue comme une succession de petits salons. On s'y retrouve non pas pour prendre un café, mais un *cappuccino* – uniquement le matin – ou ces crémeux et fumants chocolats chauds dont l'Italie a, aussi, le secret, assortis de la pâtisserie qui convient, ou plus tard pour un verre. À Venise, c'est le Florian, le *caffè* le plus ancien d'Italie – 1720 – et celui qui lança la mode du café dans toute l'Italie, pris jusque-là en potion médicinale et acheté en pharmacie. Et de l'autre côté de la place San Marco, le Gran Caffè Quadri. À Rome, le Grecco. À Naples, le Gambrinus. Et à Florence ? Le Gilli, qui est le plus ancien de la ville, fondé en 1733, en vérité, à l'origine, une pâtisserie. Mais il y a aussi, pour se poser entre deux visites, le Caffè Rivoire ou le Caffè Concerto Paszkowski – autant de lieux florentins où faire salon que Stendhal et Alexandre Dumas ont aimé fréquenter. C'est au Rivoire que je me pose, pour déguster, avec ma citronnade, la vive histoire des Médicis écrite par Alexandre Dumas. Où mieux le faire qu'ici ?

Les lois de la perspective

Lorsqu'en 1415 Filippo Brunelleschi invente les lois de la perspective, Florence entreprend une révolution artistique sans précédent au cœur même du Quattrocento. Rien ne sera plus jamais comme avant dans l'art occidental – et cela jusqu'aux Impressionnistes. En trente ans, entre 1415 et 1445, tout va changer. La Cité, dans « sa tempête perpétuelle », comme disait Dante, ordonnance l'extinction des dernières lueurs médiévales. Ni les assassinats, ni les sacs, ni les confiscations, ni les exils, ni les guerres des familles – poisons et potions se disaient d'ailleurs d'un même mot – ne disparaissent, mais l'humanisme fait craquer le corset de la ville. Et si l'Europe tout entière est pétrifiée par la fin du Saint-Empire qui unissait le pouvoir spirituel et le pouvoir temporel, l'épée et la clef ; si partout la chrétienté angoissée répète « *adventanti mundi vespero* », « c'est le soir d'un monde » à Florence, on embrasse l'avenir. La guerre des guelfes et des gibelins, partisans du pape et partisans de l'empereur, a pris fin. La paix est restaurée dans la cité. Et Florence veut faire des affaires. Elle a compris qu'un bon négoce passe par l'argent des autres, enfoui, peureux, honteux. Elle brave donc l'anathème jeté sur l'usure pour devenir, par le biais de quelques-unes de ses familles, les Albizzi, les Strozzi, les Médicis, banquière des papes et de quelques têtes couronnées. Cette ville où on s'assassinait dans le dos et la nuit inaugure alors la loyauté dans les échanges – une loyauté payante puisque son florin devient la monnaie la plus appréciée du Moyen Âge. Gare aux tricheurs et aux maladroits : les faillis sont exposés cul nu place de Seigneurie, devant les changeurs qui y tiennent leur or. Pour se protéger des foudres de Rome, elle confie aux deux grands ordres religieux du temps le débat sur la question de l'usure. Les Franciscains tranchent – l'avarice, n'est-ce pas conserver par-devers soi son argent, plutôt que de le prêter à ceux qui en ont besoin pour le plus grand bien de la cité, les marchands et les artisans ? En 1404, le juriste Lorenzo Ridolfi rédige un traité, *De Usuris*, qui concilie la loi de Dieu et celle des hommes, et qui remporte tous les suffrages. On peut désormais s'enrichir sans craindre l'enfer. En un siècle, la civilisation marchande florentine a ainsi élaboré un *modus vivendi* original, un humanisme bien à elle, un mode de compromis entre les interdits du christianisme et les infractions qu'elle s'autorise. Qu'était l'humanisme, sinon la tentative d'humaniser le monde grâce à la raison, l'exigence de justice et le désir de logique ? À Florence, le monde est expliqué, mesuré et reconstruit dans cette perspective, avec une volonté de savoir, pour prévoir et vouloir. La société florentine donne alors un sens particulier aux mots « courtoisie », « fortune » et « prudence », « raison » et « renommée ». Ils deviennent les étalons d'une culture qui ne prétend pas, pas encore, s'ériger en vision universelle, mais cherche à constituer un cadre, et presque un statut moral, pour une classe bien précise, le *popolo*. *Popolo grasso* et *popolo minuto*, bourgeois et prolétaires. Peu à peu, ce milieu de marchands, qui a pris le pouvoir et qui est devenu le maître de la production, entrevoit des horizons plus vastes. Et puisque la situation de l'Europe dans ce sombre Trecento est confuse et incertaine, Florence s'érige en véritable État pour assurer son indépendance. Elle y établit que la naissance n'est pas dans le sang mais dans l'art et ses artisans – tout à la fois poètes, verriers, alchimistes, fondeurs, architectes, écrivains, sculpteurs et peintres. En 1339, elle crée la première compagnie de peintres florentins, la Guilde de saint Luc, dans le cloître Saint-Marc et, sur ses fondations, le 13 janvier 1563, la première Académie de dessin – en fait, la première académie artistique apparue en Europe. Giorgio Vasari, puis Michel-Ange, en prendront tour à tour la direction. La Municipalité, qui préside à la destinée de la

Cité, établit des guildes pour les sept métiers principaux et interdit aux nobles tout accès aux fonctions municipales. Le peuple au pouvoir fait raser les sombres et hautes tours qui abritaient les grandes familles pour construire des palais à loggias où la vie se joue au balcon. C'est ainsi que Florence, au passage emblématique du siècle, a déjà élaboré une architecture et un urbanisme dans une scénographie symbolique et visionnaire. Le Palazzo Vecchio et la loggia di Lanzi, anciennement palais et loggia de la Seigneurie, Orsanmichele et Santa Anna, le palais du Podestat (le Bargello) et la Badia, le *duomo*, le campanile, la loggia del Bigalo, tous ont été bâtis en un siècle (entre 1290 et 1400) dans un ensemble architectural éblouissant et inégalé en Europe à l'époque. L'emplacement des monuments a été judicieusement pensé – larges esplanades, faisceau d'artères importantes, elles-mêmes innervant un réseau de rues adjacentes, irriguant tous les quartiers de la ville. Ce grand remaniement enrichit aussi le vocabulaire des Florentins d'un mot – *bischero*, du nom de la famille Bischeri qui refusa de vendre sa maison comme ses voisins le firent pour faire place nette à la future cathédrale, dans l'espoir de voir doubler le montant des dédommagements. Leur maison prit feu, et ces *bischeri* – ces crétins – ne touchèrent que la valeur des ruines. À ces grandes rénovations, la Renaissance ne pourra adjoindre que la magnificence de ses palais et de ses villas privées, construites en périphérie, et quelques églises excentrées. Avec cette activité architecturale et urbanistique, la Commune manifeste une volonté de prestige et d'identité civique. Elle a inventé le lien entre urbanisme et pensée politique. Elle a conçu la ville comme une œuvre d'art investie d'une signification civique éloquente. Cette somme fonde le mythe de Florence nouveau centre du monde. Le chancelier Saluti, en 1403 – grand lecteur de Pétrarque – n'a-t-il pas revendiqué pour sa patrie, depuis la place de la Seigneurie, le titre de « Nouvelle Rome », et rappelé que la liberté se décidait sur la place publique ? D'autres préféreront l'appeler la « Nouvelle Jérusalem ».

Leon Battista Alberti

En 1438, toute cette beauté, toute cette pensée enclose dans une cité coupent le souffle à un jeune homme de vingt-quatre ans. Il entrait pour la première fois de sa vie dans Florence, la cité au lys rouge et au lion Marzocco – emblème et porte-bonheur de la ville, que vient de sculpter Donatello. Florence est sa ville, mais l'exil à quoi sa famille a été condamnée lui en a jusque-là interdit l'accès. Né à Gênes, il avait vécu à Venise. Il y avait étudié avant d'entrer dans les ordres. Il était riche de confortables revenus ecclésiastiques et, par bonheur, le pape Martin V venait de lever l'exil des siens. Aussi Leon Battista Alberti est-il revenu prendre possession de la maison familiale. Il s'en désintéresse aussitôt : il titube d'admiration, le nez en l'air, le souffle coupé. Il manque de s'évanouir d'émotion en découvrant la porte en bronze du baptistère, sculptée en 1401 par Lorenzo Ghiberti – une gigantesque mosaïque de scènes en reliefs et dans cette perspective inconnue de lui, qui offre non pas un, mais deux points de fuite ! Michel-Ange, quelques années plus tard, ressentira le même choc, et la jugera digne d'ouvrir le paradis. Alberti est stupéfié devant le Dôme de Brunelleschi et ses phénoménales dimensions. Il ne veut plus quitter Florence. Il veut tout apprendre d'elle : l'art nouveau de la perspective, et comment peindre selon ses règles. Le traité *De la peinture* (*De Pictura*) qu'il fera paraître en 1435 jettera, pour les quatre siècles à venir, la théorie de la peinture classique. Et Florence, en ébullition, lancée dans une effusion artistique inouïe, lui réserve d'autres merveilles. *La Trinité,* fresque révolutionnaire par son point de vue, son trait, son fond, qu'a réalisée Masaccio à Santa

Maria Novella. Le *Saint George* de Donatello, qui a mis en pratique la perspective « mono focale » de Brunelleschi dans sa sculpture. Mais pourquoi cet afflux de peintres venus d'Italie et d'Europe ? Pourquoi tous ces artistes ? Pourquoi tant de chantiers ? Pourquoi tant de joie, tant de légèreté dans l'air ?

Toscanità

C'est que Cosme de Médicis (qu'on appellera Cosme l'Ancien pour ne pas le confondre avec son descendant, Cosme Ier, duc de Toscane), de retour à Florence après un an d'exil, a décidé de prendre le pouvoir – non pas officiellement, mais par son mécénat, ses jeux d'influence, sa puissance financière, par une démagogie qui ne manquera pas, quelques années plus tard, d'inspirer Machiavel. Ce petit-fils de paysans descendus de la vallée du Mugello a fait immédiatement exiler son ennemi personnel, Palla Strozzi, l'homme le plus riche de Florence. Et puisque Strozzi avait tenu à commander pour son palais florentin, qui portait son nom, en 1425, une fresque à Gentile de Fabriano, le maître du gothique international, Cosme décide de prendre un contrepied radical. Cet art flamboyant, riche d'or et de couleurs, était réservé aux cours princières. Amateur d'art, fin lettré, Cosme de Médicis demande aux peintres de Florence de créer un style qui lui soit propre, exclusif, qui porterait loin dans le monde sa marque et l'esprit de Florence – cette *toscanità* subtile et singulière. Cosme a exigé un art entièrement nouveau, qui se nourrisse de l'autre révolution qu'il a provoquée : l'introduction, en Italie, de la peinture à l'huile, inventée en Flandre dès le XIIe siècle. Il rêve de cet art sobre et rigoureux né avec Giotto et qui gagne en puissance ce qu'il perd en flamboyance. Un art dont le principe s'allie à la morale de sobriété de la *res publica*. La perspective offre cet idéal. Elle possède, aux yeux de Cosme de Médicis, un atout inestimable – la position qu'elle donne au sujet ; à l'homme dans le monde et dans le siècle. À celui qui regarde, et à celui qui va être vu. Cosme commande des fresques pour le couvent Saint-Marc à Fra Angelico et pour les chapelles Médicis, des *tavole quadrate,* panneaux carrés avec perspective centrale dont il confie l'exécution à Fra Angelico encore, et à Filippo Lippi. À Florence, viendront plus tard Léonard de Vinci et Michel-Ange, les terribles rivaux. Il faut à peine dix ans pour que ce nouveau style pictural soit, dans toute l'Italie, puis dans toute l'Europe, attaché au nom des Médicis. « On doit aux artistes de la Renaissance de merveilleux chefs-d'œuvre. Mais ce qu'ils ont produit de plus remarquable, et surtout de plus durable, est une nouvelle image d'eux-mêmes, une posture sociale qui assurait leur triomphe dans l'Italie, puis dans l'Europe des cours princières. L'art médiéval devait représenter le sacré et participait au culte divin ; il acquiert à la Renaissance une forme spécifique de sacralité et devient de ce fait lui-même l'objet d'un culte. De cette nouvelle religion, les artistes sont les héros divinisés et les humanistes les prophètes », écrit Édouard Pommier dans son ouvrage *Comment l'art devient l'Art dans l'Italie de la Renaissance.* Giorgio Vasari sera l'un et l'autre : il composera ses *Vies* en 1550 et fixera, pour la postérité, cette galerie d'artistes illustres qui, de Giotto à lui-même, forme une généalogie fabuleuse. Mais comment les peintres florentins se sont-ils adaptés si vite à cette mathématique complexe de la perspective ? Tel Piero della Francesca, qui compose des jeux de lignes de fuite, des labyrinthes de corridors, de véritables théorèmes de perspectives ? C'est que Florence était aussi un grand centre de cartographie, et que le travail de cartographie préparait aux raisonnements mathématiques qui découlent des calculs de perspective. Paolo Tosanelli, l'auteur d'un précis sur la perspective et d'un *Traité sur les miroirs pour faire apparaître les dragons*, n'avait-il pas adressé une lettre à un certain Christophe Colomb, pour lui conseiller, à partir de ses travaux de cartographes, de filer vers l'ouest, certain qu'il y avait des découvertes à faire ? Ce que Cosme de Médicis, « père de la patrie » pour le peuple, prince munificent chez lui, a parfaitement compris, c'est la dimension « intellectuelle » de la perspective, qui ne se contente pas de montrer de façon différente, depuis le seul œil d'un seul individu, mais invite le spectateur à considérer le tableau comme une scène de théâtre qui serait le monde – un monde enfin ouvert aux actions et aux intérêts de l'homme et dont celui-ci peut construire une représentation vraie, de son point de vue. Enfin, en même temps qu'on mesure l'espace dans la peinture et dans la cartographie, on mesure également le temps avec l'horloge mécanique que Brunelleschi sait aussi fabriquer. Le temps entre dans la perspective. La représentation du monde moderne est née.

Les cadeaux des rois Mages

Pour autant, elle n'est pas née de la seule invention de la perspective par Brunelleschi et de sa théorisation par Alberti. Une série d'événements contribuent à confirmer Florence dans ce rôle de phare, ou de détonateur d'une nouvelle civilisation naissante en Italie, et bientôt étendue dans toute l'Europe. Pour amplifier ses visées hégémoniques et politiques et poser sa famille comme celle de la future dynastie de Florence, Cosme de Médicis a su attirer dans sa ville l'énorme délégation qui s'est déplacée, en 1437, depuis Constantinople jusqu'à Ferrare, pour tenir un concile de réconciliation des Églises grecque et latine. On peut admirer, dans la chapelle du palais Médicis, la ressaisie de cette victoire sous le pinceau de Benozzo Gozzoli. Un fastueux cortège dans les pas des rois Mages, où Laurent le Magnifique porte les couleurs de Balthazar. Parmi les sept cents personnes en visite, entre l'empereur Paléologue et le pape, se tient, à titre de délégué laïc de Byzance, le très grand et très vieux philosophe néoplatonicien Georges Gémiste, dit Pléthon. Ce personnage apporte avec lui la philosophie grecque, les subtils distinguos entre celle de Platon et celle d'Aristote. Ses conférences séduisent Cosme de Médicis, fin lettré – il parle couramment le grec et le latin. Convaincu par la vision que les Grecs avaient du monde, Cosme créé une Académie platonicienne dont il confie la direction à Marsile Ficin. Il commande qu'on traduise les œuvres de Platon, de Plotin, des poètes grecs et romains néoplatoniciens. Très vite, dans cette ville où a été fondée la première bibliothèque publique, où un siècle plus tôt avait été instaurée une chaire de grec, les étudiants affluent. Pléthon restera suffisamment longtemps pour former quelques élèves au professorat, lesquels continueront à enseigner après le départ du maître. Alors, Cosme de Médicis importe à Florence tout ce qui se peut acheter de textes de l'Antiquité, pour enrichir l'étude des jeunes Florentins. Ceux-là, il les encourage à visiter Rome et ses ruines, qu'on commence à peine à fouiller. L'Académie néoplatonicienne de Florence restera ouverte jusqu'en 1559. Elle formera le modèle de l'homme de la Renaissance, en la personne de Jean Pic de La Mirandole, de Laurent le Magnifique ou du poète Angelo Ambrogini, dit Politien, qui lancera, du haut de ses vers : « C'est dans votre ville, ô Florentins, que la culture, morte en Grèce, s'est réveillée. » Et quoi d'autre encore ? L'académie néoplatonicienne de Florence a développé le néoplatonisme médicéen. Elle élabore une conception hiérarchique de l'Univers où le sensible symbolise l'intelligible, de quoi insuffler un souffle créateur aux peintres et aux artistes. Elle concocte, dans le creuset de ses idées, les grandes lignes de la pensée de la Renaissance. Le philosophe humaniste Marsile Ficin, qui y professe, ira jusqu'à fondre la pensée platonicienne dans le dogme chrétien. Il pose la théorie selon laquelle la beauté des choses découle de la splendeur divine, abolissant ainsi les limites entre le sacré et le profane – et cette idée retentit chez les poètes et les peintres, ainsi qu'on le voit dans *Le Sacre du Printemps* de Sandro Botticelli, son élève. Cette « vision » convertit à l'art Andrea del Verrocchio, sculpteur, peintre et orfèvre. Il ouvre à Florence l'un de ses ateliers les plus féconds et les plus célèbres d'Italie : n'a-t-il pas, parmi ses élèves, Benvenuto Cellini, le Pérugin et Léonard de Vinci dont l'excès de talent dégoûtera, à jamais, le maître de peindre ? *Le Baptême du Christ*, à quoi ils travaillaient ensemble, sera sa dernière œuvre.

L'Annonce faite à Marie

Une telle activité, une telle efflorescence devait trouver son motif. L'*Annonciation* est celui-là, le thème de la Renaissance par excellence, et celui que privilégient les peintres de Florence. Pas un artiste qui n'ait peint cette scène, telle que la raconte saint Luc dans son évangile : l'ange Gabriel est envoyé par Dieu, chez Marie, pour lui *annoncer* qu'elle mettra bientôt un enfant au monde qui s'appellera Jésus. Et comme Marie s'étonne d'un tel prodige puisqu'elle est vierge, l'ange lui répond que l'Esprit Saint viendra sur elle « et la puissance du Très-Haut (la) prendra sous son ombre, c'est pourquoi l'être saint qui naîtra sera appelé Fils de Dieu ». Ce récit fondateur de la religion chrétienne est à l'origine du mystère de l'Incarnation : l'union intime, en la personne de Jésus-Christ, de la nature divine en la nature humaine. Autrement dit, Dieu fait homme. Alors que les artistes du Moyen Âge ont privilégié la passion du Christ, depuis sa solitude sur le mont des Oliviers jusqu'à sa Descente de la croix, toute la Renaissance, du Trecento (XIVe siècle) à la

Renaissance tardive (XVIe siècle), manifeste pour l'Annonciation une prédilection certaine. Même le frondeur Léonard de Vinci choisit, en 1470, une Annonciation pour thème de l'un de ses premiers tableaux – il a tout juste dix-huit ans. Et la dernière toile « religieuse » de Véronèse, qui avait abandonné ce registre après sa condamnation par l'Inquisition, sera aussi, en 1585, une Annonciation ; au milieu des nuages et des angelots, l'archange Gabriel semble répéter les propos du peintre face au Tribunal : « Nous les peintres, prenons des libertés, comme les poètes et les fous. » Entre l'*Annonciation* de Giotto le précurseur, et celle de Véronèse, l'ultime, quelque deux cents *Annonciations* voient le jour en Italie, signées par les plus grands, Piero della Francesca, Fra Angelico, Simone Marini, Botticelli, Michel-Ange, Le Pérugin, Raphaël, jusqu'aux plus humbles des artistes. Tous mettent leur génie ou leur simple talent à l'épreuve de ce thème.

Pourquoi cet exceptionnel engouement ? Il existe une complicité profonde entre ce récit et l'époque, entre ce que cet épisode des évangiles met en scène et les temps nouveaux promis par la Renaissance. Comme l'ange Gabriel, l'humanisme prophétise un homme nouveau qui aura droit au bonheur *hic et nunc*, ici et maintenant, sur cette terre. Il pourra l'atteindre en croyant en lui-même plutôt qu'en l'Église qui réserve ces joies à la vie éternelle. Il y a ensuite le rôle que tient Marie, nouvelle Ève, mère d'une nouvelle humanité. Marie préfigure la féminité triomphante qu'épanouit le Quattrocento – idéale, singulière et radieuse. La *Vénus au bain* (1485) du pieux Sandro Botticelli, qui surgit de l'eau avec une fraîcheur et une innocence sans pareilles, et *Mona Lisa* (1515) en son sourire mystérieux, sont autant de variantes de cet idéal féminin auquel Marie prête son visage. Enfin, l'Annonciation que symbolise le récit de saint Luc n'est pas seulement celle de temps nouveaux, d'une femme et d'un homme neufs. Elle est aussi celle d'une terre nouvelle : un *mundus novus* émerge là-bas, à l'ouest, au fin fond de l'Atlantique ainsi que les cartographes florentins l'ont pressenti par déduction mathématique. Avec la découverte de l'Amérique, les lignes de perspective du monde, ses lignes de fuite, portent le regard hors du cadre connu vers un autre horizon où tout est possible, même le paradis. Tout pivote, comme tout avait basculé en cet instant où Gabriel avait annoncé à Marie la fin des temps anciens – ceux de la loi de Moïse – pour entrer dans l'ère de la Grâce – celle de Jésus venu racheter les péchés en proposant à l'homme de choisir son destin.

Avec ce récit de l'Évangile, les artistes pétris d'humanisme expriment leur enthousiasme pour leur époque riche de promesses, et une métaphore de leur destinée. L'artiste est l'homme neuf de la Renaissance, et la peinture, parce qu'elle lui offre le plus large éventail de possibilités pour s'exprimer, en est l'arme rénovée. Ils renversent les codes rigoureux, boudent les scènes édifiantes de l'histoire officielle. Ils racontent librement avec pour seul impératif de suggérer et d'émouvoir. Comme l'ange Gabriel devant Marie, la peinture prend la parole. Le thème de l'Annonciation lance le défi immense de *suggérer* l'incommensurable et l'indicible, le mouvement de l'Esprit de Dieu vers Marie, et le mystère de Dieu fait homme. Ils entendent l'Annonciation selon la définition de Pic de La Mirandole : avec l'Incarnation, le pouvoir créateur de Dieu a été transmis à l'homme, dès lors investi et conscient de ce pouvoir de création. L'homme a regagné, de ce fait, sa liberté. Il est un *individu* – notion tout à fait inédite dans la pensée en cours. Libéré, il bouscule le monde clos du Moyen Âge pour provoquer d'autres mouvements, dans l'espace, dans le temps et dans la société. Dans l'espace, ce sont ses voyages à travers l'Europe et ses explorations jusqu'à l'Amérique et les confins du monde. Dans le temps, ce sont ses incursions dans les œuvres de l'Antiquité, civilisation affranchie de Dieu qu'il découvre avec éblouissement. Dans la société, ce sont les possibilités toutes nouvelles d'échapper à une condition imposée par la naissance, pour choisir sa voie et faire fortune. Les *condottiere* en tout genre sont la figure par excellence de ce siècle d'aventuriers. Le mercenaire Bartolomeo Colleone, dont Verrocchio édifiera la statue à Venise en 1483, illustre l'esprit de conquête qui anime les Médicis à la recherche du pouvoir ; ou celui de Léonard de Vinci et de Michel-Ange en quête de leur propre gloire. Le mouvement qui anime le monde, c'est justement ce que cherche à traduire cet art pictural rénové : les mouvements du corps, ceux des lieux et ceux de l'âme.

Les mouvements libres de l'individu.

Quatre Annonciations

Dès lors, rien n'est plus passionnant que de regarder attentivement comment chaque peintre, à son époque, a traduit la symbolique de cet épisode des évangiles. L'*Annonciation* Ambrogio Lorenzetti (1344) qu'on admire à Sienne est une œuvre capitale aux yeux des historiens de l'art : pour la première fois, un peintre met en place un élément, encore balbutiant, de perspective dans une peinture. L'ensemble reste de facture classique, fond doré de l'icône, espace clos, mais Lorenzetti force les perpendiculaires visibles du damier du sol à converger vers un seul et même point. L'étrange, dans ce tableau, c'est aussi le mouvement inhabituel de la main de l'Ange : son pouce indique quelque chose derrière lui : les temps anciens qui finissent avec l'arrivée de Jésus ? Et pourquoi la Vierge, pauvre et humble, porte-t-elle cette riche et unique boucle d'oreille ? L'observation est historique : c'était une obligation pour les jeunes juives, quand elles sortaient dans les rues Florence.

L'*Annonciation* de Piero della Francesca (1455) se singularise par la structure sophistiquée de la fresque. Pour illustrer l'Esprit qui s'incarne en Marie, le peintre, surnommé le « Monarque de la peinture », édifie une architecture très élaborée de perpendiculaires, de lignes droites croisées – le dessin des corniches de marbre, le pilier, les carrés des espaces – que traverse une unique diagonale. Celle-ci, qui part des mains de Dieu sur son nuage, en haut à gauche, et va jusqu'au front de Marie, est suggérée par la seule ligne oblique du décor : le plafond de la loggia où se tient la Vierge. Pour dire le mystère, Piero della Francesca privilégie les postures hiératiques et le vertige des jeux géométriques.

Sandro Botticelli est l'auteur du premier nu féminin en pied de la Renaissance avec *Vénus au bain*, et du portrait ravissant de Flore qui préfigure le printemps de la femme. Son *Annonciation* (1489) insiste sur la réponse de Marie à Gabriel : son consentement est suggéré par les yeux clos, le mouvement gracieux du corps pudiquement caché par le manteau, celui des mains qui tiennent à distance en même temps qu'elles reçoivent. L'Ange Gabriel est prosterné devant cette figure féminine, future mère d'une nouvelle humanité. Leurs mains semblent définir un globe vide, rond et invisible – l'Esprit, le nouveau monde, l'Espérance.

Raphaël a choisi une extrême simplicité de décor et de paysage, jusqu'à l'austérité, pour son *Annonciation* (1502). L'Esprit semble circuler dans les grands espaces vides entre Marie et l'Ange. La colonne, qui rappelle les premiers tableaux du genre, réapparaît, mais Raphaël la repousse en deçà des personnages, ce qui accroît la sensation de distance. La force du peintre tient dans l'importance donnée au mouvement et à l'instant : la visite de Gabriel semble éphémère. Sur la pointe des pieds, il interrompt à peine Marie dans sa lecture. Le temps de l'Infini féconde celui du fini, sous le regard de Dieu et de l'Esprit Saint en colombe. Si peu de temps pour un mystère qui changera le destin du monde, semble dire Raphaël, né et mort un vendredi saint.

Les parfums de Florence

Je ne sais si Florence a inspiré à Goethe son délicieux poème : « Connais-tu le pays où fleurit l'oranger / Le pays des fruits d'or et des roses vermeilles ? » Ces vers me reviennent toujours lorsque je pousse la porte de l'Officina profumo di Santa Maria Novella, via della Scala. Damier de marbre noir et blanc, vitrine de cristal et de bois sombre, corniches peintes de fresques, et ce parfum à nul autre pareil de fleurs de Neroli, de poudre d'iris, de poudre de lys, l'emblème avec l'hirondelle de Florence. J'y fais ma provision d'eau de Cologne que portait Catherine de Médicis et de liqueur Alkermès, un secret des moines indispensable pour réaliser les desserts florentins et la fameuse *zuppa inglese.* J'y ravis mes sens. Tout y est beau : les flacons et les fioles ciselées au blason des Dominicains qui fondèrent cette antique pharmacie au XIIIe siècle – la plus vieille du monde. Tout y est doux : les pains de savon, les poudres de beauté, les talcs et les sels de bain. Tout y est suave : les herbes et les décoctions dont les recettes ont été élaborées il y a huit siècles, pour le bien-être, la santé, la beauté. « Que Florence est belle, de là-haut, au soleil couchant ! [...] La Viale dei Colli est pleine de parfums qui montent à la tête, surtout avec la vue de toutes ces pentes couvertes d'oliviers », s'enivre Simone Weil. On a concentré là tous les effluves des collines de Toscane qui l'étourdissaient, capturé ceux des fleurs à foison dans les prairies, distillé les simples que les moines ont cultivés dans les jardins de l'église santa Maria Novella. On avait confié cette chapelle aux douze dominicains venus de Bologne fonder leur ordre à Florence. La communauté construisit une église nouvelle et l'assortit de cloîtres et d'un monastère, qui devint un cœur de la vie intellectuelle florentine. Dans ses murs, Dante a étudié la théologie. Il faut s'attarder dans cette somptueuse boutique d'apothicaire avec, à l'esprit, les merveilles que réserve l'église dont elle porte le nom, son abondance d'œuvres d'art – tout un monde. La captation de l'esprit des fleurs, l'alchimie qui transforme leurs parfums en ivresse, les matières qu'on touche – ces poudres, ces cires, ces pots-pourris, ces eaux florales. Ici, tout rappelle que la fleur est l'étymologie de Florence, et qu'elle fut fondée lors des Floralies, ces *ludi florales* que célébraient les Romains en l'honneur de la déesse Flore. Cette atmosphère transporte dans les prairies du *Printemps* de Botticelli. Je me réjouis doublement de cette visite : demain, je me mêlerai à la foule descendue au parc des Cascine, piqué de pins parasols, sur le bord de l'Arno. Florence y célèbre, comme tous les jeudis de l'Ascension, la Fête des grillons. Capturés, emprisonnés dans de jolies cages de paille, de bois ou de fil de fer, ces beaux insectes qui orchestrent les nuits d'été sont vendus, pour être aussitôt libérés – c'est une obligation. La *Festa del grillo*, un temps interdite par la SPA, a de nouveau été autorisée en 2011 à cette condition. Comme les autres, mon grillon prendra la clef des champs. « *Guarda ! Guarda !* » Leur fuite arrache des cris de joie aux enfants, des rires aux mères, et de la joie à tous – ne promet-elle pas *buona fortunata* ?

Opéra

« L'opéra ? Vous savez que ce n'est pas vraiment à Mantoue qu'est né l'opéra. C'est à Florence. »

Je reste dubitative, mais je n'ose protester. J'ai toujours appris que Claudio Monteverdi avait créé le premier opéra en 1607 avec l'*Orfeo*. Je n'ose pas davantage avancer que Venise est devenue capitale de l'opéra, à l'aube du XVIIe siècle, grâce à ce même Monteverdi, promu maître de la chapelle de la basilique Saint-Marc en 1613. Ma voisine, avec qui j'ai engagé la conversation, éclate de rire et avoue m'avoir taquinée. Une *beffa*, comme disent les Florentins qui affectionnent les mystifications. Nous nous sommes adressé la parole en prenant place dans ce théâtre en plein air des jardins Boboli – à la façon italienne, spontanée et chaleureuse. J'avais ramassé son châle, qui avait glissé à ses pieds. Pendant l'entracte, je ne sais comment nous avons parlé musique, puisque nous étions là pour en écouter. J'étais à Florence au meilleur de l'année – en mai. Mois des fleurs et du *Maggio Musicale*. Et j'ai profité de cette jolie concordance des temps – un reportage à Florence à cette époque –, pour assister à l'un des concerts donnés pendant ce festival du lyrique. Nous quittons l'amphithéâtre – finalement, nous n'aimons ni l'une ni l'autre le programme et ses amis la suivent. Maurizio parle du Donizetti à ne pas manquer, dans trois jours, à La Pergola – La Scala de Florence. « Une fête ! » me promettent-ils. Mais hélas je serai repartie. Et encore : « La Pergola a été le premier théâtre à programmer les opéras de Mozart. » Un peu plus tard, autour d'un verre, sous les étoiles, Paola me parle de la *Camerata fiorentina,* inventée dans les salons du comte Giovanni Bardi en 1573. « À l'origine de l'opéra. » Elle y revient, sérieusement cette fois-ci. Elle me raconte : dans l'élan de la Renaissance, cet humaniste avait invité des amis poètes et musiciens à retrouver, pour les représentations musicales, l'essence du théâtre antique, à la fois parlé, chanté et dansé. Il y avait là Cavalieri et Striggio. Une jeune femme du groupe objecte que Striggio n'a pas joué un grand rôle et… Je ne peux plus suivre la conversation. Ils parlent entre eux et trop vite. Je sirote mon verre dans le velours de la soirée. Je suis en accord avec eux. Les passions pour la musique sont de partout et de toujours, mais l'opéra est italien, comme une grande part de la musique.

Vinci

Je ne sais plus où donner de la tête, ni du cœur sur cette route, qui serpente et ondule au cœur de la Toscane, de Florence à Sienne. Plus je roule, plus je me promets de revenir pour faire le chemin à pied. Tout le paysage est chargé de lumière, on la dirait venue de l'intérieur, exhalée par l'ocre d'une terre brodée de vignes. On a chanté mille fois les collines de Toscane, leur fouillis de blés d'or, les cyprès noirs comme une ponctuation sur leurs pages ouvertes au bonheur et on ne saurait rêver meilleures bornes kilométriques que ces arbres. Les mots me viennent par la fenêtre ouverte avec l'air déjà brûlant de ce début d'été. Tendresse fine et délicate, transparence, flore, cristal. Euphorie. Noble paradis. Un paysage courtois et ravissant. Voilà une pancarte : Vinci. Un premier détour. Comment éviterais-je la ville qui a vu naître Léonard ? Je m'attarde dans cette petite cité où tout lui est consacré, musée, expositions. Il avait même inventé une bicyclette ! Je me prélasse dans ses rues et je cours vers sa maison natale, où il passa son enfance, à trois kilomètres de là. Une *casa colonica* – joli terme pour dire une ferme, mais il est vrai que le mot « ferme » convient mal à ces vastes bâtisses de pierre sèche qui émergent des oliviers et des treilles, avec quelque chose d'austère, peut-être pour mieux révéler l'extrême rondeur des alentours. Un chemin d'oliviers ébouriffés y conduit. Au-dessus d'une fenêtre, le lion casqué, crinière flottante, une grosse patte posée sur le blason signe dans la pierre l'appartenance du domaine aux Vinci. Je me promène dans la prairie d'herbes sèches qui descend doucement, et embrasse cet horizon que Léonard a contemplé enfant – le même sans doute – avec les chemins bleus du mont Albano où s'accroche le village dont il porte le nom. Je suis soudain saisie par cette anamorphose : toute la Toscane, dans la perfection de ses paysages que fleurissent la vigne et l'olivier, celle des collines qui ondulent selon un rythme précis et délicat, offre dans sa perspective secrète l'annonce du mystérieux sourire de la *Joconde*. « Léonard devait naître ici, écrit André Suarès. [...] Le Mage est l'enfant de l'amour et la clarté. » Le portrait de cette femme sur quoi Léonard travailla inlassablement sans jamais le terminer pendant quatre ans et jusqu'à sa mort, la clef de son mystère est devant moi. Je contemple ce paysage et c'est le sourire de Mona Lisa qui me pénètre. Avec lui, les mots de Vasari reviennent en tête : « Un sourire » – un paysage – « si attrayant qu'il donnait au spectateur le sentiment d'une chose divine plutôt qu'humaine ». Alors, tous les sourires dont Léonard a signé les œuvres maîtresses dont il n'a jamais voulu se séparer s'interposent entre mon regard et ce décor. L'ineffable sourire qui transfigure le visage de l'ange de la Vierge aux rochers ; lui encore accroché aux lèvres de saint Jean-Baptiste ; lui toujours pour donner sa plénitude au visage de sa sainte Anne. D'où lui vient la prescience de ces sourires, et la paix délicieuse qu'ils infusent en nous dès que nous leur permettons de nous pénétrer, si ce n'est de cette Toscane qui enveloppait ses jeunes années ? Quelle clef de compréhension du monde offrent-ils de façon si impérieuse, pour que Léonard ait désiré répéter leur mystère de portrait en portrait, de la Mère de la Vierge à la Vierge Marie, de l'Ange au Baptiste, pour enfin le poser sur les lèvres de Mona Lisa ? Mais alors le dessiner avec une telle maîtrise qu'il concentre le corps et le visage de son modèle dans cette seule expression, et semble ainsi tenir tout le tableau, lui donner sa cohérence, élucider l'énigmatique chaos du décor derrière elle, comme si par ce sourire, par cette femme, l'ordre secret du monde était enfin résolu. Paul Valéry a écrit que la peinture de Léonard de Vinci – le plus spirituel des peintres de la Renaissance – est sa philosophie même. Comment ne pas ajouter que le sourire de Mona Lisa illustre et cristallise cette pensée, dont on devine l'inspiration dès qu'on s'évade en Toscane, dès qu'on se perd dans le labyrinthe des chemins poudreux entre Florence et Sienne ? Le sourire inventé par Léonard n'est pas une simple expression du visage, il n'est pas une pose, ni non plus une grâce de Dieu. Il est une *apparition.* Celle du noyau de lumière éternelle que ces paysages recèlent. La quiétude de la chair, accomplie et confiante, le pacte mystérieux et divin de la vie et de la beauté, de la vie et du monde. L'éclat secret de cette terre qui rayonne toujours, pleine de douceur et de siècles, jusqu'à nous.

En route vers Sienne

J'ai repris la route. Plus je m'aventure vers le sud, plus je m'enchante. À Vinci, je n'ai rien vu encore de ce que je découvre le long de cette centaine de kilomètres qui me conduisent à Sienne. À peu de Florence, la chartreuse de Galluzzo à flanc de colline et ses remparts de cyprès que dépasse le joli clocher. Comment n'y ferais-je pas halte ? Je découvre l'ampleur du lieu en cloîtres, en œuvres de Pontormo. Il est midi et un peu plus loin, je m'arrête à Impruneta, d'un nom aussi charmant que cette ville – une très grande place et une délicate loggia pour protéger les fidèles à la sortie de l'église. Toute la beauté de ce monde n'a pas fait de moi une ascète. Et si j'avais l'intention de déjeuner sur le pouce, dans l'une de ces *fiaschetterie* qui proposent des paninis ou des *tramezzine*, les rires, une famille qui s'engouffre dans une *trattoria*, et je leur emboîte le pas. C'est un des bonheurs de l'Italie, ces *trattorie*, ces *ristorante*, et plus ils sont populaires, plus on s'y régale de nourritures roboratives. Au premier coup d'œil, je sais que le menu sera sérieux comme la maison. Tables lourdes de bois, un tonneau tout au fond – ne suis-je pas au pays du *chianti* ? –, poutres apparentes, au-dessus de la porte de la cuisine, la *santa Madonna* et aux murs, des vues sur les vignes et des publicités pour les crus locaux. Comme je les regarde avec attention, la jeune femme qui me présente la carte me propose un tour des caves. Ce sera pour un prochain voyage. Je choisis ce qu'elle m'indique comme la spécialité – l'*acquacotta*, une soupe de champignons et de légumes, enrichie d'un œuf poché servi sur une tartine de pain grillé. Un délice de *cucina povera*. Non ! Pas de *dolce* pour finir, mais un café *ristretto*, bien serré, et un autre encore pour me donner le courage de quitter cet antre chaleureux où j'ai mangé comme dix. Une petite fille se traîne par terre, elle imite le gros chat qui s'étire sous une table. Personne ne s'en offusque. La serveuse l'enjambe avec précaution. Le matou profite de l'ouverture de la porte pour filer dans la rue. On parle fort. En attendant qu'on m'apporte l'addition, j'essaie de surprendre la conversation de mes voisins mais ils s'expriment trop vite, avalent leurs mots avec leurs plats, à la façon florentine. La plus jeune des convives est de profil, sa lourde chevelure relevée sur la nuque. J'ai le sentiment de l'avoir déjà croisée. Mais oui ! Sur l'un des tableaux admirés au palais Pitti. Qui sait si les modèles ne se détachent pas de la toile pour prendre leur pause de midi ? La campagne semble s'être épaissie lorsque je repars. Le paysage tremble sous la chaleur et l'abbaye médiévale Badia di Passignano flotte comme un mirage. Elle se précise lorsque je l'approche comme une oasis avec ses jardins de buis, ses cyprès, ses bassins de pierre, puis la visite des salles, de la cuisine et sa cheminée, les fresques – et je ne vois pas pourquoi je ne passerais pas des saisons entières ici comme se le demandait Simone Weil de toute l'Italie. Je retarde mon arrivée à Sienne en m'offrant un crochet jusqu'à Volterra, la ville des

Étrusques. J'étais passée dans cette somptueuse cité médiévale trop vite, en me promettant d'y revenir, avec un souvenir que j'avais nourri de lectures sur cette civilisation dont Volterra conserve les fortifications et la magistrale porta all Arco. « Ne croyez pas que ces arcs sous lesquels vous passez ont été construits pour soutenir les maisons. Ils annonçaient que les deux façades qu'ils touchent ont le même propriétaire. » Je vole l'information au guide d'un groupe de touristes. Je sillonne les vieilles rues, m'attarde sur la place principale, dévale vers les ruines romaines – un amphithéâtre –, je remonte dans la vieille ville pour attendre le coucher du soleil sur la via Lungo le Mura, une rue en corniche, tout en haut de cette cité perchée et d'où la vue, sur les collines du sud, toutes en terre blonde, se transforme en théâtre d'illusionniste – les nuages et leurs ombres, les zébrures du vent, la courbe du soleil qui plonge et embrase les pierres énormes des palais. La route vers Sienne est une route de désir. Elle fait de moi une nomade de la beauté. Chaque surgissement – des tours et les donjons, de vieilles abbayes, les moissons de blé, les cités de poupée, tout dans cette campagne promet l'harmonie. Les virages se resserrent. La route grimpe. J'approche Sienne par degrés de plaisir.

Sienne

Mon premier souci, une fois parvenue à Sienne, porta Camollia, est de trouver où me garer. J'ai appris, à mes dépens, lors de ma première visite en automobile, qu'il fallait me débarrasser de ma voiture *presto presto*. Dès que passée la porte, prendre, sur ma droite, la via Piave puis la via Bettino Ricasoli jusqu'au parking public Il Campino. Quand j'étais venue découvrir Sienne, au volant d'une voiture louée à l'aéroport, personne ne m'avait parlé des ZTL, ni dit de m'en méfier. J'ignorais la signification de ces disques blancs bordés de rouge, sur les panneaux à l'entrée des villes, et qui dispensent souvent les communes de signaliser les sens interdits. Malheur au conducteur néophyte ! À l'imprudent impatient de faire la connaissance de ces cités magiques dont il a rêvé toute l'année. J'étais donc entrée dans Sienne en voiture, émerveillée par la fluidité de la circulation – et pour cause, personne n'avait osé commettre cette infraction, une effraction plutôt. Mon bonheur s'est vite commué en inquiétude. En face de moi, une petite voiture balai, et électrique, me faisait des appels de phares et son conducteur, le buste à moitié jailli de son habitacle, un de ces signes de la main qui accompagnent toute conversation italienne – une sorte de sous-titrage gestuel pour qui ne serait pas tout à fait apte à comprendre la version originale. Là – et au risque de lâcher son volant –, c'était ce mouvement du poignet, de haut en bas, le bout des cinq doigts pincés vers le ciel. « *Cosa fai ?* »

ai-je entendu, au passage, par ma vite ouverte. Eh ! *calma*, je conduis… Et j'ai continué à rouler, toujours ignorante des impératifs du ZTL, et pas encore vraiment au fait de la signalétique manuelle des passants. Que voulait me dire cet individu avec ses deux mains qu'il dardait vers moi, ensemble et dans un même mouvement de haut en bas, leur index et leur auriculaire tendus, tandis que le majeur, l'annulaire et le pouce étaient repliés sur la paume ? J'ai su plus tard, trop tard, qu'on me criait « *Basta* ! *Basta* ! Arrête ! » Et j'ai compris mon erreur lorsque j'ai débouché… sur le campo. Des gens m'ont fait un geste que j'ai tout de suite décodé, l'index vrillé sur la tempe et qui tourne. J'étais folle d'être arrivée là et mon allégresse s'est transformée en cauchemar. Comment, par où me sortir de ce dédale de rues, fuir ce centre-ville avant d'être arrêtée par la police ? Je l'ai été très vite et je me suis exécutée, au pire sens du terme. Car l'agent de police italien chargé de la circulation, contrairement à ses compatriotes, n'est ni sympathique, ni compréhensif. Mais instructif, oui. Celui-là – après avoir dressé son procès-verbal – m'a donné deux informations que je n'oublierai pas. Le ZTL, *Zona a Traffico Limitato*, était étendu à la presque intégralité des centres-villes italiens. Et si, à Sienne, il était limité aux seules voitures de service, il l'était aux riverains partout ailleurs. Je m'étais mise à transpirer deux fois plus. Au fur et à mesure que mon *carabiniero* m'expliquait les finesses de la circulation, je songeais à mon entrée à Pise et à Lucques, dans les roues des fameux riverains. Des mystères s'éclairaient – comment à Terni, splendide cité haut perchée d'Ombrie, j'avais fini par descendre en voiture de longs, si longs ! – grands et doux escaliers – seule alternative pour m'extraire des ruelles du vieux centre où je m'étais imprudemment engagée, et j'avais maudit la commune des économies de panneaux auxquelles elle avait cru bon de se livrer. Je comprenais l'ironie du *poliziotto* – non seulement peu sympathique mais sardonique celui-ci – qui m'avait arrêtée à Assise alors que je dévalais allègrement la grand-rue vers la basilique. J'étais entrée par le haut de la ville, la porta Nuova, tout heureuse d'être de retour dans la ville de saint François, l'apôtre de la paix et de la douceur. Il avait sifflé, puis il m'avait prévenue du motif de cette interpellation intempestive. J'avais brûlé un feu rouge – « *Hai spesso con una luce rossa* ». Comment, un feu rouge ? Je n'en avais vu aucun. Je le lui avais dit. Il en était convenu avec un mauvais sourire et s'était expliqué. La municipalité n'avait pas cru nécessaire d'installer un feu rouge dans « ce » sens de la circulation, puisqu'il était interdit. Et de dresser un second procès-verbal pour cette seconde infraction. Et non ! Je n'avais pas vu le fameux cercle blanc bordé de rouge interdisant l'accès de cette rue, depuis la porta Nuova et l'aurais-je vu alors, j'en méconnaissais le sens… Aussi, chers amoureux de l'Italie, voyageurs motorisés, sachez-le : toutes les villes italiennes, parce qu'elles ont un centre historique, vous sont interdites. Ne pensez pas passer au travers – comme tout bon Français qui se respecte, un peu resquilleur. Des caméras photographient les plaques d'immatriculation de chaque voiture de passage. L'ordinateur sélectionne les non-résidants et vous adresse la *multa*, la contravention. Elle est lourde. De 80 euros pour les toutes petites villes à 300 euros pour les capitales. Elle est automatique – c'est chaque jour, chaque fois que vous passez imprudemment sous l'œil du *Big Brother* – *Fratello Maggiore* – de la préfecture de police. Et votre loueur de voitures, qui se sera bien gardé de vous signaler, à l'aller, les finesses de l'urbanisme italien, ne manquera pas, au retour, de vous faire suivre les amendes que vous avez reçues au volant de son véhicule. Comme je l'ai découvert, à coups de lettres recommandées, à mon retour d'Italie, cet été-là. Enfin, motards de tous cubages, du scooter à la grosse routière, ayez une pensée émue pour cet ami, qui avait eu un petit sourire supérieur lorsque je lui avais raconté mes mésaventures. Il s'était rendu en Italie avec sa tendre amie où il avait séjourné dans une station balnéaire, à moto. Il avait bien vu le disque blanc. (Comment ? m'avait-il dit, tu es tout le temps en Italie pour ton travail, et tu ne connais pas ça ?) Et il avait lu que l'interdiction ne s'appliquait pas aux deux-roues, *eccetto veicoli a due ruote.* Hélas pour lui, il n'avait pas mieux étudié la pancarte (tout en bas, à droite, en tout petit) détaillant l'exception. Les deux-roues autorisés – et alors qu'ils en avaient quatre, s'était-il indigné plus tard – étaient les fauteuils roulants pour handicapés… et les bicyclettes.

Piazza del Campo

J'ai le sentiment d'une récompense quand, après le labyrinthe de rues étroites et pavées de Sienne, je débouche sur la piazza del Campo. Je pourrais marcher les yeux fermés dans la ville et parvenir à bon port – cette place dont Montaigne disait qu'elle est « la plus belle pièce de la ville ». D'où vient que les pas mènent toujours, quel que soit l'endroit d'où l'on part, vers ce lieu magique pourtant hors du trajet des rues où l'on passe, dont les accès sont presque tenus secrets par les palais rouges qui l'entourent ? De sa forme de conque ? « Ce beau coquillage gigantesque au bord duquel le Campanile élégant et frêle est posé comme la Vénus marine dans le tableau de Boticelli » ? Sans doute, puisque la comparaison a, de tout temps, sauté à l'esprit des visiteurs. Et avec elle, la sensation d'une ineffable douceur dans laquelle je me glisse, comme une goutte d'eau sur la nacre d'une coquille. À mon tour, je m'allonge sur la pente de briques pour m'adonner au vertige du ciel de Sienne que les ruelles étroites m'ont jusque-là refusé ; mais c'était pour mieux me l'offrir dans cet espace chaviré. Et quelle lumière ici ! Celle de Toscane, tamisée par les briques roses des façades. Lumière solaire en promenade sur les courbes des palais qui sertissent la piazza. Lumière doucie par l'Histoire et le souvenir des grandes heures de Sienne. Personne n'échappe à cette minute de ravissement, ni à l'envie de s'asseoir à une terrasse ou à même le pavé, comme un enfant au creux d'une paume maternelle, ni de se replier sur soi au creux de cette coquille, comme le fit Sienne en ses heures de gloire pour mieux puiser ses forces... Là se trouvent le charme paradoxal de la ville et celui de la piazza : ce sentiment de douceur, de sécurité, dans une cité qui avant d'être gaie et mystique fut d'abord une forteresse prête à tout pour défendre son peuple, ses affaires, et surtout sa liberté. Car c'est bien pour se protéger quc ses habitants choisissent cet espace niché à la conjonction de trois collines. Mais là, privée d'eau, Sienne ne peut plus s'investir, comme Florence sa rivale, dans l'industrie drapière qui fait la richesse de l'Italie médiévale. Alors elle marchande ce qu'elle ne peut pas produire. Les familles les plus riches, les Piccolomini, Buonsignori, Tolomei, profitent de leurs voyages et dc la très bonne situation de Sienne sur les routes qui relient Rome à la France, et décident de se tourner vers la banque. Elles convoient vers la papauté les sommes collectées dans la chrétienté. En 1186, la ville bat monnaic. De simple siège d'un évêché au VIIIe siècle, elle est devenue une puissante place bancaire que jalouse Florence. Cette sourcilleuse voisine cherche, sans jamais y parvenir, à la soumettre. Quoi qu'elle tentc, Sienne ne dépérit pas ; elle s'épanouit plutôt, d'elle-même, de son particularisme. Tant et tant que son gouvernement d'édiles municipaux décide la construction d'un édifice digne de sa gloire. Mais quel lieu choisir ? Au centre de la ville justement. En son nombril même, à la jonction des trois collines qu'elle a colonisées où « il y a une vaste étendue, irrégulière comme le sont les champs lorsque les cultures ont été abandonnées. Les eaux de pluie coulent dans ce vaste espace, et creusent le terrain et traçant de profonds sillons ». Ce terrain, les consuls de la ville l'ont acquis le 11 mars 1169, pour constituer un domaine communal. Même si l'endroit est encore vague, précaire, bourbeux, les Siennois y tiennent aussitôt salon. Ils s'y rencontrent pour échanger informations, joies ou inquiétudes. Ils s'y promènent. Ils y communient aussi : en 1260, réunis en masse, ils attendent, dans la prière et l'angoisse, l'espoir aussi, les nouvelles de la bataille de Montaperti qui affronte leurs guerriers à ceux de Florence. Ils y festoient quand ils apprennent leur victoire. C'est encore ici, dans le creux de la pente, qu'ils tiennent leur marché. Mais toutes les eaux d'écoulement y stagnent en un véritable bourbier. La place devient un cloaque pestilentiel et la digue-esplanade, tout en haut du site, ne la préserve plus des dégâts des eaux. Dès lors, on érige une seconde digue, haute, et si large qu'on peut y construire le Palazzo Pubblico, qui est achevé en 1310. C'est maintenant un beffroi, tour de briques roses surélevée d'un baldaquin de pierres blanches, la Torre del Mangia qu'on veut élever – consécration architecturale du « gouvernement des sages ». Enfin, 1347, la place est pavée de briques disposées en arêtes de poisson, soulignées d'un éventail de neuf rangées de pierres blanches. Neuf, comme les neuf consuls qui président alors aux destinées de la ville. Et puisque la ville connaît des jours heureux, on embellit la place. Les Sages signent, le 22 janvier 1409, un contrat à Jacopo della Quercia pour l'édification d'une fontaine. À partir de cet instant, toute la vie et l'histoire de Sienne se jouent ici. La place, dans son grand amphithéâtre de lumière, recueille les émotions des Siennois. Lorsqu'en 1348, la peste noire ravage la ville, la population dévastée – soixante-cinq mille morts – promet à la Vierge la construction d'une église sur la place même, si elle enraye l'épidémie : quatre ans plus tard, Domenico di Agostino adjoint, à la façade du Palazzo, une chapelle extérieure où l'on vient se souvenir. On se presse aussi sur le *campo* pour écouter les prêches fameux de Bernardin, héros et saint de la ville depuis que, seul avec dix aides, il a soigné, en 1400, sans relâche, les malades frappés par une vague de peste. Son éloquence fait des miracles : repentirs, pleurs, vœux de vertu éternelle. C'est encore sur le Campo que les familles se regroupent en 1555, pendant les journées terribles du siège mené par Charles Quint. Pour ranimer le courage de ses concitoyens affamés et faire taire les rumeurs qui le disent mourant d'inanition, Blaise de Montluc, les joues frottées de vin rouge pour masquer sa faiblesse, vient haranguer la foule. Hélas le siège est victorieux et provoque la chute de la République : Sienne est rattachée par Cosme de Médicis au grand-duché de Toscane. Son déclin, alors, n'en finira plus, à peine atténué par l'éclat de son école de peinture, raffinée, délicate qui rivalise avec celle de Florence. Si, comme l'affirme le dicton, « le cœur de Sienne est plus grand que les portes par lesquelles on l'aborde », il bat dès lors bien faiblement dans le concert du monde. Conque d'Aphrodite ou bénitier de Marie, la place n'attire plus que de rares visiteurs jusqu'au début du siècle, qui ne se déplacent que pour assister à la course de chevaux qui, l'été, électrise la ville, le Palio.

Le Palio

Au balcon, un brocart écarlate étendu sur la rambarde. Les étendards des dix-sept *contrade* claquent au vent. À chacune, son animal totem, son héraldique et ses couleurs. *Contrade* du Dragon, du Ver à soie, de la Coquille ou de l'Escargot. De la Chouette et de la Girafe. Du Porc-épic, de la Licorne, de la Louve. De l'Oie, de l'Onde et son Dauphin. De la Panthère, de la Tortue, ou de la Forêt et son Rhinocéros ; et de la Tour. Toute la place pavoise, les façades des palais, les tribunes, les fenêtres. La foule, au cœur du campo, ondule. Cinq minutes sont passées depuis l'heure officielle du Palio – dix-neuf heures – et les dix chevaux en lice ne sont toujours pas partis. Certains piaffent. Les cavaliers se toisent, se poussent, s'opposent. Toute la stratégie de la folle cavalcade – trois tours du Campo en quelque quatre-vingt-dix secondes – se joue pendant ces minutes. Il est question de gagner, mais aussi d'empêcher de gagner. Depuis qu'ils savent, par tirage au sort, quel cheval leur jockey va monter parmi ceux qu'ils ont sélectionnés quatre jours auparavant, les capitaines ont élaboré des tactiques secrètes, contracté des ententes avec les *contrade* alliées de tout temps, contre celles ennemies de tout temps. Ils observent leur *fantino*, leur jockey, ce *condottiere* recruté, à prix d'or, pour gagner. A-t-il été corrompu ? Rien ne le lui interdit. Ils lui ont donné leurs ordres – qui aider, qui fouetter s'ils n'ont pas tiré le cheval capable d'arriver le premier. Les Siennois savent traduire le mouvement des montures derrière la corde qui interdit encore aux chevaux de bondir. Que la *contrade* de la Chouette ait tiré le bon cheval, et celle de la Licorne cherchera à la gêner d'emblée, avec le secours négocié d'autres capitaines. Aura-t-elle su s'attirer les faveurs du Dragon ou de la Girafe, réputées n'avoir aucun rival ? Les alliances se révèlent sur cet espace du départ, où chaque cheval a pris sa place selon l'ordre annoncé par le grand ordonnateur de la course. Le dixième jockey, le *cavallo di rincorsa*, placé à l'extérieur, est celui qui lancera le Palio. Il le fera dès qu'il estimera que chaque monture est positionnée selon ses vœux et il prend tout son temps. Dès qu'il lâchera la lourde corde, tous les coups seront permis : coincer l'adversaire dans la courbe, cravacher les chevaux, cravacher les jockeys. Si l'un tombe, son cheval *scosso* continue à courir et peut encore gagner. Voilà, ils sont partis. La corde est tombée. Les chevaux ont l'échine tendue. Ils filent dans une brume de sable. Les *contradaioli* hurlent leur soutien. Huent les rivaux. Crient lorsqu'un jockey tombe. C'est violent, rapide, haletant. Après toute cette journée de processions, de messe, de bénédiction, après les joutes des lanceurs d'étendards, la cavalcade des *carabinieri*, le défilé des *contrade* en habits d'époque, après m'être crue dans un tableau de Paolo Uccello, je pensais mon émotion anesthésiée. Mais mon cœur bat au virage du Casato, et plus encore à celui de San Martino. Je mesure le danger pour les chevaux et pour les hommes. Je suis emportée par la frénésie des spectateurs et celle des *contradaioli*. Depuis un an, ils préparent ce moment. Depuis sept siècles, ils répètent cette liturgie. Depuis une semaine, ils s'entraînent sur la piste sablée du Campo. Ils se jugent et se jaugent. C'est qu'il est question de s'emparer du Palio, le drap qui assure la protection de la Vierge, et d'en être le gardien jusqu'à l'année suivante. C'est une question d'honneur, d'appartenance. On est de sa contrade comme d'une confrérie. On y naît. On y est baptisé. Comme on est siennois, on est *ondaioli. Brocoioli, aquilaioli, lupaioli*... On participe aux réunions de sa contrade. On s'entraîne au lancer d'étendards, au tambour. On a son animal, ses couleurs, son blason, son saint protecteur, son cri de ralliement, sa devise et son hymne. La *contrade* a son espace réservé dans la ville, où jouent les enfants, où se déroule la fête annuelle. Et sa propre chapelle. C'est là que la bannière, le jockey et le cheval ont été bénis avant la course. Pendant toute la semaine du Palio, les Siennois circulent dans la ville sous les signes de cette héraldique. Un grand Ah ! : la course est finie. Le Bruco a gagné. Tous les *brucoioli* et leurs alliés envahissent la piste, en chantant, en hurlant de joie. La poussière monte jusqu'au balcon, pique le nez. Ils s'emparent du jockey pour le porter en triomphe jusqu'au *duomo*. Quant aux autres, les vaincus et leurs fidèles des *contrade* alliées, ils regagnent en courant leur quartier. Les sifflets et les huées des vainqueurs sont sans pitié. Ce soir, la fête dans leurs rues est moins joyeuse que dans celles du gagnant et de ses partisans. Mais elle est gaie, sous les lampions peints par les anciens, avec les chants repris en canon, les libations et le banquet. On festoie jusque tard dans la nuit. Chacun célèbre dans la fièvre cette course farouche, née de la gloire ancienne d'une ville ; et de sa piazza del Campo. Une place dont le Palio fait taire les belles tristesses de Jean-Louis Vaudoyer : « Sienne est une ville intacte et oubliée, l'une de ces étranges cités où la mort est plus éloquente que, dans une cité voisine, les activités de la vie. »

Été et hiver

Il y a deux manières d'entrevoir Sienne. La première, à la lumière de l'été. En cette saison, la beauté à laquelle cette cité a voué un culte, si puissant qu'elle nous oblige à l'adorer dès qu'on a franchi ses portes, submerge l'âme. Et avec la beauté, la sensualité que l'été éveille dans la ville, dans les courbes des rues, sur la pente des collines, dans le creux de sa piazza del Campo ouvert au ciel comme un arum pétrifié, et dans sa forme si féminine d'une conque palpitant au soleil. Comment résister aux variations de roses et de rouges de ses façades ? À la volupté des soirées fauves et bleues tombées comme un voile sur la nudité des palais ? On comprend dès lors la vigueur de l'injonction de Catherine de Sienne, lorsqu'elle écrit dans son *Traité de la Providence* ce qu'elle entendait de Dieu : « Que l'homme désire la beauté ! Je suis Beauté. » On comprend qu'elle ait comparé la Cité céleste et l'Amour divin à une ville aux portes ciselées, aux ponts étincelants et qu'elle l'ait sertie de jardins piqués de fleurs rares et de vergers exquis. En cela, Catherine était tout à fait siennoise. Elle avait dans le sang cette conscience de soi, et cet orgueil citadin qui, dès le XIIIe siècle, a incité ses concitoyens à vouloir édifier, à côté du splendide *duomo* dédié à la Vierge, la plus vaste église de la chrétienté. Il n'en subsiste aujourd'hui que les fondations et quelques murs – la peste aura brisé cette ambition. La seconde manière d'approcher la ville est sous le ciel blafard et feutré de l'hiver, lorsqu'il n'existe plus rien de la volupté estivale, plus aucune langueur, aucun de ces rayons obliques déversés à flot par les vallons parfumés pour caresser, infiniment, la brique rose et le marbre blanc et, au pied de la fontaine, au cœur du Campo, la statue des deux fils de Remus, Senius et Aschius, repus sous la Louve. Alors, l'envers de Sienne apparaît. En hiver, le Moyen Âge triomphe. Les palais fortifiés qui composent le damier des quartiers, les donjons carrés, l'étroitesse des rues interdisent au soleil de pénétrer. N'y circulent que le vent, le froid et les pluies. On prend la mesure de l'austérité des lieux, de leur atmosphère rude, âpre et combative. On ne voit plus que les hauts murs aveugles, les meurtrières, les meneaux aux fenêtres. Et, entre chaque quartier, entre chacune de ses dix-sept *contrade* qui imprimaient à la cité son rythme, ses fêtes et sa géographie, non plus des vals, non plus des rues en pentes douces, mais des ravins qui séparent et divisent. Ce n'est plus, aux façades, la vision des jeunes patriciens qui, au XIIIe siècle, jetaient des sequins d'or et se riaient de Florence l'avaricieuse, mais les feux éteints de la fête, mais des ombres glissées dans la nuit, engouffrées dans les portes et l'éclat du couteau qui plonge entre les omoplates. C'est la Sienne de sang et d'ombre qui avait passé les promesses de son apogée et de sa gloire. C'est elle que l'hiver ressuscite : la cité des trahisons, des luttes intestines et des émeutes sanguinaires, de famille à famille, de maison à maison, de classe à classe, de rue à rue. Les haines y étaient d'autant plus vives que la récente banqueroute subie par les Buonsignori, qui lui avaient donné tout son lustre, l'a plongée dans la récession et obligée à se replier sur elle-même. Le siècle de la Peste noire, qui va décimer l'Europe, du nord au sud – le chroniqueur Froissart écrira : « La tierce partie du monde mourut » – est aussi de la guerre de Cent Ans et du Schisme. Les compagnies de mercenaires ravagent le pays et le mettent à feu et à sang. Et aucune cité comme Sienne ne fut davantage le théâtre des complots et des coups de sang, de l'instabilité, des palais pillés, des donjons incendiés et rasés. La passion pour la politique de chaque famille est viscérale, et leur engagement radical. Toutes prennent part aux incessants soulèvements de la cité contre les édiles du gouvernement des Neuf. C'est bien dans la Sienne hivernale qu'on peut mesurer les haines héréditaires et l'ardeur des Siennois à en découdre et à se venger. De ces inimités, il reste la mémoire. Si elles se sont transmises de siècle en siècle, elles se sont adoucies. Les détestations ne sont plus que de vieilles rivalités. Mais elles ne s'oublient pas. Elles donnent toute sa vérité au Palio.

La cathédrale

Quelques jours après la fête, je me promène dans la ville vidée d'une grande partie des visiteurs venus pour la course. Pendant ce reflux, j'ai tout le loisir d'explorer ses églises, son baptistère et ses palais. Ses rues en parenthèses. Je ne cesse de m'étonner du paradoxe de son histoire. Une population si violente, si prompte au meurtre ; et tant d'aménité et de suavité chez les peintres qui firent la renommée de son école, un demi-siècle plus tôt – Duccio, les frères Lorenzetti, Simone Martini, qui revêtent la cité de Madones et d'anges extatiques, et de retables éclaboussés d'or. « Madones de Sienne, vierges de l'amoureux vouloir ! Et peut-être à ce point qu'elles se soucient peu d'aimer, tant elles veulent qu'on les aime. Laquelle n'attend pas l'archange ? » interroge, bouleversé, André Suarès quand il évoque les Vierges qui trônent en gloire au fond des puits d'ombre, sur chaque autel de la cité.

Ces artistes, et avec eux Pisano, ont œuvré pour que tout parle d'amour dans la ville. Qu'on s'attarde dans la Libreria Piccolomini, où sont beaucoup des tableaux qui ont ému le *condottiere*, où qu'on revienne au *duomo*, l'éblouissante cathédrale gothique de marbre blanc vert et rose, posée comme un bijou au sommet de l'une des trois collines de la cité, on ne peut que s'éblouir. La cathédrale Santa Maria Assunta de Sienne est à mes yeux, et avec la basilique Saint-Marc de Venise, la plus belle d'Italie. Un vertige d'élégance et de force avec, toutefois, le sentiment qu'un accueil nous y est secrètement réservé. C'est là, en son chœur, que brille, entre les jets de ses colonnes rayées de vert et de blanc, la somptueuse *Maesta* de Duccio et là que s'élève la Chaire de Pisano, ses colonnes de porphyre que soutiennent quatre lions, son balcon sculpté de figures. Et le pavement de ses sols ? « Le plus beau, le plus grand et le plus splendide jamais conçu », écrit Giorgio Vasari. Son jugement est définitif. Jamais on n'égalera le raffinement de ces cinquante-six tableaux de marbre polychrome – une chapelle Sixtine à l'envers. Et encore la rosace et le vitrail de la Cène, les saints sculptés par Michel-Ange sur l'autel Piccolomini... Dans les jours qui suivent le Palio, la cathédrale semble étrangement calme et douce. Comment douter de l'effet, sur quiconque, de ce poème de marbres et d'amour ? Et, au Palazzo Pubblico, comment concilier cette histoire sanguinaire, les émeutes, les soulèvements, les règlements de comptes, et les allégories du *Bon Gouvernement*, peintes par Ambrogio Lorenzetti aux murs de ses salons ? On y voit la Sagesse, la Justice et la Paix trôner et triompher sur le Mal, l'Enfer et tous les désordres que le mal et l'enfer engendrent : la peste justement, les famines, et les cataclysmes de la guerre et de la luxure.

Au val d'Orcia

Le lien entre les deux extrêmes qui marquent le penchant siennois – beauté et violence, délicatesse et austérité –, c'est sans doute le val d'Orcia qui le tisse le mieux. Il n'est pas de paysage plus bavard sur ces contrastes et le paradoxe de leur alliance. On trouve dans cet arrière-pays étrange et féerique toute la rigueur, et l'extrême tendresse de Sienne. Ce paysage s'installe dès la sortie de la Cité, dans les « crêtes » du Sud, jusqu'à l'abbaye de Monte Oliveto Maggiore. Cette vallée lunaire, bosselée de ruchers de cendre grise, découpée de ravines, s'éclaire d'une mosaïque de blés et de prés où les verts et les blonds se répondent. Autour d'Asciano, la route s'efforce de se maintenir en équilibre sur ces crêtes de terre, plissées, ondulantes. Voilà le décor le plus célèbre de la Toscane, scandé par les files de cyprès. Voilà, sur sa colline, la villa la plus photographiée du monde. Un paysage si singulièrement splendide qu'il a été classé au Patrimoine mondial de l'humanité. Altesimo, Montalcino, Sesta di Sopra et la fière Castiglione d'Orcia, San Quirico d'Orcia et puis, enfin, au creux du Val di Starcia, sur la route de Bagni Vignoni, la millénaire abbatiale de Sant'Antimo. Un bijou roman, aux colonnes d'albâtre. Un havre posé au creux d'une houle d'oliviers. C'est une hymne à la beauté, une grâce à laquelle on ne peut que s'abandonner. Je me glisse avec lenteur le long de ces petites routes, peu fréquentées en ce mois de mars. Un tracteur de temps en temps. Les matins sont frais. À Vignoni, où j'ai dormi, les eaux chaudes et sulfureuses des bains fument par-dessus les bassins de pierre. On est venu ici pour se soigner depuis toujours – Catherine de Sienne elle-même. La vallée est, là encore, d'une suavité inouïe avec ses peupliers, ses maisons rustiques, ses toits de tuile et la calme rivière où se déversent les eaux vertes du volcan éteint. Avant de prendre la route pour Pienza, je grimpe jusqu'au nid d'aigle austère et venteux de Montepulciano, entre le val d'Orcia et le val di Chiana. On m'a vanté la beauté du Tempio della Madonna di San Biagio, que Michel-Ange est venu admirer avant de dessiner les plans de la basilique Saint-Pierre de Rome au bas des fortifications. Je lui préfère la façade du *duomo*, au cœur de la ville, tout en haut de la colline. Sobre, comme le palais municipal et son beffroi crénelé. Comme cette large *piazza* frappée d'austérité, sauf le puits, au milieu de la grand-place, posé sous un portique surmonté de lions et de griffons.

Et puis il y a Pienza. Pienza, qui fut dessinée et construite par le Siennois Enea Silvio Piccolomini, élu pape sous le nom de Pie II en 1458, plus d'un siècle après la mort de sainte Catherine de Sienne. Ce poète et humaniste se convertit à l'âge de quarante ans, après avoir été sauvé miraculeusement de la peste grâce à l'intercession de la sainte. Dès qu'il fut élu pape, il la canonisa au cours de grandes fêtes. Puis il fit faire son portrait. On la verra désormais sous le pinceau des peintres, portant un lys, vêtue de bure blanche et couverte du manteau noir et du voile de l'ordre des Prêcheurs, coiffée de la couronne d'épines du Christ et les mains percées de ses stigmates. Pie II avait lu ses *Dialogues* et les visions qu'elle avait de la cité de Dieu, de son architecture, des portes, des ponts et des palais. Il ordonna alors de construire, en lieu et place de Corsignano, son village natal, la cité idéale dont Catherine avait rêvé pour Sienne. Ce fut Pienza, qui annonçait la Renaissance. Le dialogue de la cité avec le ciel, l'élégance hardie de ses murs sur ces collines racontent la fidélité d'un pape aux visions de Catherine. Ceux qui ont aimé le *Roméo et Juliette* de Franco Zeffirelli se souviennent ici de ce film magnifique, tourné dans les palais de Pienza, dans leurs cours intérieures, les loggias secrètes, les jardins suspendus. Pienza d'un seul élan, d'une seule vision, toute en harmonie. Pienza sculptée par la lumière, à qui un pape avait voulu donner l'empreinte du paradis.

Catherine de Sienne

Elle donne des ordres aux papes et aux rois : elle meut les républiques. C'est Catherine de Sienne dont Cioran disait : « J'estimais qu'être le *secrétaire* d'une sainte constituait la plus haute carrière réservée à un mortel. » Si l'influence de Catherine sur son époque est indiscutable, son importance est aujourd'hui sujette à controverse. Les dernières découvertes historiques tendent à minimiser sa part dans le retour du pape Grégoire XI à Rome dont ses hagiographes, Raymond de Capoue et Étienne Maconi, lui accordent l'entier mérite. Pour autant, l'extraordinaire retentissement que son charisme et sa radicalité ont exercé sur ses contemporains, et dans le cours des événements du temps, reste indéniable. Sans ce « cœur en feu », sans cet exemple, sans cette action incessante au bénéfice de la paix et du Christ, comment expliquer que cette petite fille chétive, avant-dernière d'une fratrie de vingt-cinq enfants, née dans une humble famille de Sienne, ait pu obtenir l'oreille du pape, mais aussi celle des princes et des cardinaux, des chefs de guerre et des monarques ? Ses hagiographes racontent comment Catherine Benincasa, née le 25 mars 1347, « sans cesse en extase ou en syncope » (Suarès encore), qui reçoit la visite du Christ à six ans, son anneau mystique à vingt, ses stigmates à vingt-sept, pour mourir comme lui, à trente-trois ans, décide de soigner l'Église de ses tares pour sauver l'Italie de ses maux. Obstinée dès son enfance à prendre le voile, dotée d'une intelligence prodigieuse et d'une intuition théologique sans faille, elle qui ne sait ni lire ni écrire mais dicte une correspondance volumineuse avoue une ambition politique : convaincre le pape de réformer l'Église des scandales qui l'agitent, de revenir à Rome pour y rétablir le Saint-Siège et, enfin, de lever une nouvelle croisade. Ainsi, l'ardeur guerrière des seigneurs et l'avidité des armées mercenaires seront catalysées pour combattre les Turcs, alors aux portes de Constantinople. C'est que, lorsque Catherine voit le jour, Sienne, la Toscane et l'Italie presque tout entière se déchirent, et ce depuis plus d'un siècle que dure la guerre entre les guelfes et les gibelins. Ces troubles qui alimentent les rivalités entre cités et familles ont conduit le souverain pontife Clément V à fuir Rome, pour s'installer à Avignon en 1309. Depuis, ses sept successeurs y sont restés. La violence en Italie n'incite ni les prélats, ni la curie, ni les papes à retourner à Rome, où les ambitions des princes et celles des cités s'entendent toujours contre la papauté. Parmi toutes les villes d'Italie, Sienne la gibeline est sans doute la cité la plus cruelle, la plus versatile et la plus dangereuse. Calamité suprême, la peste qui s'abat sur toute l'Europe décime sa population. Et lorsque ce n'est pas la peste, c'est la guerre civile. En 1368, Catherine a alors vingt et un ans, une révolution sanglante éclate : les nobles, famille Salimbeni en tête, renversent le gouvernement populaire des Douze qui tient la Cité. L'aura de Catherine grandit pendant ces troubles. Déjà célèbre et respectée pour ses exhortations à la prière, les soins qu'elle porte aux pestiférés, pour les réconciliations entre ennemis héréditaires qu'elle obtient, on lui prête désormais des miracles. Des religieux, de jeunes nobles, des femmes influentes de la noblesse se joignent maintenant à sa « belle brigade ». Bientôt, l'indépendance et la fermeté de son jugement en font un arbitre estimé. Les autorités de Sienne, qui lui demandaient d'intercéder dans les affaires de la cité, l'envoient parlementer avec Florence, Pise ou Lucques, Voltere, Foligno ou Bologne. Elle correspond avec la reine Jeanne de Naples et celle de Hongrie. Elle en est de plus en plus convaincue : l'Église, l'Église seule, comme sainte épouse du Christ, peut ramener la Paix et l'harmonie en Italie. Mais… à condition qu'elle se réforme – et Catherine ne manque pas d'exhorter l'évêque de Florence : « Hélas, hélas, où est la pureté des ministres du Fils de Dieu ? » À condition encore que le pape revienne à Rome et y fixe le Saint-Siège. Il faudrait que l'atmosphère s'y prête. Barnabé Visconti, tyran de Florence, vient de piller et de prendre Reggio, inféodée au pape. La riposte pontificale est immédiate : Florence est excommuniée. Le pape ligue des princes pour attaquer Florence – l'empereur, le roi de Hongrie et la reine de Naples envoient leurs troupes – puis il enrôle le *condottiere* anglais Jean Hawkwood et ses mercenaires. La guerre de nouveau ? Le passage des troupes sur les terres du nord de l'Italie ? On ne voit que Catherine pour sauver le pays d'une déflagration et c'est le duc de Milan qui l'engage à faire entendre raison à Barnabé Visconti. Et elle y parvient. Enfin, en 1376, à la demande du gouvernement de Florence lui-même, Catherine se résout à prendre la route de la France : les armées du pape se sont mises en branle pour ravager l'Italie et déjà, elles massacrent les habitants de Ceseme… Catherine parvient le 18 juin 1376 à la cour pontificale. Elle s'est annoncée par des lettres qui ont impressionné le souverain pontife. Il accueille avec empressement cette jeune fille frêle, que sa réputation de sainteté a précédée. Catherine prie, parle, s'enflamme et deux jours plus tard, Grégoire XI lui demande d'organiser la paix. Catherine profite de son aura pour prêcher le retour du pape à Rome. Le duc d'Anjou lui-même, frère du roi de France Charles V, est touché. À lui aussi, elle ose écrire. Revenir à Rome ? À la cour pontificale, l'opposition ne faiblit pas. Vingt et un des vingt-six cardinaux sont français et l'installation dans une cité insurrectionnelle, à quoi son prédécesseur, le Clément V, avait renoncé, terrorise les prélats. Mais Grégoire XI, acquis à ce retour qui seul rétablirait la primauté du Saint-Siège et son influence sur l'Europe, choisit d'écouter Catherine. Le 13 septembre 1376, il part pour Rome où il meurt deux ans plus tard, sans être parvenu à rétablir la paix. C'est l'heure du grand schisme d'Occident, que Catherine a pressenti, qu'elle tentera en vain d'éviter en écrivant aux souverains, aux princes, aux légats. Elle mourra le 25 avril 1380, sous le double pontificat de Clément VII à Avignon, l'antipape, et d'Urbain VI à Rome, dans une Italie toujours divisée. En quelques mois, le monde catholique s'affronte en deux camps ennemis. La guerre de Cent Ans peut faire rage…

J'ai voulu mettre mes pas dans ceux de Catherine, la sainte de Sienne. Tout d'abord, à la basilique Saint-Dominique, qu'elle a connue, puisque c'est au-dessus de sa coupole, alors qu'elle descendait une venelle pour rentrer chez elle – elle avait six ans –, qu'elle eut sa première vision. C'est une église gothique immense et austère, vide et dénuée d'émotion et tout autant de la présence de Catherine. La chapelle del Votte est interdite d'accès et le portrait de la sainte peint par Andrea Vanni vers 1380, la seule image fidèle de Catherine, est presque invisible : enchâssé sur la droite derrière une vitre sale, entre deux tubes de néon qui l'occultent au lieu de l'illuminer. Il y a aussi sa petite chapelle avec les fresques peintes par le Sodoma en 1526 où, entre celle de son *Extase* et celle de son *Évanouissement*, se dresse l'autel qui enserre la relique de sa tête. Peu de pèlerins pour cette petite fille, ou cette jeune femme, vigoureuse, guerrière, qui s'est battue contre la peste, les hérésies et le schisme, et contre les mercenaires aussi dans la violence que connaissait alors Sienne. De rares bougies allumées soulignent les rares prières qui lui sont adressées. Je m'en étonne. On me fait remarquer que Catherine n'est pas la sainte patronne de la ville. C'est Ansanus qui la protège. Ansanus, « le Baptiste de Sienne », martyr décapité sous Dioclétien. Il faut dire aussi que cette énorme église gothique, déjà très creuse, a été défigurée par des vitraux modernes si laids qu'ils semblent avoir été dessinés par Lucifer. J'imagine la terreur d'un enfant à la vue de ce Jésus qui ressemble à un possédé prêt à égorger le chaland, et l'horreur de tout artiste ou de tout fidèle en quête de méditation confronté à la cacophonie de couleurs de cette verrerie de pacotille. Mais enfin… C'est bien saint Dominique, à qui cette église est dédiée, que Catherine a choisi pour sa voie religieuse et son engagement. À la sortie de la basilique, je visite son sanctuaire – une chapelle, une église et, après une volée de marches raides, la cellule de Catherine qui ouvre sur un oratoire paisible, et là encore tout vide… Dans l'église, une dominicaine est absorbée dans sa prière. Elle m'a entendue entrer, se redresse prestement et s'esquive par une porte latérale. À la sortie du sanctuaire, je descends la rue vers la fontaine Fontebranda, qu'on appelle maintenant la Fontaine qui parle. C'est près de ce beau et large bassin, construit en 1192 à partir de la fontaine d'origine, qu'étaient la maison de sainte Catherine et la teinturerie de son père mais il n'en reste rien. Je trouve bientôt la fameuse venelle del Costone où Catherine eut sa première vision. Une petite chapelle, au fond d'un jardin suspendu, rappelle l'événement aux chats et aux enfants qui passent à ses pieds. Les uns pour chasser, les autres pour accéder au terrain de football. Au coin du jardinet en terrasse, quelqu'un a dressé une grotte, mais pour vénérer la Vierge de Lourdes. Et les lieux que Catherine fréquenta dans Sienne ? L'oratoire Santa Caterina della Notte où elle se recueillait la nuit, après ses veilles à l'hôpital ? Je l'ai cherché, je ne sais pas si je l'ai trouvé. Mais j'ai découvert, au bout d'une venelle en pente raide, derrière l'hôpital Santa Maria della Scala où Catherine venait soigner les indigents et les pestiférés, une étroite et minuscule cellule. Est-ce celle où elle se reposait après avoir veillé ses malades, à l'hôpital tout proche ? Enfin, sur l'escalier Saint-Jean, qui monte du baptistère au duomo, on a gravé sur une marche, une petite croix, pour marquer le lieu où elle fut frappée par une vision démoniaque qui la fit tomber. Et plus rien d'autre. Catherine est de Sienne, mais Sienne a oublié Catherine.

Ombrie

Dans les gris dilués d'hiver, je rêve souvent d'Italie et de ses terres d'essence plus haute, que l'histoire a saisies dans un instant ou une image. Ainsi est l'Ombrie, coloriée d'héraldique, châsse superbe de l'art moyenâgeux, aux villes corsetées de remparts et crénelées de donjons. L'Ombrie vivifiée d'esprits : elfes des lacs et nymphes des sources vives, ou grands mystiques nommés François, Claire, Angèle ou Jacopone, pour ne citer qu'eux… D'ailleurs, on appelle « terre des saints, des poètes et des artistes » cette province secrète nichée au cœur de la Péninsule. Ombrie, plus rude, plus sauvage, plus rugueuse que la Toscane toute proche, même si elle possède, de cette belle voisine, les collines blondes et rondes, les peupliers au bord des rivières et les oliviers à celui des chemins. Mais c'est qu'il y a la montagne toute présente et qui, entre Assise et Gubbio, Spolète et Terni, plisse le terrain en gorges profondes, verticalise les pentes, remplace les oliveraies des plaines par des chênaies denses et des roches aiguës. La montagne engouffre ses hivers dans les ruelles, ses pluies cinglantes giflent les pierres cyclopéennes ; aux beaux jours, elle embaume l'air de sève et de parfums sylvestres, d'herbe fraîchement coupée et de terre âcre. En Ombrie, le printemps est guerrier et l'été, aérien.

Ombrie… Les esthètes chuchotent son nom comme une adresse confidentielle, une villégiature d'initiés où exalter ses sens. Réunissez ces connaisseurs dans un salon romain ou un grand hôtel londonien, et chacun ira de sa véhémence : « Quoi ! Vous préférez Orvieto à Spolète ? Vous avez donc oublié cette vallée sombre qu'enjambent les dix arches d'un aqueduc du XIIe siècle ! » « Comment ? Ignorez-vous qu'il n'existe nulle part dans le monde ville plus superbement médiévale que Gubbio ? » « Savez-vous que des sociologues américains, à la recherche de la cité idéale, ont confié à un ordinateur les données de toutes les villes du monde, et que Todi est sortie de l'épreuve largement victorieuse ? » « Que nenni ! Assise, Assise et l'ombre de Sainte-Marie-des-Anges… » Ah ! Ombrie dont la douceur des vallées contre la tourmente des cimes masque si bien la jalouse rivalité des villes entre elles, jusqu'au plus infime hameau. Ombrie préservée des mutilations par sa découverte tardive, puisque son charme et ses joyaux ne furent révélés au voyageur qu'au milieu du XIXe siècle. Ceux qui l'inventèrent, comme on le dit d'un trésor, furent les Nazareni, ces peintres allemands ainsi baptisés pour leurs longs cheveux blonds flottant sur leurs épaules. Installés à Rome pour y étudier la peinture des Primitifs italiens, les Nazareni décelèrent, dans les traits pleins de douceur des Vierges du Pérugin et de Raphaël le Jeune, le modèle d'un art pur et sentimental – ce prélude à un autre art sacré « sur la voie de la vérité », que les romantiques allaient opposer à l'esprit laïc de la philosophie des Lumières, ou au déluge païen du néoclassicisme… Il me fallait donc aller voir sur place, et comme les Nazareni, chercher les racines des écoles ombriennes. N'avaient-elles pas, depuis le milieu du XVe siècle et peut-être même auparavant, opéré un attrait mystique tel que tout cœur ne pouvait plus que s'ouvrir à la profondeur d'un sentiment exquis ? J'ai mis mes pas dans les leurs. Je suis partie pour le lac de Trasimène, dont le nom sonnait magiquement aux oreilles des romantiques. Trasimène était le fils du roi de Lydie. Éperdument amoureux de la nymphe Agilla, il plongea, pour l'épouser et suivre sa belle, dans l'eau du lac qui prit son nom, et devint alors le plus grand d'Italie. Goethe et Lord Byron, et après eux les princes d'Europe et le peintre Corot, s'aventurèrent jusqu'à la merveilleuse cascade des Marmore que le consul Curius Denatus, en 271 avant Jésus-Christ, avait créée et mise en scène. Dans l'arc-en-ciel allumé par la chute d'eau, ces explorateurs se répétaient les vers du poète ombrien par excellence, Giosue Carducci : « *Salut ô verte Ombrie, et toi, Clitumno, divinité de la source pure.* » Les uns après les autres, les romantiques se penchèrent sur le miroir du joli lac de Piediluco, en amont des cascades, que les poètes de l'Antiquité, déjà, avaient chanté en écartant les branches des saules et les ailes des cygnes. Tout ce que l'Europe du XIXe siècle comptait d'artistes et de voyageurs s'emballa à la découverte des villes fortifiées et des villages qui avaient enclin les peintres à tant de suavité. À Assise, l'évidence leur sauta aux yeux : quelque chose dans l'air ou dans les sources, dans les pierres ou dans les arbres, avait frappé la région d'une douceur forte de recueillement. Là, bien avant les peintres, en pleine querelle entre guelfes et gibelins, dans une société en effervescence tourmentée par la faim et les hérésies, saint François n'avait-il pas épousé le Ciel, loué frère le Soleil et sœur la Lune ? Jeune et riche, n'avait-il pas renoncé à ses biens pour embrasser la pauvreté ? Et pauvre et faible, de Bevagna où les oiseaux s'agitèrent à la musique de son prêche, aux grottes du mont Alverne, de ses petits ermitages aux chapelles reconstruites de ses mains, n'avait-il plus cessé de louer « Sœur notre mère la terre, et les fruits et les fleurs colorées » ? Peut-on d'ailleurs imaginer Cimabue et Giotto sans François ou sans Claire ? L'Ombrie tout entière sans Angèle de Foligno, ou Todi sans Jacopone qui composa les paroles du *Stabat mater* ? Leur spiritualité intense irradie aujourd'hui encore le reste de l'humanité. Sans doute est-il là, le secret essentiel de cette province : berceau puis phare. Berceau ? Oui, puisqu'une tradition rapportée par Pline veut qu'à la suite du Déluge universel, la péninsule Italienne ait été repeuplée par les Ombriens, peuple italique d'origine indo-européenne, enclin au nomadisme et voué principalement à l'élevage de moutons. Au contraire des Étrusques voisins, les Ombriens vivaient dans des enceintes fortifiées, dispersées et situées sur des hauteurs. Il en est resté l'esprit : des guirlandes de maisons accrochées à la montagne par un doigt de pierre. Phare ensuite : la voie Flaminia, construite par Caius Flaminius en 220 avant Jésus-Christ, permit plus tard à la foi chrétienne de se diffuser entre Rome et Ravenne sur l'Adriatique, semant sur sa route les trésors des premières églises, dites paléochrétiennes. Mais c'est au cours du second millénaire, période de paix et de renouveau des villes, que les cités ombriennes, jamais abandonnées même au cours des siècles les plus dramatiques du haut Moyen Âge, serrées autour de figures de saints évêques, connurent leur apogée. Elles s'agitent alors de mille chantiers, élèvent de blanches cathédrales, puis se libèrent de la domination comtale. Très vite, dès 1150, ce mouvement communal s'étend à toute la région sans qu'il soit troublé par les luttes entre la papauté et l'empire. Au contraire, ces villes conquièrent des privilèges de plus en plus larges en soutenant l'un ou l'autre de ces adversaires, et ce jusqu'au XIVe siècle où se créent les premières dynasties familiales : Trinci à Foligno, Gabrielli à Gubbio, Pianciani à Spolète et Monaldeschi à Orvieto. Alors, chaque prince veut que sa ville soit la plus belle, adoucie par les meilleurs musiciens, encensée par les plus grands poètes. Chaque famille construit sa splendide demeure pour y mener une existence minutieusement délicieuse, qui fait de sa cour l'un des pôles vitaux de la Renaissance. Toutes luttent entre elles à qui sera la première, à qui sera la plus belle. Chacune imite les gloires de l'autre, pour la vaincre et la dépasser : à qui aura la plus vaste église, la tour la plus haute, le plus célèbre clocher. Il est inimaginable de n'être qu'une cellule de la ruche, quelque alvéole de la nation ; il faut l'emporter sur le voisin et se distinguer par le génie. Ainsi chacune de ces petites cités s'édifie comme un royaume ; parce que chacune se prend pour un empire. Spolète, Todi, Orvieto, Assise et Gubbio l'arrogante, « belles vivantes de vieux temps, petites villes d'or et de bronze », ce sont elles, chantées par Dante, et leur architecture féerique tout droit sortie d'un rêve rose du Quattrocento, qu'il faut aller visiter en hommage à ce temps d'or où, dans ce pays élu de la douceur et de l'idylle, les yeux toujours, les prières, les maisons et les clochers s'élèvent jusqu'à toucher le ciel, ou s'y confondre.

Vers Assise

De tous les chemins qui mènent à Rome, celui d'Assise est sans doute le plus inspiré. On peut le parcourir du nord au sud, depuis La Verna jusqu'à Rome, ou seulement partir de Rome vers Assise. Mais quel que soit le point cardinal du départ ou de l'arrivée, Assise reste le centre de cette « en route » – Assise où, il y plus de huit cents ans, un jeune homme a jeté les habits du siècle aux pieds de son père pour prendre une tunique de bure et s'en aller chanter la gloire de Dieu et de sa Création. Pour autant, c'est de Rome qu'il est préférable d'entreprendre le voyage vers cette ville capitale de l'Ombrie. Car c'est alors que s'opère le retournement voulu par le Poverello : de la ville universelle à l'Univers dans une ville. De la seule religion catholique à toutes les religions unies dans le même dialogue, celui de la Paix dans la Justice. C'est ainsi : parce qu'il a risqué sa vie en 1219 pour aller parler de Jésus au sultan Al-Malik al-Kâmil, en pleine cinquième croisade alors que les armées de la chrétienté assiégeaient la ville de Damiette, en Égypte, François fut choisi pour incarner le dialogue interreligieux et la paix. C'est ce dont s'est souvenu Jean-Paul II lorsque, en 1982, il a invité tous les chefs de toutes les religions et de tous les mouvements spirituels du monde à venir dans la ville du saint parler de ce vieux rêve – la Trêve éternelle et universelle. Le pape désirait alors qu'ensemble, ces représentants s'accordent à ôter toute justification théologique à l'utilisation de la violence, et le nom de Dieu à toutes formes du terrorisme. Depuis, ces rencontres se perpétuent dans cette ville singulière que chacun doit atteindre par « un voyage qui doit être aussi, pour tous, un chemin de purification ». Me voici donc à Rome pour prendre ce départ dont j'ai longtemps rêvé. Non pas au Vatican ni à la basilique Saint-Pierre, mais dans la douceur du Trastevere et la simple petite église de San Francesco a Ripa. Son monastère avait abrité le saint lors de son séjour romain. Sur la place, une plaque rappelle que Guillaume Apollinaire est né ici, le 25 août 1880. Il est étrange de penser que celui qui lança la poésie moderne avec les six cents exemplaires du recueil *Alcools*, dont le poème inaugural reprenait saint Paul : « À la fin tu es las de ce monde ancien », a vu le jour à quelques mètres de cette église, qui conserve le souvenir de François et de ceux qu'il a fécondés : le peintre De Chirico que le saint d'Assise fascinait y a sa dépouille mortelle, et la sainte franciscaine Ludovica Albertoni, son extase fixée pour l'éternité dans le marbre du Bernin. À vingt heures, il faut assister aux vigiles de Santa Maria in Trastevere qui expriment à la perfection l'esprit du pèlerinage : les partisans de la paix, toutes religions confondues, prient et chantent des psaumes sous le regard d'un Christ en mosaïques d'or, assis sur son trône, un bras tendrement passé sur l'épaule de sa mère. La communauté Sant'Egidio, active dans la résolution des conflits internationaux, orchestre ces veillées de prière quotidiennes. C'est un moment de communion singulier que dirige un chef religieux chaque jour différent, copte, musulman, bouddhiste, maronite, orthodoxe, protestant…

Là, entre tous ces inconnus de toutes nationalités, on prend soudain la mesure du mot « œcuménisme » dans ses racines grecques, *oikoumené*, qui signifie « toute la terre habitée ». On s'imprègne de l'esprit du pèlerinage qu'il faut entreprendre non pas pour soi-même, ni pour le simple exploit physique, ni pour une ascèse spirituelle ou une méditation, ni pour la réalisation d'un vœu, si pieux fût-il, mais pour la Paix – ce colloque de réconciliation avec les hommes, le monde et sa création ; avec soi-même aussi.

Via Francescana

Le lendemain matin, à la première heure, un autobus me dépose à Greccio, la véritable première étape de la Via Francescana. Au pied du sanctuaire creusé dans le flanc de la falaise, je prends brutalement conscience des difficultés du chemin et de la réalité de cette Ombrie tout en piémont et en villages médiévaux juchés sur des à-pics, une sorte de Toscane prude et plus rupestre. Les lacets de la petite route hissent jusqu'à l'ermitage quasi troglodyte où François, en 1223 a inventé la première crèche. L'exiguïté des cellules des compagnons de l'*alter Christus*, la rudesse du lieu, l'effort pour s'y hisser donnent un avant-goût de l'ascèse du Poverello et des difficultés qui m'attendent. Mais le vertige des hauteurs à franchir se dissipe dans la pureté de l'air et ses parfums d'humus. Dans la chapelle, je tente d'imaginer cette messe de Noël. Je songe à l'enfant placé dans ce creux de roche où depuis, s'élève un autel. J'essaie de mesurer ce que fut l'attente de justice du peuple des bergers qui entourait François, dans l'Italie guerrière du XIIIe siècle. Et je me mets en chemin. Vingt-quatre kilomètres et quelque sept heures de marche m'attendent jusqu'à Rieti. La sente tortueuse, toute d'éboulis, coupe le marcheur du monde de la vitesse et des locomotions. À tout petits pas dans les côtes, je traverse des sous-bois et des nappes d'ombre rosies par des cyclamens sauvages, des routes d'asphalte blanc. Pas à pas, je bascule dans ce qui fait l'esprit de cette Ombrie de blasons, de montagnes et de douceurs, d'entrevisions de créneaux et de monastères. Le village de Greccio, perché sur son roc, en aplomb de la vallée, puis l'abbaye cistercienne de San Pastore parachèvent le dépaysement. Après l'éreintant col de Sant'Elia, c'est enfin la fontaine des Colombes et son sanctuaire. On appelle cette hauteur noyée dans les arbres le « mont Sinaï de François ». Ici, il eut la vision du Christ. Le lieu baigne dans un silence étrange dont je finis par comprendre la nature : aucun oiseau ne gazouille, ne pépie, ne roucoule. Une moniale me confie l'origine de ce mutisme que n'explique pas la présence des chats – les oiseaux se sont tus en 1308 pour laisser François travailler aux constitutions de son Ordre et depuis, ils n'ont plus jamais repris leurs chants. Je m'en assure, l'oreille aux aguets, tout le long du chemin qui descend sur Rieti. C'est, en plein été, un silence de neige. Il agit comme un charme sur la fatigue et la douleur des muscles. Rieti est l'autre versant de cet ailleurs italien – celui des cités à la beauté grandiose et belliqueuse que traverse la Via Francescana. Ville forte et moyenâgeuse, sublime de palais et de quant-à-soi, Rieti rappelle qu'elle abrita le pape et sa cour. François vint y prêcher souvent. Malade, il entendit, dans la maison du Sarrasin qui l'avait recueilli, la sérénade des anges. Guéri, il y créa l'une des premières communautés qui embrassèrent la Règle de sainte Claire. Son ombre est partout. Dans la maison de maître Nicola qui le soigna, dans l'oratoire de la Sainte-Croix, alors hôpital des pauvres où il s'occupa à son tour des plus intouchables.

Poggio Bustone

Le lendemain, les muscles durs, je prends la route de Poggio Bustone. Très vite, elle devient intrépide. Elle attaque à angles vifs la colline jusqu'à ce que, d'un seul coup, le détour d'un virage révèle le sanctuaire de La Foresta, au creux d'une large combe. Là, les protégés de la communauté charismatique Mondex, attachée à lutter contre la prostitution dans le monde, ont brodé tout l'espace de fleurs et de fruitiers, de guirlandes de vignes et des motifs d'un jardin potager. Le temps de visiter la chapelle aux fresques naïves, le cloître du XIVe siècle postérieur à François, sa maisonnette où il s'abrita en 1225 avec ses compagnons, la grotte qui lui servait d'oratoire et c'est de nouveau le chemin, ou plutôt le sentier montagneux. Petits pas mesurés, respiration profonde pour lutter contre la pente. Cinq kilomètres et je peux me désaltérer à la source évidemment miraculeuse de Santa Felice, et profiter de l'ombre du hêtre qui déploya ses branches pour protéger le saint d'une forte pluie – c'est qu'ici, tout est légendes et métamorphoses. Sur la route de Poggio Bostone, dans les sonnailles des brebis et mes propres ahanements, je croise Gerda et Michel, deux jeunes Allemands partis de Munich pour aller à Rome rencontrer le pape. Ils portent au cou la petite croix du Poverello, le tau en bois d'olivier qui symbolise l'esprit de joie et de simplicité des Franciscains qui préfèrent le Christ dans sa version triomphante, en gloire et au Ciel, ou dans les promesses de l'enfance : nourrisson innocent dans les bras de Marie. Avec mes Munichois, on se parle avec les yeux, les grimaces et les sourires. Trop d'énergie à préserver pour cette marche ascensionnelle pour moi, et ces pentes tout aussi exténuantes pour eux. Et puis, parler, c'est un peu violer le silence qui est devenu, sans qu'on s'en aperçoive, le meilleur des amis. À Poggio Bustone, un village installé au soleil et dans une loggia naturelle, la place en terrasse offre une vue sur la plaine lointaine que traversent toutes les formes de la modernité. Trains, voitures, lignes électriques. Je suis heureuse de ne plus leur appartenir.

Piediluco

Piediluco est l'étape suivante. La route abandonne le printemps batailleur de la montagne. La rivière Nera et le chemin aérien de ses peupliers dans un ciel d'une tendresse renversante indiquent la voie à suivre. De grandes prairies bosselées de meules à l'ancienne, échevelées de paille blonde. Des canards, des poules d'eau, une douceur exquise et voilà le lac parfait dans sa forme, voilà son île rigoureuse dans ses lignes – une pyramide ronde qu'on dit enchantée. Les légendes, toujours. La sérénité de cette pièce d'eau, sur les rives où meurent les marches de l'énorme église Saint-François et les dentelles des filets de pêche sont un baume après l'effort. Même si, au soir, la volée de marches raides pour atteindre la maison des pèlerins et ses lits superposés est l'ultime souffrance du jour. De Piediluco à Arrone, la route continue de descendre. C'est une marche douce, sylvestre, une sorte de réconciliation avec la nature à qui tout le corps s'unit. Une brume d'arc-en-ciel annonce l'énorme cascade de Marmore dont les chutes renversent le ciel, et que frôle le chemin pour descendre dans la vallée. Du zigzag abrupt encore, avant de retrouver le cours tranquille et les roucoulades de la rivière. « Loué sois-tu Mon Seigneur pour sœur eau / Laquelle est très utile et humble et précieuse et chaste » a chanté ici François, avant d'écrire encore : « Loué sois-tu Mon Seigneur pour ceux qui pardonnent par le tien amour / Et supportent la peine et la tribulation / Bienheureux ceux qui persévèrent dans la paix / Car de toi Très Haut ils seront couronnés. »

Ces lignes, ici, dans cet écrin qui les a inspirées me rappellent celles de Magda von Hattingberg, l'amie de Rilke : « Les gens revendiquent quelque chose, au lieu d'être là, comme le soleil ou un arbre en fleurs ; comme un paysage qui laisse les gens grandir, sans leur demander : "Qu'avez-vous à me donner en échange ?" Peut-être n'avez-vous jamais rencontré quelqu'un qui a su trouver de la richesse dans la seule béatitude d'être là, y découvrant ce qui manquait à son accomplissement, parce qu'il était lui-même la promesse et l'accomplissement de sa propre existence. »

Ceselli

Jusqu'à Ceselli, la rivière et sa conversation ininterrompue me tiennent compagnie entre les buissons de marguerites jaunes et les jardins potagers. De temps en temps, je croise des pèlerins qui descendent sur Rome. Les gorges des rives se resserrent et si ce n'était la splendide abbaye San Pietro in Valle, de Ferentillo, gagnée de haute lutte sur les forces de la pesanteur, on trouverait presque cette portion monotone. Mais à Ceselli, les gorges expulsent le chemin et me voilà lâchée dans l'ondoiement argenté d'oliviers à perte de vue. Même le vent change de parfum. Thym et miel et, sur l'horizon, les clochers romans des villages fortifiés. Cette terre a absorbé quelque chose du paradis pour le rendre dans toutes ses essences, par toutes ses créatures. Je comprends pourquoi l'Ombrie a donné tant de mystiques. Elle semble avoir été créée pour chanter les louanges de Dieu, et attester, par la magie de sa lumière, la pureté de son air, par la limpidité de ses eaux, les courbes et les perspectives de ses collines, l'évidence d'une Présence. Angèle de Foligno, Jacopone de Todi – l'auteur du *Stabat Mater* –, sainte Claire, saint Benoît et bien évidemment saint François d'Assise et ses disciples

– tous ont eu l'âme transportée parce que tout ici exalte : « Messire frère Soleil, sœur Lune et les étoiles, frère Vent, notre mère la Terre et ses fleurs diaprées dans les herbes, et jusqu'à notre sœur la Mort corporelle. » Le chemin danse désormais entre les troncs d'oliviers que pique parfois la torche sombre d'un cyprès. Je ne croise plus que quelques paysans noueux comme leurs arbres et des lapins de garenne. J'ai les idées claires, la marche a décanté mon esprit. Mes pensées reviennent à l'essentiel et je me dis, dans ces vagues de collines et d'oliviers, que je pourrais marcher ainsi, ma vie durant, dans le lent glissement autour de moi d'une nature que je retrouve comme une sœur.

En ascension

Pontuglia, Sensati, Monteluco, les étapes défilent avec la vie de François pour guide. Elles se fondent dans un même rythme, une liturgie sportive qui connaît les douleurs. Il y a toutes ces heures passées à maudire la rareté des indications – ces deux petits traits jaune et bleu qui disent *di cua passa Francesco* qu'il faut souvent deviner tant ils ont fondu dans les intempéries et les ans. Et alors j'ai envie de pleurer – perdue sur des sentes qui ne mènent qu'à des ronces, des champs clos, des impasses et des heures d'efforts perdus et de marche inutile. Mais ces directions hasardeuses n'épousent-elles pas les aléas de la vie ? Les états d'âme ? Les doutes, les errements, les erreurs et alors, la joie à retrouver le bon chemin et le sens véritable ? Il y a aussi des instants de pure félicité. Il y a les fresques à la détrempe, dans la plus modeste des églises. Il y a Foligno l'éblouissante. Et Spello ! Avec ses remparts et ses portes monumentales, sa rue principale en corniche, et ses palais médiévaux. Parmi ses vingt églises, c'est la chapelle des Baglioni et son pavement de rares majoliques que je préfère. Elle a été décorée par Pinturicchio – le plus délicat des peintres ombriens – qui laissa ici son unique autoportrait. Il y a les moments de complicité avec d'autres marcheurs, dans les monastères dédiés au silence, et les instants où l'art et la foi s'épousent. Il y a la récompense des étapes après la douleur des montées – tout le corps disloqué par l'épuisement. Ainsi l'arrivée à Monteluco, à l'aplomb de Spolète la magnifique. Et en apothéose de souffrance et d'émotion, l'ascension du mont Subasio pour arriver à Assise, par son plus beau : le monastère delle Carcieri, où François a parlé aux oiseaux. Dans cette ascension de combes abruptes et de solitudes, quel accablement tant le chemin est difficile, avec la peur de dévisser, de rouler, de se briser une jambe et de disparaître dans le fond d'un ravin, pour mourir entre les racines des hêtres, des ronces et des châtaigniers. Dès lors, quelle attention épuisante à chaque pas ! Mais toujours, la récompense de ces brusques panoramas, ces trouées dans le fouillis des feuilles sur un village fortifié et, dans les sous-bois, les confettis de lumière. Ah ! Voilà Assise enfin, par sa plus haute porte. Et alors, passés ses remparts, la pente douce des rues jusqu'à la basilique où, demain, les fresques de Giotto me rediront, station après station, les plus belles heures de mon voyage dans l'évocation de celui de François. Avec ses couleurs, sa simplicité, son silence opulent, son dépouillement, et enfin la Paix, ici, dans sa cité, dans « le jour bref et le grand cercle d'ombre », comme disait Dante.

Rome, l'éternité retrouvée

Si l'emblème de la Toscane est le cyprès, celui de Rome est le pin parasol et tout autant celui d'Italie. Je leur dois mon premier tressaillement de joie quand j'arrive dans la Ville éternelle. Le taxi débouche sur le cirque Massimo et ils sont là, sur les pentes de l'Aventin – ma garde d'honneur, toute en pins parasols. Je suis à Rome ! Leur tronc, du rouge sombre des ruines qu'ils protègent, bosselés d'écorces comme elles le sont de briques ; leurs branches fantasques ; leurs frondaisons en légers nuages vert sombre et odorant. On n'imagine pas, sur la voie du Forum impérial, leur mise au cordeau comme celle que subissent les pauvres marronniers de nos villes. Nobles pins qui portez un été éternel. Je m'amuse parfois à imaginer la vue sur la ville et le forum sans vous. Ah non. Ce serait trop cruel.

Le mont Palatin

Mon premier élan à Rome est pour le mont Palatin. C'est mon rituel, ma journée buissonnière. Il est le plus beau balcon qui soit sur cette ville bénie de tous les dieux, le lieu idéal où reprendre possession de la ville, ou la laisser reprendre possession de soi. J'évite la foule des touristes en prenant l'entrée de la via San Gregorio. Et je m'élève, par gradins, jusqu'à la large esplanade qui domine Rome – je suis sur la colline des Césars, où ils avaient leurs palais. Une façon de commencer par le commencement –, l'Antiquité. Arcs, colonnes, jardins, ruines, les buis et les pins parasols encore, la vigne Barberini. À mes pieds, d'un côté, le Forum, de l'autre le Circus Maximus. On dit que le nom de cette colline, la plus enchanteresse des sept de Rome vient du *falad* étrusque, qui désigne le ciel. Ce ne peut être que cela. On y est comme sur un tapis volant et dans un autre temps. À l'est, les ruines monumentales du palais d'Auguste. Les empereurs y sont encore, par leur nom. Le terrible Heliogabale avait là son temple solaire. Je passe ma journée ici, au soleil, avec le livre formidable, *À Rome sur les pas de Plutarque*, de John Sheid, et je m'amuse, avec l'auteur, à résoudre les *Questions romaines* que Plutarque pose, comme autant d'énigmes, et que Scheid dévoile avec la ville. « Pourquoi pensent-ils que l'année appartient à Zeus, les mois au contraire à Héra ? » « Pourquoi fait-on toucher du feu et de l'eau à la nouvelle mariée ? » Me voilà au Iᵉʳ siècle, avec Plutarque. Une vestale se glisse dans l'ombre d'un cèdre. Le soir tombe – une grâce. Je dois rentrer. Je descends sur le Forum par les jardins Farnèse, marbre rose et blanc, en fait les restes de la villa de Tibère. Une fontaine. Les grandes dalles de la via Sacra, polies par mille et mille pieds avant les miens, disjointes par le temps. Aucune autre ville au monde ne me donne ce sentiment, le soir, quand je reviens dans ma chambre, de rentrer de la plage.

Ave *Lucius*

Pendant mes séjours romains, j'ai toujours une pensée émue pour Lucien Jerphagnon. Il sait se rappeler à moi – dans un souffle du *Ponentino*, la brise tiède de la mer, par le passage d'un chat « Ah ! les chats de Rome ! » au portique d'Octavie. Lorsque je lui annonçais mes départs pour l'Italie, son œil s'allumait, une étincelle de désir, la lueur d'un souvenir heureux. Il me demandait de saluer pour lui Rome où il avait ancré une large part de son œuvre, et laissé une part de son cœur. Il s'y était tellement promené, à pied, et en esprit. Il l'avait étudiée sous toutes ses coutures, d'abord en aval de la naissance de la chrétienté, puis en amont du christianisme. Et pourquoi aborder saint Augustin à la lumière de Pascal ? Il avait cherché quels auteurs avaient nourri ce philosophe chrétien du IVe siècle. Ce faisant, il l'avait ressuscité : il avait suffi que Lucien Jerphagnon apparaisse chez Bernard Pivot pour que les spectateurs adoptent l'œuvre en même temps que cet érudit aux allures si élégantes, avec je ne sais quoi de léger et d'intemporel, capable devant les caméras de deviser avec Isabelle Huppert comme s'ils avaient tourné dans le même film. Grâce à lui, *Les Confessions* avaient été propulsées au rang de best-seller. De ce changement de perspective naquirent ses grands livres sur l'histoire de Rome, sur celle des empereurs et sur celle de la pensée, où le sérieux du professeur le cède à la drôlerie d'un San Antonio en toge. Combien de fois ai-je éclaté de rire en lisant son histoire des Césars ! Mais qui pourrait lire *Histoire de la Rome antique*, *Les Divins Césars* ou *Les dieux ne sont jamais loin* sans être pris par le grand rire de l'intelligence ? Lucien Jerphagnon possédait le grand style sans la pesanteur, le savoir sans la lourdeur ; il était aérien, mais alors ce qui s'appelle aérien, avec un regard d'aigle et un coup d'aile affranchi – quelque chose d'infiniment romain. Et combien de fois ai-je repris ses livres pour le bien qu'il diffusait en moi – cette faculté à alléger mon esprit des faux problèmes, à m'apprendre à rire du faux sérieux. Il avait trouvé dans la lointaine pensée de Plotin la philosophie qu'il attendait, une pensée attentive comme aucune à l'incessant surgissement du monde, et à l'unicité du sujet qui le perçoit et n'en revient pas. « Car de fait, expliquait-il en ouvrant les mains comme il le faisait toujours pour souligner une phrase, il y a de quoi s'émerveiller : J'émane de moi-même en même temps que de mon principe. J'entrevois – je ne puis qu'entrevoir – ce “minuscule printemps qui ne sera jamais plus”, comme le dit Jankélévitch. » Où mieux qu'à Rome tenter d'entrevoir à notre tour cette philosophie, cet art de vivre qu'il nous a offerte, comme un merveilleux viatique pour traverser le temps ?

Hier et aujourd'hui

Après mon déjeuner, je me mets au travail. Je joue, je chante, je compose jusque vers midi. Alors j'ai une autre tâche à remplir, c'est de voir toute cette immense Rome et d'en jouir. Je n'en prends que très à mon aise, et je consacre chaque jour à visiter quelque chose de nouveau, un de ces monuments qui appartiennent à l'histoire du monde. Une fois par exemple je vais me promener sur les ruines de l'ancienne ville, une autre fois je vais à la galerie Borghèse, ou bien au Capitole, à Saint-Pierre ou au Vatican. De cette façon, chaque jour devient pour moi une date mémorable, et comme je prends mon temps, toutes mes impressions en sont plus fortes et moins fugitives.
Félix Mendelssohn.

Place Navone

Tous les chemins du Champ de Mars mènent à cette place, qui s'ouvre comme un violent courant d'air au sortir du dédale de ruelles qui se coudent et s'enfilent depuis le Panthéon. Une respiration de l'œil. Les immeubles se retirent pour laisser aux fontaines, énormes et légères à la fois, l'honneur d'animer cette scène étrange, tout en longueur, tout en langueur – une piazza qui a de l'horizon. Ce qui frappe encore, c'est cette lumière peinte aux murs. Cette harmonie née du mariage hasardeux des siècles et de leurs vestiges, du concubinage involontaire des façades austères et des palais monumentaux, de son église, de la rigueur et des volutes. Cette place revendique le titre de plus belle place du monde que dans la ville, d'autres voudraient lui contester – la piazza del Popolo dont les escaliers corsètent le Pincio, ou encore celle du Capitole, que dessina Michel-Ange. Magnifique et *spectaculaire* sans conteste, et si elle n'est pas la seule à être la plus belle, la place Navone est sans aucun doute le rendez-vous préféré des Romains, qui en ont fait « le grand salon du monde », selon la formule du poète Fulvio Testi, l'ami du Bernin. Chacun trouve à s'y prélasser. Ou à s'y poser. Les familles en promenades digestives, les dessinateurs du dimanche, les musiciens de fortune, les revendeurs à la sauvette, et ceux des camelotes qui réjouissent les enfants. Mais encore les diseuses de bonne aventure, rencognées dans le passage du Rinascimento, avec leurs petites tables de camping, et je souris encore, avec tendresse, au spectacle de cette très vieille dame tout en rides, en tremblements et en fourrures, assise sur un siège pliant, qui écoutait avec ardeur les commentaires de la cartomancienne penchée sur ses tarots. Jamais mon émotion ne s'affaiblit à la découvrir, comme une récompense qui me serait offerte, avec ce mot qui jaillit de mon âme quand j'y pose le pied : « Enfin. » Enfin j'y suis, une fois encore, sans que s'émousse le plaisir d'avoir sous les yeux les fontaines du Bernin et celle, au centre, des Quatre-Fleuves où jamais tant de matières et d'eaux n'ont été tordues ensemble pour reproduire la vie. Par quel prodige cet artiste a-t-il insufflé à la pierre ce qui d'ordinaire la contredit : le mouvement, l'émotion sensuelle et l'élan mystique ? « Une infidélité à l'enfer », dira Stendhal. Il est de plus en plus rare d'avoir la place Navone à soi seul ou, y étant, d'avoir le sentiment d'y être romain. Elle subit, comme toutes les capitales du monde, les marées des touristes et leurs embouteillages humains sans précédent. Mais le miracle a parfois lieu. Ainsi cette nuit d'hiver, en milieu de semaine, sous une lune froide et gibeuse. Depuis le Trastevere, j'étais revenue à mon hôtel à pied, et comme toujours sans prendre de ligne droite, m'appliquant à passer par ce chemin que mes pas connaissent d'instinct. Le Ponte Vecchio, le Campo dei Fiori, la place Navone. Elle était déserte. Il devait être une heure du matin. Quelqu'un avait oublié une chaise sur les pavés noirs. Je m'y suis assise, emmitouflée dans mon manteau, emperlée par l'humidité qui sévit dans ce méandre du Tibre et qu'on tenait autrefois pour responsable des fièvres qui emportaient la jeunesse. La rumeur de la ville et le cri des mouettes composaient une étrange berceuse. Je suis restée longtemps, engourdie et ravie. Des lustres illuminaient les plafonds du palais Pamphilj, que les fenêtres laissaient entrevoir, avec leurs fresques de Pierre de Cortone, leurs scènes de mythologie. J'étais l'invitée d'une cérémonie secrète : ici même, où s'étaient glissés autrefois Chateaubriand, Stendhal, Goethe et Byron, tout ce théorème de pierre livrait son énigme – la grâce.

Fantômes

La veille déjà, j'avais profité de mes heures de liberté pour vagabonder dans la Ville, sûre que mes pas me ramèneraient aux lieux que j'aime hanter là-bas, certains plus que d'autres selon l'humeur ou les saisons. Les catacombes de Saint-Calixte au printemps ; le cimetière acatholique du Testaccio, au pied de la pyramide de Cestius ; l'hiver le Trastevere, son jardin botanique, la villa Farnesina et l'entrelacs de ses rues pavées de noir. Au soir, le Tibre y déploie un léger brouillard qui se condense en fantômes sous la lueur des rares réverbères. On s'en émeut sans bien comprendre, le cœur saisi d'un battement énigmatique. Parfois, on peut poser un nom sur ces présences nébuleuses, qu'on épelle avec une tendresse mélancolique. Parfois, elles restent mystérieuses, anonymes, drapées d'une époque révolue qu'elles font resurgir. Comment s'en étonner ? Rome est une femme que l'histoire déshabille. On frissonne quand l'une de ses figures se glisse à nos côtés. Ainsi, ce soir-là, à l'entrée du palais Corsini, celle de Plautilla Bricci. Je venais de la rencontrer à Saint-Louis-des-Français. L'approche des chapelles décorées par Le Caravage y avait été impossible. Trop de visiteurs, chacun attendant d'un autre qu'il glisse une pièce dans la minuterie d'où jaillirait l'éclairage qui révèle les tableaux dédiés à saint Matthieu. Je me suis écartée pour aller me recueillir, puis contempler le mausolée de Pauline de Beaumont que Chateaubriand fit enterrer ici. Il avait délaissé son « Hirondelle », trop amoureux de lui-même pour aimer quelqu'un d'autre. Elle l'avait suivi jusqu'à Rome où il était secrétaire d'un cardinal. Elle était morte dans ses bras, phtisique, avec ces derniers mots aux lèvres, dits pour répondre aux paroles rassurantes de son amant qui ne voulait pas la voir malade : « Je tousse moins pour mourir sans bruit. Mon dernier rêve sera pour vous. » À l'autre bout de la contre-allée, l'attroupement restait dense. Alors je me suis attardée devant la chapelle toute proche consacrée à saint Louis. Quelle étrange expression l'artiste avait choisie pour présenter le roi sur le vaste tableau d'autel ! Un visage d'adolescent mûri trop tôt, avec cela que sa bouche était légèrement entrouverte par un vague effroi, comme s'il redoutait le poids de la couronne et celui des hermines, celui des chasubles de brocart rouge et bleu tissées d'or. Il avait les mains fines, à peine assez grandes pour porter le lourd sceptre d'un côté et la haute croix de l'autre. Le tableau s'intitulait *Saint Louis des Français, entre histoire et foi.* J'ai cherché quel en était l'auteur. C'était une femme, Plautilla Bricci. Quelle étonnante peinture me suis-je dit en repartant vers le Trastevere, dans la nuit tombée trop vite. J'avais eu le sentiment de ressentir la charge du pouvoir et les tiraillements qu'imposait au monarque le choix de rendre à Dieu ou à César, mais encore celui d'avoir fait la rencontre de quelqu'un – cette artiste dont, par extraordinaire, j'allais découvrir la vie quelques minutes plus tard. Le palais Corsini lui consacrait toute une exposition. Plautilla Bricci avait traversé le XVIIe siècle en empruntant la voie artistique, et la plus ardue pour une femme – l'architecture qu'elle fut la première à exercer officiellement, avec une audace qu'on jugea coupable. On la voit sur son autoportrait, timide, un instrument à la main et, sur les genoux, les plans de la vaste villa Benedetta qu'elle bâtit, décora et signa pour un prélat, sur le Janicule. Mais d'emblée les critiques boudèrent l'édifice. Plautilla Bricci, si elle obtint la rénovation de la chapelle Saint-Louis, ne reçut plus d'autre commande. Pourtant ses plans, comme l'exposait la *Mostra*, les tableaux, les maquettes dont celles des escaliers de la place d'Espagne, ses réalisations antérieures comme à Saint-Jean-de-Latran, la destinaient à une bien plus vive consécration. Démunie, elle dut réfugier ses dernières années dans une petite maison du Trastevere dont on perdit bientôt l'adresse. Et peut-être est-ce vers cette demeure inconnue que son fantôme fuyait, ce soir-là. « *Que puo si fare* ? » « Que peut-on faire ? » chante Barbara Strozzi, sa contemporaine, qui fut aussi la première femme compositeur. Créer, travailler, exceller, *transfigurer* a répondu tacitement Plautilla Bricci, mais aussi le peintre Artemisia Gentileschi ou Ginevra Cantofoli, l'auteur du délicat portrait de Beatrice Cenci, la *Femme au turban blanc*. Je ne sais si ces trois dernières artistes se connurent, elles qui vécurent à Rome ensemble, et qui reçurent de leur père une éducation raffinée et éclectique, comme Barbara Strozzi d'ailleurs. Ces quatre grandes créatrices surent sublimer leurs épreuves par leur art, et passer outre les préventions de certains contre les femmes, assurées que mettre une œuvre au monde manifeste le lien le plus intime entre leur génie et leur féminité. Assurées aussi, dès lors, d'avoir l'éternité pour complice.

Qu'avais-je aimé, qui m'avait fait frémir, cette nuit-là, assise, place Navone ? La grande saison baroque de l'Europe au XVIIe siècle que signaient les fontaines, l'énorme palais Pamphilj et l'église San Agnese de Borromini, cette scène sans visiteurs, découverte comme une plage à marée basse ? Ou la Rome antique, bien qu'il soit inutile d'y chercher une colonne, une ruine, un mur qui rappellerait le temps de la République ou celui de l'Empire ? C'est pourtant à l'empereur Domitien que la place Navone doit sa forme étrange, étirée et étroite, oblongue avec un petit côté courbe au nord : la forme exacte du stade érigé en 86 et dont elle a épousé l'emplacement, où luttaient les athlètes *in agone* – en compétition. Ce qui aurait donné son nom à la place. À moins qu'elle ne le tienne d'Agnès-en-Agone – en agonie – puisque c'est ici que mourut la jeune sainte que son père fit traîner nue à travers la ville, pour la punir de s'être convertie à la foi chrétienne, mais que la pousse miraculeuse de ses cheveux couvrit jusqu'aux pieds. Le sac des Vandales en 455, puis celui des Sarrasins en 846 achèvent de ruiner le beau stade de Domitien. Plus tard, on viendra y puiser les matériaux des maisons, des palais ou des églises. Sur ses gradins, où jadis s'enthousiasmaient quelque trente mille spectateurs, on construisit les demeures à l'architecture austère qui font encore les façades de la place. Mais même alors la place Navona reste un lieu crevé, où s'amoncellent les pierres et les colonnes, des débris de frises et des tuiles orphelines – tout un chaos minéral que Jean-Baptiste Piranèse se plaira à reproduire sur ses eaux-fortes et où l'on viendra puiser de quoi édifier les palais. Il faudra quelques papes visionnaires et la Contre-Réforme, et tout le génie du Bernin pour que ce champ de courses se métamorphose en cet écrin. Et c'est aussi ce qui m'émeut ici, la touche du Phénix, l'art de renaître de ses cendres. Mais encore, les noces de l'Antique et du baroque, de la pudeur et de l'ostentation, du païen et du chrétien, des jeux du cirque et des jeux d'eaux.

Rue des Boutiques obscures

Devant moi, sur la via delle Botteghe Oscure, un automobiliste, sans raison apparente, pile net dans un hurlement de freins et bien sûr, la collision est inévitable. Le conducteur qui a embouti le pare-chocs bondit de sa voiture en hurlant des mains et de la voix. Je m'attends à un pugilat. En Italie, la voiture est un appendice masculin. Mais le responsable de l'arrêt intempestif désigne à sa victime quelque chose qui file sur le trottoir et immédiatement, son interlocuteur se calme. Les deux hommes se congratulent et c'est presque avec compassion que le deuxième remplit le constat du premier. Quelle scène étrange ! Le soir, je relate l'incident à ma cousine.

« Qu'est-ce qu'il lui a montré ? » me demande-t-elle. Sa question me surprend : « Je ne sais pas. Peut-être un chat.

– D'où venait-il ?

– Apparemment des ruines du Largo di Torre Argentina.

– Ce n'est pas ce que je te demande. A-t-il déboulé de la gauche ou de la droite ?

– De gauche.

– C'était un chat noir ? »

J'acquiesce et je fournis tous les détails. L'heure, le nom et presque le numéro de la rue. « Tout s'explique ! Aucun Romain ne couperait la route à un chat, noir de surcroît, et qui surgit de la gauche. C'est l'assurance d'un malheur imminent. »

Je suis sans voix et quelque peu abasourdie. Mon silence incite Alessandra, une amie italienne, invitée à dîner, à prendre la parole : « *È certo* ! Ça porte malheur. D'ailleurs, le type a immédiatement eu un accident. »

Je dois à ce paralogisme la découverte d'un trait de caractère du Romain, femme, homme ou enfant. La superstition. Ce soir-là, Alessandra s'est empressée d'énumérer les gestes à faire et à ne pas faire pour éviter d'attirer sur soi le mauvais sort. À faire – le signe des cornes, le *corna*. « Pour conjurer le mauvais œil. » Je l'avais sûrement vu avec les deux automobilistes ce matin, non ? Et les cornes en corail qui pendent au rétroviseur des taxis, ou les piments dans les maisons ? Non plus ? Alessandra m'apprend ensuite les subtilités du *corna*, pour éviter toute mésinterprétation. « Attention ! Les deux cornes, ce sont l'index et le petit doigt, paume fermée mais toujours et surtout, surtout, dirigés vers le sol. Sans quoi il est inefficace, et il te vaudrait en plus des problèmes, si tu le fais en face de quelqu'un. Ton vis-à-vis pensera que le signe lui est destiné : le *corna* doigts au ciel, c'est pour traiter les gens d'imbéciles. »

Et les gestes à ne pas faire ? Passer le balai sous ses propres pieds quand on est célibataire, au risque de le rester à vie. Ne jamais prendre un rendez-vous important le 17 du mois. C'est un chiffre qui porte malheur. « Jamais tu ne trouveras un 17e étage dans un immeuble, ni une chambre numéro 17, ni une place 17 dans l'avion d'une compagnie italienne. Pour autant, il ne faut pas non plus être treize à table alors que ce chiffre dans toute autre situation porte bonheur. »

Alessandra continue à égrainer les situations périlleuses. Mais qui croit en ces sornettes ? Les gens simples sans doute, un peu… « Pas du tout ! s'insurge Alessandra. Tous les Romains, et mêmes tous les Italiens. Chaque ville a ses rituels, ses recours et ses saints pour conjurer le mauvais œil ou se porter bonheur. As-tu pensé, en allant au Vatican, à caresser dans la basilique le pied de la statue en bronze de saint Pierre ? »

Et Pepa de me raconter son premier dîner dans la bonne société romaine. Au moment de sortir, pomponnée, elle casse une bouteille d'huile. Elle s'excuse auprès de la baby-sitter de lui laisser la cuisine dans cet état, elle rangera à son retour. Mais la jeune fille pousse de hauts cris. Il est inconcevable qu'elle reste dans une maison où de l'huile a été renversée si l'auteur du méfait n'a pas accompli tous les rites pour conjurer la malédiction. Or, les rites sont longs.

« J'ai dû éponger l'huile – un litre ! – et m'assurer qu'il ne restait pas une seule goutte quelque part. Ensuite allumer des bougies aux quatre coins de la pièce, faire une prière. Bref, je suis arrivée avec une heure de retard à mon dîner. J'étais honteuse. Je me suis excusée en racontant ce qu'il s'était passé, tout en conspuant les superstitions imbéciles.

– Et alors ?

– Ils m'ont tous demandé d'une voix blanche si j'avais bien accompli TOUS les rites, et ils les ont passés en revue pour bien s'en assurer… »

Sur le Champ de Mars

N'en déplaise aux esprits cartésiens, aux amoureux de la ligne droite et de la sécurité routière, de l'urbanisme rationalisé, l'un des charmes – innombrables – de Rome tient à ses rues sans trottoirs, sans asphalte, pavées d'énormes dalles noires et disjointes sur lesquelles les vespas tressautent et les piétons s'esquivent. Elles délimitent, sans qu'il soit besoin d'autres indications, la Rome médiévale, encombrée de vieux palais, de maisons improbables, d'anciens donjons. Un dédale délicieux de rues étroites sur quoi ouvrent encore des cours secrètes, de vieilles quincailleries, des ateliers de menuisiers, de ferronnerie ou de minuscules épiceries, quoiqu'ils tendent hélas à disparaître et, avec eux, le peuple de Rome affairé à cent petits métiers et qu'aimaient tant Fellini, Moravia ou Pasolini. Cette Rome s'étend sur le Champ de Mars et le Trastevere, le quartier de l'autre côté du Tibre qu'on atteint à pied par l'antique Ponte Sisto, le quartier qui a aussi le plus souffert – et en quelques années – des effets de l'arrivée massive des touristes. C'est une Rome sombre, mal dégrossie souvent, avec un débraillé jubilatoire. Il faut y marcher sans plan, pour laisser au hasard le soin d'organiser les surprises et les émerveillements, la délicieuse et rococo piazza Sant'Ignazio – un décor de théâtre avec ses palais concaves, la place du Panthéon bien sûr, la piazza di Pietra et les cent quarante-cinq colonnes du temple d'Hadrien ; et dans le Trastevere, la piazza Sant'Egidio. « Rome est la tête du monde, et quelque vieille et délabrée qu'elle soit, elle est sans l'ombre d'un doute la tête de toute la terre », écrit Pétrarque dans ses *Lettres familières.* Dans cette dense part de Rome, on a une idée de l'état de la ville à la fin du Moyen Âge. Ce qui restait de l'*Urbs* radieuse qui fut le cœur et la raison de l'Empire romain, après le sac des barbares, s'était restructuré autour de trois pôles. Le Vatican et le Latran – où siégeait le pouvoir religieux –, et le Capitole, où résidait le pouvoir communal. Entre ces trois sites, des ruines, les donjons fortifiés des familles aristocratiques, et les baraquements insalubres du peuple. Il y avait bien eu, au XIVe siècle, un sursaut : le pape Boniface VIII avait procédé à des travaux d'embellissement pour le Jubilé de 1300. Et son successeur, Nicolas III, avait fait appel à Giotto pour décorer la basilique Saint-Pierre. Et puis, brutalement, il y avait eu le Schisme. Le pape et la curie avaient déserté Rome pour Avignon. La basilique Saint-Pierre prenait l'eau. La ville était tombée dans une sombre léthargie, secouée par les échauffourées des familles dominantes. Lorsqu'en 1420 la papauté – en la personne de Martin V – était revenue à Rome, elle avait trouvé un gros bourg de province que devançaient largement Florence, Milan, Naples et Venise. La Peste noire avait réduit la population de quarante mille à quinze mille âmes. Les productions artisanales, prospères au Moyen Âge, avaient disparu. L'activité de Ripa, son port, et le commerce qu'il générait avaient périclité. Enfin, les puissants barons romains qu'étaient les Colonna, les Stefaneschi, les Caetani ou les Orsini continuaient de s'y battre, désormais ligués pour s'opposer à l'ambition du pape de restaurer son autorité. Or, celle-ci avait pâli à plus d'un titre. En Italie, auprès des nombreux acteurs avec qui elle avait désormais maille à partir – communes, seigneurs, ou *condottieri*, tous occupés pendant son absence, à s'approprier les terres du souverain pontife. Elle avait aussi pâli auprès des monarchies : avec le Schisme, le pape avait perdu l'autorité spirituelle qui le définissait au Moyen Âge, où il faisait et défaisait les rois. Enfin, à l'intérieur même de la curie : la réalité du pouvoir était passée dans les mains des cardinaux. Le pape n'était plus que l'évêque de Rome, et Rome n'était plus rien. Tout était à reconstruire.

Les secrets du Trastevere

Ne donnez leur nom à personne. C'est un secret, un cadeau, des adresses qu'on glisse à ceux qu'on aime et dont on sait qu'ils les aimeront comme vous les aimez. Le Trastevere cache trois merveilles – au milieu d'autres trésors dont son charme n'est pas des moindres. Deux cloîtres et un jardin. Le premier cloître est celui de l'église Santa Cecilia in Trastevere, où sont les reliques de la sainte patronne de la musique, martyre, qui vécut au IIe siècle. L'abord même de cette église, la plus ancienne de Rome avec Santa Maria in Trastevere, construite au Ve siècle sur la demeure de sainte Cécile, est ravissant – une place-jardin avec une fontaine et sa grande vasque.

Sous l'autel, le gisant en marbre de la jeune patricienne, de Stefano Maderno, dans la position où elle fut retrouvée le 20 octobre 1599, intacte, dans sa robe blanche, lorsqu'on ouvrit le cercueil lors de la rénovation de l'église. Intactes aussi, les blessures au cou. Alors on demanda au sculpteur une œuvre qui serait la copie de la jeune sainte. Au-dessus de l'autel, sous le délicat ciborium, les mosaïques byzantines du IXe siècle. Et enfin, le cloître secret des Bénédictines, dont le couvent touche l'église, et pour lesquelles on ouvrit des claustras dans la nef, de façon qu'elles puissent suivre les offices. Et c'est par ce cloître charmant, solaire et fleuri qu'il faut passer pour découvrir le *Jugement dernier* de Pietro Cavallini. Pourquoi cette fresque particulièrement, dans une ville qui regorge de peintures, et dont le Vatican reste le plus riche musée ? C'est que Pietro Cavallini (1250-1330), de son vrai nom Pietro de Cerroni, est l'un des rares peintres romains de cette époque dont on peut admirer, à Rome, les œuvres. Il fut l'élève de Cimabue et de Duccio et, selon Giorgio Vasari, il influença, à Assise où il travaillait à la décoration de la basilique, le tout jeune Giotto, apprenti de onze ans. Cavallini a réalisé, en 1291, la merveilleuse – vraiment merveilleuse – composition en mosaïques d'or de l'abside de Sainte-Marie-du-Trastevere. Beaucoup de ses œuvres ont été perdues. D'après Vasari encore, ce serait en travaillant aux fresques de l'église Sainte-Cécile, avec acharnement, qu'il aurait attrapé un mal qui l'aurait emporté. Il fut enterré à Saint-Paul-hors-les-Murs avec cette épitaphe : « L'honneur fait par Pietro à la ville de Rome comme peintre, vaut aussi pour tout l'univers. » La fresque du *Jugement dernier* appartenait à une série de peintures dont la majorité ont disparu au cours de travaux effectués dans l'église. On y voit le Christ Pantocrator, auréolé, en toge rouge – un héritage de la statuaire romaine. À ses pieds, les instruments de sa Passion, le marteau, les clous et la lance du centurion. Des anges sonnent l'heure avec leurs longues trompettes. Béats et Damnés se rassemblent de chaque côté du Christ, les ailes éployées dans un dégradé de couleurs. On y voit la Vierge à la droite du Christ, et Jean-Baptiste priant. Et enfin, les apôtres. Les théoriciens de l'histoire de l'art considèrent cette fresque comme l'une des plus importantes œuvres romaines du XIIIe siècle. La regarder longuement. La retenir et aller la déguster dans le cloître, en longue station au soleil…

Le deuxième cloître, vous ne pourrez vous y glisser que le dimanche à l'heure de la messe, à onze heures, suivie en l'église San Giovanni Battista dei Genovesi, via Anicia. La façade de l'église, purement baroque, n'est pas engageante et rien ne trahit la présence, derrière ses murs, de ce trésor de la Renaissance que ce cloître des Oranges-Amères, qui appartenait à l'ancien hôpital fondé, avec l'église, par un riche marchand en 1482, Meliaduce Cicala, désireux de secourir ses compatriotes génois qui avaient le malheur de tomber malades à Rome. Il chiostro dei Melangoli, propriété de la Confrérie des Génois et des Ligures de Rome, est l'œuvre de Baccio Pontelli, l'architecte de la chapelle Sixtine. Il préfigure, comme rarement, le paradis sur terre, avec son jardin de citronniers et d'orangers, avec ses clôtures de myrtes, les bouquets d'agapanthes et ses rosiers grimpants sur les portiques et la loggia. Et ce puits de pierre, au centre du verger !

Enfin, il faut flaner dans le jardin botanique meublé de beaux escaliers de pierre, au Trastevere toujours, au pied du Janicule. La villa, les serres, les palmiers et les bambous et cette touche de mélancolie… Le jardin était celui, privé, du Pallazo Corsini voisin, aujourd'hui un très riche musée. Rien n'est plus heureux que d'aller y admirer ses espèces d'arbres de plantes et de fleurs rares, et d'y rêver… avant d'aller admirer le *Triomphe de Galatée* de Raphaël, juste en face, à la villa Farnesina, l'un des rares palais au centre de Rome entourés d'un jardin.

Raphaël

Peut-on encore le concevoir ? Celui qui fut inhumé dans un luxe de célébrations et de fastes par le pape Léon X, son commanditaire après Jules II, qui a sa tombe en l'église du Panthéon, a été considéré de son vivant et pendant les quatre siècles qui suivirent sa mort, comme le génie incontesté de son art, le prince des peintres, le plus grand de tous. Du trio victorieux de la Renaissance – Léonard, Michel-Ange et Raphaël –, c'est lui, Raphaël, né à Urbino et triomphant à Rome, qui emporte, et haut la main, le titre de plus grand peintre de son temps, voire de tous les temps. Il suffit de tendre l'oreille à Vasari, l'auteur des *Vies*, pour accorder cette renommée à la hauteur des louanges qu'elle accueillit, de son vivant : « Quand Raphaël mourut, la peinture disparut avec lui. Quand il ferma les yeux, elle devint aveugle. » Quant aux œuvres des autres peintres, « elles peuvent s'appeler des peintures, mais celles de Raphaël, c'est la vie même ; la chair palpite, on sent le souffle et le pouls qui bat dans ses figures ». L'œil de Vasari ne le trompe pas. Il a vu chez Raphaël Sanzio, élève du Pérugin, tout ce qui le définit et l'oppose à Michel-Ange. Chez l'un la douceur ou la *grazia*, chez l'autre la violence ou la *terribilità*. Une grâce si efficiente qu'elle fut intolérable à Francesco Francia. Vasari raconte la stupéfaction de ce peintre quand il découvrit l'*Extase de sainte Cécile* que Raphaël lui avait confiée pour qu'il veille à son accrochage en la chapelle de San Giovanni in Monte, à Bologne. L'art de Raphaël, que Francia n'avait encore jamais admiré, le frappa d'un tel sentiment d'infériorité qu'il en mourut. Lorsqu'il raconte cette anecdote, Vasari veut souligner le génie de Raphaël Sanzio, mais aussi l'incroyable nouveauté de son mode de peindre, et l'innovation qu'il suscita dans les deux premières décennies du Cinquecento, comme l'influence qu'il exercera sur les peintres à venir. Sans cesser d'aiguiser sa curiosité sur tout ce qui s'invente autour de lui, Raphaël Sanzio explore sans relâche les techniques qui lui permettraient d'accomplir son dessein : créer un art propre à associer beauté et vérité, afin de traduire sa vision résolument optimiste du destin de l'humanité, et la place de l'homme dans la nature. La « belle manière » que Sanzio élabore de tableau en tableau, depuis les commandes spectaculaires des appartements du pape au Vatican, jusqu'aux Madone et enfin, son chef-d'œuvre ultime, inachevé et conservé à la Pinacothèque du Vatican, *La Transfiguration*, fixe à jamais cet idéal. C'est pourtant cette « belle manière » que les Italiens appellent aussi *Venustas*, soit une conjonction de beauté, de charme et de grâce, qui lui vaudra le désamour des hommes à partir du XXe siècle. On se met alors à bouder ses œuvres. On lui préfère désormais – ô combien – les tourments et la vision terrible des désirs humains qu'exprime Michel-Ange. Et à la netteté des formes de ses Madone, le *sfumato* suggestif d'un Léonard. Il en est alors du divin Raphaël comme du divin Mozart. L'un est à la peinture ce que l'autre est la musique – un instant d'harmonie parfaite, un lieutenant entre l'humain et le divin qui tient en équilibre les deux plateaux de la balance. Chacun est reconnu comme un génie dans son art. Et pourtant, on se met à moins les fréquenter. On ne regarde plus ce que Raphaël nous invitait à voir, déjà dans le choix de ses sujets : plutôt que les Christ en Croix, une Transfiguration victorieuse ; plutôt que les *Stabat Mater*, ses Madone en gloire, surnaturelles et pourtant merveilleusement présentes, consentantes au mystère, sereines, maternelles et qui posent sur nous avec l'Enfant Jésus un regard tendre et confiant. Toute la douceur de la Vierge et des femmes, évoquée par une architecture de nuages angéliques et ronds, qui exalte la sensibilité des mouvements clairs et profonds de l'âme. De même, on n'entend plus chez Mozart la note pure, édénique, de sa musique, à la fois si humaine et totalement dénuée des passions dévorantes qu'on entend chez Beethoven ou qu'on admire chez Michel-Ange : le tourment, la colère, le désir ou la mélancolie. Enfin, la reproduction industrielle des anges et des Madones de Raphaël a érodé l'admiration spontanée et enthousiaste que la découverte de ses œuvres suscitait à son époque, et qu'elles continuent de provoquer pour peu qu'on les rencontre, face à face, dans l'échange intime qu'impose la contemplation d'un tableau. « Vous voyez, conseillait Stendhal dans ses *Promenades dans Rome*, lorsqu'on veut savoir quelque chose, il faut lire les originaux. » Quand nos regards croisent, dans les tableaux de Raphaël, celui de Baldassar Castiglione, regard de l'ami à l'ami, ou celui, suggestif et complice, de la Fornarina, sa maîtresse ; lorsqu'on admire, en vérité, les mouvements d'amour de ses Vierges en gloire, le génie de Raphaël nous est rendu en son entier. Ils sont là ses personnages, présents, si idéalement humains, et nous, nous nous sentons alors si dévitalisés, si menacés dans notre technique et pleins de la lassitude des dormeurs empêchés de rêver. Raphaël est l'artiste du divin qui a divinisé son art. De là, le recours qu'il nous offre : nous rendre à l'absolue transparence du mystère, à l'éveil. Nous devinons alors que si nous estimons que Raphaël est passé de mode, c'est peut-être parce que nous nous sentons privés d'avenir.

Alberto Moravia

Rome fut mon premier reportage, et Alberto Moravia, le « Romain de Rome », le plus traduit des écrivains italiens, mon premier sujet. Écrivain paradoxal, sulfureux, engagé quoique haïssant ce mot et ce qu'il traînait avec lui. « [Il] étai[t] antifamille, antisocial, en un mot, artiste », prolixe, puissant, romancier du désenchantement d'une certaine bourgeoisie de l'après-guerre, et que le cinéma avait rendu plus célèbre encore – on se souvient du *Mépris.* Il avait épousé Elsa Morante, autre monument de la littérature italienne et pendant la guerre, ensemble, tous deux inscrits sur la liste des intellectuels à déporter, ils s'étaient cachés dans la région de la Ciociaria, au grand sud de la ville, la région peut-être la plus déshéritée de toute l'Italie. À vivre parmi les paysans, caché dans une étable, Moravia, jeune bourgeois rebelle, martyrisé dans sa jeunesse par une tuberculose féroce, avait rencontré le peuple d'Italie, et cette galerie de personnages *vrais* lui avait donné une source où désaltérer ses lecteurs : *La Ciociaria*, *La Belle Romaine* ou encore (de toutes ses livres, mon préféré) ses *Nouvelles romaines.* Plus tard, Moravia et Morante s'étaient séparés. Ils n'avaient pas divorcé. Et puis Elsa Morante, l'auteur des images terribles de la *Storia*, l'auteur déchirée, secrète et orgueilleuse, stigmatisée par la réalité humaine, qui avait suivi, par amour, Alberto Moravia à travers les cataclysmes d'une Italie écartelée par la guerre, qui avait tout vu, tout supporté, tout magnifiquement raconté dans la tradition la plus pure du roman, une tradition pourtant si peu italienne, avait fini par s'« auto-euthanasier », en 1983 exactement parce qu'au suicide de son jeune ami, le peintre Billy Morrow, elle avait éprouvé un sentiment d'« indécence à lui survivre ». Séparée depuis 1962 de Moravia l'agnostique, qu'elle avait pourtant convaincu de se marier à l'église en 1941, elle vivait à Rome, seule, entourée de ses amis, des marginaux qu'elle défendait parce qu'ils symbolisaient, à ses yeux, l'innocence des enfants massacrés par l'histoire, comme Useppe, le fils de la *Storia* – « anormaux » pour la modernité barbare. Dans son dernier roman, *Aracoeli*, l'autobiographie de ses dernières années, Elsa Morante évoquait la mort de Pier Paolo Pasolini, l'ami du couple, à la formation de qui elle avait participé, quand bien même leur complicité s'était effritée à la parution de *La Storia*. Tous les deux considérés comme des visionnaires au su de leurs discours sur la marche du temps, de leur volonté d'interpréter l'évolution de l'histoire à l'échelle de la civilisation. Tous les deux décidés à investir le domaine du politique par la poésie, d'allier le sacré et l'action. On se souvient des déclarations de Pasolini en incipit de son *Essai sur le cinéma* : « Dans l'état de normalité, on ne regarde pas autour de soi : tout autour se présente comme “normal”, privé de l'excitation et de l'émotion des années d'urgence. L'homme tend à s'assoupir dans sa propre normalité, il oublie de réfléchir sur soi, perd l'habitude de se juger, ne sait plus se demander qui il est. C'est alors qu'il faut créer, artificiellement, l'état d'urgence : ce sont les poètes qui s'en chargent. » Elsa Morante avait tenté de se suicider au gaz et aux barbituriques, le 6 avril 1986. À la clinique Margherita, où elle avait été transportée d'urgence, on l'avait maintenue en vie à coups d'opérations. Elle avait agonisé pendant deux longues années. Quant à Alberto Moravia, il ne lui avait pas survécu longtemps. En 1990, deux géants de la littérature disparaissaient, qu'avaient unis un même amour et la traversée d'une époque. On disait Moravia atteint par le scandale qui avait éclaté bien après la mort d'Elsa et dont les Italiens, toujours prompts à s'enthousiasmer pour une histoire, s'étaient emparés avec fièvre. Elsa Morante avait été ruinée par les soins prodigués par la clinique Margherita et Alberto Moravia – pourtant riche – avait frappé à toutes les portes pour que la romancière – un monument national – soit aidée par l'État. Le peuple avait pleuré. Le président Pertini, la mairie de Rome et la mutuelle de soins Casagit s'étaient émus. Ils avaient réglé les notes et alloué une rente à la romancière. Mais à l'ouverture de son testament, l'Italie s'était indignée. Elsa était riche. Elle avait fait un testament en faveur de sa gouvernante, Lucia Mansi, du metteur en scène Carlo Cecchi, de son neveu Daniel Morante et de son inconditionnel ami

Antonio Ricchezza. Autre scandale, Moravia, arguant du fait qu'il n'avait pas divorcé, faisait valoir qu'il était, de plein droit, l'héritier de la moitié de la fortune d'Elsa. Ainsi, le monstre sacré de la littérature italienne, celui qui avait si bien dénoncé « le sexe et l'argent comme seules et dernières forces vives d'une culture en pleine désagrégation », l'antifasciste de la première heure, aurait succombé aux attraits de la *combinazione* ? Il avait réclamé de l'argent pour Elsa qui n'en avait pas besoin, puis sa part sur un héritage qu'Elsa destinait à d'autres ? Une information avait été ouverte et Moravia, spontanément, avait décidé de se présenter au palais de justice de Rome. Pendant deux heures, il avait fourni méthodiquement toutes les explications pour désamorcer « la bombe Moravia », en grande partie dégoupillée par ses ennemis de toujours, l'extrême droite. Non, il n'avait pas commis de fraude ni de tentative de fraude aux dépens de l'État, de la ville de Rome ou de la Casagit. Elsa était réellement pauvre au moment de son appel public. Sa maison d'édition avait payé les factures de la clinique jusqu'à ce qu'il ne reste plus une lire pour elle. Moravia avait cédé à la panique, selon les propos mêmes d'Ida Einaudi, fille de l'éditeur d'Elsa : « Le montant des frais d'hospitalisation était vertigineux et rien ne prouvait qu'Elsa ne resterait pas à la clinique Margherita vingt années de plus. » L'argent retrouvé sur son compte, Elsa l'avait reçu bien plus tard, « lorsqu'elle s'était résolue à vendre les droits de la *Storia* à la RAI, puis quand son dernier roman, *Aracoeli*, a été vendu à l'étranger… Quant à Moravia il n'a rien touché de l'argent qu'il avait publiquement réclamé pour Elsa ». Mais alors, pourquoi Alberto Moravia avait-il demandé sa part d'héritage ? « Mon lynchage moral, parce qu'il est difficile de l'appeler autrement, avait protesté Moravia, a été organisé par mes adversaires de toujours. J'ai réclamé ma part pour pouvoir la redistribuer aux héritiers oubliés par Elsa, dont sa sœur Maria. Je n'ai pas touché une lire. »

J'étais venue à Rome pour suivre les rebondissements de cette histoire qui éclaboussait la figure de proue du roman italien. J'étais trop jeune pour comprendre vraiment l'émotion qui avait saisi les Italiens et qui déliait les langues. Je n'ai eu aucun besoin de provoquer les avis ni d'inciter les gens à s'exprimer sur le sujet. Dans les bars, on ne parlait que de lui, que d'elle. Les Romains étaient d'autant plus attachés à la figure de Moravia que le cinéma avait renforcé leurs liens avec lui – peu d'écrivains ont eu autant de romans adaptés à l'écran, vu leurs personnages interprétés par les étoiles du septième art – Sophia Loren, Brigitte Bardot dans *Le Mépris* tourné par Godart, Gina Lollobrigida, Jean-Paul Belmondo, Jean-Louis Trintignant, Michel Piccoli ou Nino Manfredi, et bien après sa mort encore : en 2020, l'adaptation de son premier roman, *Les Indifférents*, sortirait encore sur les écrans de la Péninsule. Au fond, c'était aussi de l'Italie et des craintes qu'elle inspirait que chacun parlait, derrière la figure d'Alberto Moravia. Le pays ne s'était pas encore remis des « années de plomb » qu'il venait de traverser ; il entendait les premières rumeurs de corruptions qui mèneraient aux arrestations de l'opération *Mani Pulite*. Les mystères autour de l'assassinat de Pasolini n'étaient pas dissipés. Il s'inquiétait : le monument littéraire et politique, porté sur un piédestal pour avoir toujours dénoncé les tares du pays, qui disait vouloir le fuir tant le spectacle politique l'écœurait, serait, lui aussi, corrompu ? Mais l'écrivain ne l'était pas. Il ne l'avait jamais été. Il avait été tout à fait blanchi. Il n'y avait donc pas eu d'affaire Moravia ? « *Entro Carla* », m'avait répondu, sibyllin, le journaliste auprès de qui je m'étonnais. Il avait haussé les épaules, avant de se lever et de prendre congé. « *Entro Carla* ? » J'ignorais alors qu'il s'agissait des premiers mots des *Indifférents*, aussi célèbres en Italie qu'en France, notre : « Longtemps je me suis couché de bonne heure. »

Les mariés du pape

Il faut ouvrir l'œil quand on se promène le mercredi après-midi dans Rome. On aperçoit quelquefois de curieux couples de mariés. Ils courent d'un monument à l'autre pour se prendre en photographie, parfois seuls, parfois accompagnés de la famille, parfois d'un enfant comme celui que je venais de croiser sur le pont du château Saint-Ange. Elle était habillée dans une robe de mariée un peu défraîchie, trop petite pour elle – une de ces robes copiées sur celle de la reine des Neiges ou d'un bal de Cendrillon. Son mari, en costume de cérémonie, un peu hagard, mal à l'aise dans son accoutrement, l'enlaçait pour prendre la pose devant une femme – la mère ou la belle-mère – qui tenait un bébé dans un bras et, de sa main libre, tentait de cadrer sa photo. Ils n'ont pas été les seuls que j'ai surpris ainsi, dans Rome, mariés sans la noce autour d'eux, dans des robes et des costumes qu'on aurait dit empruntés. Ce même jour d'octobre, piazza del Popolo, devant la fontaine que domine la terrasse du Pincio, un autre couple de mariés se prenait en photographie. Il faisait frais, presque froid mais la femme restait stoïque dans sa robe bustier qui n'était pas du jour, appliquée à discipliner son voile que le vent chahutait pendant les poses. Ils avaient à côté d'eux, un peu loin pour qu'elle n'entre pas dans le champ, une petite valise et un manteau qu'elle surveillait du coin de l'œil. J'ai fini par avoir la clef de l'énigme qu'étaient pour moi ces épousés, bien loin des couples de Japonais qu'on croise aussi, mais impeccables, tirés à quatre épingles, accompagnés de leur photographe et de leur *wedding planner*. Le mercredi après-midi, le Vatican reçoit les couples qui ont demandé que leur mariage soit béni par le pape. Ils ont confié leur vœu au curé de leur paroisse qui les a unis, et qui les a adressés au secrétariat du Saint-Père. Parfois, le prêtre regroupait les demandes ; lorsqu'elles étaient acceptées, on affrétait un autocar. Les vieux jeunes mariés et la famille qui les accompagnait, tout endimanchés, partaient alors pour Rome. Mais l'énorme bureaucratie pontificale met toujours un certain temps à répondre ; parfois, une ou deux années. Alors, quand la mariée ressort la robe de sa housse et le mari son costume, précautionneusement conservés pour l'occasion, il arrive que les vêtements aient un peu jauni, ou que l'épouse ait pris du poids et son époux de la bouteille, et parfois qu'ils s'aiment un peu moins. Pour beaucoup, Rome est la première visite dans la capitale, voire le premier voyage hors du village des Abruzzes, du Basilacate ou des Marches. Après la bénédiction pontificale, donnée sur l'esplanade de la basilique Saint-Pierre s'il fait beau, tous les mariés s'envolent dans la ville pour un marathon photographique. Puis ils retournent au parking du Vatican où se garent les autobus – ceux qui amènent des pèlerins, d'autres une fanfare de Sicile ou des jeunes scouts de Campanie. On se change en riant, avec pudeur, chacun son tour dans le car transformé en cabine d'essayage. La robe, le voile et le costume sont pliés dans les housses et les valises. Tout le monde reprend sa place. Et enfin, on démarre, retour au domicile conjugal, riches d'une bénédiction certifiée par un beau document aux armes de Saint-Pierre et quelquefois aussi, avec de belles ampoules aux pieds.

Cadran solaire

À Rome, le soleil décide des rendez-vous. « Dès que le soleil tourne, paysage et couleurs, tout change. Lorsque sonne l'*Ave Maria*, on se rend à l'église de Trinita dei Monti où chantent les religieuses françaises, et c'est quelque chose de ravissant », écrit Félix Mendelssohn. Certes, la ville est toujours belle et sous tous les angles, mais bien plus dans la lumière à flots qui incendie ses rouges et ses orangés, ses ocres et ses roses. Ses teintes s'irisent de nuances différentes selon qu'on est à l'aube ou au crépuscule. Ses ciels aussi, avec, au soir surtout, les nuages d'étourneaux qui dansent, se font et se défont, s'étirent, se ramassent encore, et se sculptent seuls dans l'azur. Et ses toits ! Coupoles, campaniles, clochers, terrasses, ses marbres et ses tuiles – la plus belle canopée du monde. Plus splendide encore lorsqu'on laisse le soleil décider de la mise en scène, et à ses heures. Le matin, la terrasse de la villa Borghèse, sur le Pincio, ou depuis la Trinité-des-Monts en haut des escaliers de la place d'Espagne – les plus jolis escaliers qui soient. Et si l'on a couru la ville toute la nuit, alors, pour recevoir les premiers rayons du soleil, c'est au pied de la monumentale fontaine dell'Acqua Paola, la Fontanone comme l'appellent les Romains, au sommet du Janicule, qu'il faut s'asseoir, le visage au soleil et dans un contrejour divin qui dédouble la ville – une autre Rome, toute d'ombres se dessine à vos pieds et s'allonge. Au tomber du jour, le pont Saint-Ange, alors la courbe du Tibre, le dôme de Saint-Pierre et par-dessus les palais qui bordent le quai, sur les hauteurs, les pins parasols du Vatican. Dans la journée, sur le Janicule, après la découverte des chefs-d'œuvre de San Pietro in Montorio, debout en haut des marches qui mènent au seuil de l'église, où en promenade sur l'esplanade en terrasse qui l'entoure. « Le plus beau panorama urbain du monde », écrit Stendhal. Et cent autres terrasses encore mais il en est une que je privilégie, le soir, pour contempler la ville dans l'embrasement du coucher du soleil. La terrazza Caffarelli, sur le toit des musées capitolins que la présence d'une cafétéria – le Caffè Capitolono – tient ouverte aux visiteurs.

Promenade

La *passegietta*, à Rome, au milieu des familles et des amitiés – jeux de ballon, bébés dans les poussettes, voitures à pédale conduites par des adolescents rieurs et parfois terrorisés dans les pentes –, c'est à la villa Borghese, « ouverte à tout le monde et pourtant jamais encombrée par la foule » que les Romains s'y adonnent. C'est qu'il y a de grandes allées en étoile, des niches cachées, un amphithéâtre complice, des buvettes où les amoureux se donnent rendez-vous pour leur premier baiser. Laissons encore la parole à Henry James. Le parc, et ses trésors, dont il est question ici, n'ont pas changé depuis ses lignes :

> Le sourire de Rome, comme je l'ai appelé, dont l'insidieux message s'adresse aux vagabonds irresponsables enclins à prendre les choses comme elles viennent, apparaît avec le premier souffle du printemps, puis croît et grandit à mesure que la saison avance, jusqu'à tout envelopper de son multiple charme. Alors vous ne pouvez rien faire de mieux que d'aller souvent à la villa Borghèse vous asseoir dans l'herbe – sur une couverture épaisse – et en surveiller l'exquis développement.

Le cimetière acatholique

On peut s'étonner de la présence, sur une façade blanche et pêche de la place d'Espagne, au pied des escaliers, d'une affiche indiquant un musée Keats et Shelley. Est-ce parce que ces poètes britanniques, si romantiques, sont morts tous les deux en Italie ? Leur décès a inspiré à leurs admirateurs ce lieu de commémoration de leurs voyages, de leurs œuvres, et de leurs trop jeunes années. Percy Shelley perdit la vie à trente ans, noyé au large de Viareggio, dans une tempête où son léger bateau fit naufrage. Keats, qui était son ami et qui lui rendit visite à Lerici, ainsi qu'à sa femme Mary – l'auteur de Frankestein – vécut dans cet immeuble. Je suis allée visiter le musée, bien plus, dans un premier temps, pour découvrir à quoi ressemblait un appartement dans ce vaste palais, que par dévotion pour ces deux poètes. J'en suis sortie profondément émue. John Keats était mort ici. Il avait rendu son dernier souffle sur ce lit étroit, à vingt-cinq ans seulement, le 23 février 1821. Il était venu en Italie, puis à Rome avec l'espoir que le soleil guérirait sa tuberculose – le mal de son siècle. Il s'était entouré de portraits de ses proches. Celui de Fanny, son amoureuse, de ses parents. Il y avait encore ses manuscrits, quelques lettres de sa correspondance. Et ce ne fut pas la belle bibliothèque, si *british*, qui m'a touchée, mais la présence palpable du jeune homme dans cette pièce, l'intimité à quoi elle nous obligeait avec lui, avec sa poésie si délicate, puissamment romantique. Il avait écrit à Fanny : « Je rêve que nous sommes des papillons n'ayant à vivre que trois jours d'été. Avec vous, ces trois jours d'été seraient plus plaisants que cinquante années d'une vie ordinaire. » Son rêve avait été exaucé sans que son amour fût à ses côtés. John Keats a été enterré à Rome, au cimetière acatholique puisqu'il était anglican, appelé aujourd'hui Campo Cestio. C'est un cimetière qu'il faut aller hanter tout un après-midi – un des lieux de la ville mystérieux, habité. Il se trouve porte San Paolo, au pied de la pyramide de Cestius et du mur d'Aurélien. On ne peut pas le manquer, à cause de la pyramide toute de blocs en marbre de Carrare, et qui se dresse là depuis deux mille ans. Caius Cestius Epulo était un prêteur romain qui voulut sa sépulture ici et l'érigea en 20 avant J.-C. Cestius vouait, comme tous les Romains de son époque, une admiration sans pareille à l'Égypte qu'Auguste avait intégrée à son empire. La pyramide dut à son étrange situation – prise dans le mur défensif de la ville construit deux cent cinquante ans plus tard – de n'être pas détruite, comme le furent beaucoup d'autres monuments d'inspiration égyptienne. La légende qui l'entourait la préserva aussi : longtemps les Romains pensèrent qu'elle était la tombe de Remus et Romulus. On entre le cœur serré dans ce cimetière qui fut installé ici, hors des murs de la ville, pour que les étrangers non catholiques et les suicidés puissent trouver, à Rome, une sépulture décente. Le premier des défunts fut George Langton, étudiant d'Oxford, enterré en 1738. On marche dans ses allées recueillies, romantiques aussi avec leurs cyprès, les pins parasols, les stèles sobres de marbre blanc, les mausolées et les statues, le lierre au mur, le fouillis de fleurs entre les tombes – des iris, des narcisses et des marguerites – les buissons de lauriers-roses. Au loin une vieille tour crénelée et rouge, le marbre de la pyramide. Il y a la tombe d'Emelyn Wetmore Story, pour qui son mari sculpta sa dernière œuvre, un bel ange en marbre blanc, éploré, à genoux devant la stèle. Il y a celle de Gramsci, celle du fils de Goethe. Il y a celle de Percy Shelley où ont été déposées ses cendres. Byron et Mary Shelley avaient incinéré son corps sur la plage. Son cœur refusa de brûler. Cette beauté, cette douceur, les chats qui ont ici leur refuge et se couchent sur les pierres tombales, consolent de la tristesse éprouvée dans la chambre mortuaire de Keats. Sa sépulture ressemble à sa poésie, aérienne, florale, emplie d'oiseaux. « *Beauty is truth, truth beauty – that is all / Ye know on earth, and all ye need to know.* » C'est une stèle toute simple, posée sur du gazon. À côté de Keats, il y a la tombe jumelle de l'ami dans les bras de qui il rendit l'âme, le peintre Joseph Severn. Sur la pierre tombale de John Keats, on a gravé une lyre, et comme il le demanda, cette épitaphe : « Ici repose celui dont le nom était écrit sur l'eau. »

D'un saint sylvestre à l'autre

J'ai souvent été envoyée à Rome par le journal pour lequel je travaillais pour enquêter sur les rumeurs qui voulaient que le pape Jean-Paul II meure dans les jours à venir. Le cardinal Etchegarray me rassurait sur l'état de santé du Saint-Père et j'allais aussitôt vérifier ce bulletin à Saint-Jean-de-Latran, qui fut consacré en 324 par le pape Sylvestre Ier – ce même Sylvestre dont nous célébrons la fête lorsque nous passons d'une année à l'autre. Saint Sylvestre Ier fut le trente-troisième pape de la chrétienté, chiffre symbolique s'il en fut pour les chrétiens ; pape emblématique aussi puisqu'il convertit l'empereur Constantin qu'il guérirait de la lèpre en le baptisant : pape du concile de Nicée, saint Sylvestre a, en quelque sorte, instauré le christianisme comme religion licite de l'Empire romain. Mais ce n'est pas lui qui m'attirait vers Saint-Jean-de-Latran, après ma visite à la résidence du cardinal. C'est son successeur, par le nom du moins : Sylvestre II, élu en 999 – le pape de l'an mil. J'entrais alors dans l'énorme basilique. Après la génuflexion et le signe de croix de rigueur, je m'engageais dans la nef centrale, puis je me faufilais vers le deuxième pilier sur la droite, qui enchâsse le sarcophage de Gerbert d'Aurillac, *alias* Sylvestre II. Là, je passais longuement la main sur les pierres de la colonne comme sur le sol qui l'entourait. Ouf ! Je n'y décelais pas la moindre trace d'humidité, pas la moindre alarme hygrométrique, rien d'un début de buée, ni des prémices d'une quelconque exsudation du sarcophage. La poussière que j'en retirais me réconfortait : tout allait bien pour Jean-Paul II. Je n'ai pas été la seule à procéder à ce rituel. Déjà, le 13 mai 1981, lorsque le pape avait été victime d'un très grave attentat, de nombreux fidèles s'étaient précipités à Saint-Jean-de-Latran pour tâter et palper le sarcophage, les pierres et les mosaïques de marbre au pied du pilastre. C'est qu'une légende veut que le tombeau de Sylvestre II suinte lors du décès d'un cardinal, et qu'il inonde le sol à la mort d'un pape. Mais pourquoi cette fable, autour de ce souverain pontife français qui fut remarquable à bien des points de vue ? Sans doute parce qu'en surcroît de ses qualités de pasteur universel de l'Église, Sylvestre II fut aussi philosophe, mathématicien et musicien. Il remit à l'honneur la culture antique bien avant la Renaissance. Il fut d'ailleurs le premier introducteur d'Aristote en Occident, et un propagateur des œuvres de Virgile, de Cicéron et de Boèce. Il écrivit un traité, *Sur le raisonnable et l'usage de la raison*, et mit à l'œuvre le système de numérotation décimal et les chiffres arabes. Il rédigea aussi un traité de géométrie. Grand musicien, il établit les divisions musicales qui nous sont familières – tons, demi-tons, bémols et dièses. Il élabora même un orgue hydraulique qu'il installa dans la cathédrale de Reims. Ce fin érudit et remarquable politique rêva à l'instauration d'un empire chrétien universel où le pouvoir du prince serait uni à celui de l'Église, comme le firent, en s'alliant en leur temps, saint Sylvestre Ier et Constantin Ier le Grand. Sa mort prématurée, en 1003, brisa ce projet mais... ni son aura ni son charisme. Les adversaires de l'Église, jaloux de sa popularité, commencèrent aussitôt à répandre le bruit que ce pape, si déterminant dans le renouveau de l'Occident chrétien, tenait sa science et sa culture d'un pacte avec le diable. Le pape serait donc un magicien ! On commença à chuchoter qu'à sa mort, son corps avait été dévoré par les corbeaux et qu'en fait, son tombeau était vide. Quelque cent cinquante ans après le décès de Sylvestre II, l'historien Giovanni Diacono reprend les fables qui s'attachaient au nom de Gerbert d'Aurillac et affirme qu'à la veille du décès du prochain pape, un flot d'eau pure ruissellerait du tombeau, signe irrécusable de sa sorcellerie. La calomnie, qui incriminait gravement un successeur de Pierre, se répandit tant et si bien que quelque six siècles plus tard, le pape Innocent X décida de la faire taire. Il demanda l'ouverture du tombeau de Gerbert d'Aurillac. Au lieu d'un tombeau vide, les enquêteurs découvrirent le corps intact de Sylvestre II, magnifiquement conservé, resplendissant dans ses habits pontificaux, coiffé de la tiare et les bras en croix. Le corps resta ainsi quelques instants – le temps que l'air ambiant le corrompe et que d'un seul coup, il retombe tout entier en poussière. L'histoire a inspiré de nombreux écrivains, dont Jules Michelet et Victor Hugo. Quant à moi, je n'ai pas pu vérifier si un fluide inondait la pierre de Saint-Jean-de-Latran lors de la mort d'un pape. Pour celle de saint Jean-Paul II, je n'étais pas à Rome. Mais qu'une eau pure ait inondé les yeux de millions de fidèles, oui, je l'ai constaté.

Rome avant la Renaissance

Parler de « la Rome des papes », c'est faire surgir les figures de Jules II et de ses successeurs. C'est à eux, effectivement que Rome doit beaucoup de ses églises, palais, fontaines et obélisques, ses places théâtrales et ce dessin urbain tel que, de nouveau, tous les chemins ont mené à Saint-Pierre. En vérité, Jules II fut l'héritier du long travail de reconquête mené par ses prédécesseurs, déterminés à faire du Vatican le cœur des États pontificaux, et de Rome la capitale de la chrétienté. La gloire de l'une signant la puissance de l'autre. On imagine mal ce qu'il fallut de génie visionnaire pour qu'en moins d'un siècle, ce gros bourg médiéval, sale et dangereux, véritable ossuaire de l'Antiquité, retrouve son lustre, ni ce qu'il fallut aux papes de détermination pour y asseoir leur pouvoir à leur retour d'Avignon. Nicolas V est l'initiateur véritable de cette renaissance. Ce Romain, érudit, habile diplomate, comprend tout le parti qu'il peut tirer du courant humaniste alors en vogue : associer l'image de la Rome impériale à celle d'une Rome pontificale, dont le pape serait le souverain. L'actualité le lui inspire : le concile de Bâle (1449) vient de consacrer le retour à la monarchie dans l'Église ; avec l'humanisme et la redécouverte des auteurs grecs et latins, on exalte la beauté de l'Antique. Puisque l'historien Flavio Biondo prône l'urgence d'une « *Roma restaurata* » et qu'Alberti, l'inventeur de la perspective, procède à un relevé des ruines, Nicolas V lance un vaste programme de fouilles. On exhume des statues – celle du Laocoon –, des colonnes, des temples – tout ce qui pouvait redonner au peuple romain la fierté de sa grandeur passée. Et d'esquisser les plans de la Rome monumentale que Nicolas V rêve de construire. Il n'en a pas encore le pouvoir. Le pape n'est souverain ni sur le peuple, ni sur le corps ecclésial. L'opposition des uns et des autres est frontale. Aussi, pour assurer sa sécurité au sein même de la curie, Calixte III (1455-1458), le successeur de Nicolas V, octroie la barrette cardinalice à deux de ses neveux. Parmi eux, l'Espagnol Rodrigue de Borjia y Llançol, qui deviendra le pape Alexandre VI. Ce népotisme – qui sera violemment reproché à la papauté par Luther – est amplifié par le successeur de Calixte, Sixte IV (1471-1484). De son vrai nom Francesco della Rovere, le nouveau pape consolide son pouvoir en plaçant d'emblée ses quinze neveux à la curie, au nombre desquels le futur Jules II. Rassuré par cette nouvelle garde prétorienne, Sixte IV reprend le grand projet urbanistique de Nicolas V. Sa mise en œuvre devient le but de son Pontificat : manifester le pouvoir spirituel de la papauté en exaltant ses racines romaines et en l'appuyant sur l'art et sur la science. Affirmer son pouvoir temporel en créant une Rome qui reflète sa puissance.

Partout, dans la ville, on se met à construire. Des palais, certains commandés par les cardinaux qui ne veulent pas être en reste, ainsi le palais de Venise. Des monastères, de nouvelles églises, un nouveau pont, le Ponte Sisto, pour désenclaver le Vatican. Et, pour le neveu du pape, Raffaele Riario, un palais audacieux et imposant, qui deviendra le palais de la Chancellerie pontificale, où s'exprime avec audace et pour la première fois à Rome le style Renaissance. Sixte IV restaure l'aqueduc romain de l'Acqua vergine. Quelques fontaines surgissent au milieu des places. Au Capitole, il fait installer sur la façade du palais des Conservateurs l'emblématique louve de Rome qu'on vient de retrouver dans les fouilles. Enfin, il agrandit le palais du Vatican où il construit une vaste bibliothèque et une chapelle qui porteront son nom. En 1481, il confie aux artistes ombriens et toscans qui ont fait la gloire de Florence – Rosselli, Botticelli, Ghirlandaio, Le Perugin, Pinturicchio – le soin de les décorer. C'est le chantier le plus spectaculaire de la fin du siècle, mené tambour battant et achevé deux ans plus tard, en 1483. Chacun des artistes a respecté le strict cahier des charges du pape : exprimer la vision politique de la papauté que Sixte IV veut imposer aux membres de la curie et aux hôtes étrangers. Le pape n'est plus seulement « *persona christi* », désormais, il est aussi le chef de l'Église et son législateur, comme le fut Moïse. Pour trouver le financement à ses vastes entreprises, Sixte IV organise dans Rome des pèlerinages aux saints, multiplie la vente des charges de la curie et annonce le grand jubilé de 1475, assorti d'une vente massive d'indulgences. « Le pape n'a besoin que d'une plume et d'un peu d'encre pour acquérir les sommes d'argent dont il a besoin », résume-t-il dans un courrier.

Mais ces chantiers, dont du Bellay s'émerveille dans ses *Antiquités de Rome*, excitent la convoitise et l'opposition des « familles » romaines. Dans le même temps, l'hiatus entre l'Église du Christ et l'Église des papes dérange le peuple, habitué à l'image du pape « eucharistique » qu'avaient instaurée les législateurs du XIIIe siècle. Rome gronde. Les vieilles rivalités avec Milan et Florence, jalouses de leur suprématie, se réveillent. Les puissances étrangères, la France surtout, la France détestée, manifestent leurs appétits de conquête. Les barons profitent des turbulences politiques pour reconquérir la ville. De nouveau, il ne reste au pape que le mouchoir de poche du Vatican.

César Borgia – le modèle avoué du *Prince* de Machiavel – comprend que si le sort de la papauté est lié à celui de Rome, celui de Rome est dépendant de la puissance des États pontificaux, largement spoliés au temps d'Avignon. Il se lance dans leur reconquête tandis que son père, Rodrigo, élu sous le nom d'Alexandre VI (1492-1503), œuvre pour restaurer l'aura du souverain pontife dans le jeu international. C'est Borgia qui partage le monde entre les Espagnols et les Portugais. S'il est beaucoup moins sensible à la gloire de la Rome impériale que ses prédécesseurs, le pape espagnol est travaillé par l'idée d'imposer la pérennité du pontificat, et avec elle, l'image d'un pontife conçu comme un prêtre-roi. Pour la première fois, un pape reconnaît officiellement ses enfants et les installe dans le palais pontifical. Et tandis que son fils César se charge d'élargir les États pontificaux aux dimensions de l'Italie centrale, comme de reprendre la ville aux barons qui la tiennent, Alexandre VI, pour briser le pouvoir des cardinaux, décrète la non-hérédité de leurs biens. À leur mort, tout revient au Saint-Siège. Pourquoi avons-nous d'eux une si sombre image ? La réputation sulfureuse des Borgia tient plus de la légende que de l'histoire. La haine de Jules II et la propagande calomnieuse de Luther en sont responsables. La nationalité de Rodrigo fit le reste : traumatisés par le départ des papes à Avignon, dû à l'élection d'un Français, les Italiens acceptent mal celui qu'ils appellent « le Catalan ». Quant aux Romains, matés par l'épée de César, ils se vengent à coups de pamphlets et de caricatures injurieuses. Le mythe est né. Alexandre VI n'est pas un saint pour autant. Il aimait le luxe. Il se préoccupe aussi d'embellir les appartements du Vatican où il installe sa famille – et sa maîtresse. On se souvient du cri de Flaubert après sa visite des lieux : « Quels messieurs ! Comme ils se sont arrangé leur maison ! » Le pape demande à Bernardino di Betto, dit le Pinturicchio, d'en composer les fresques. Ce sera le chef-d'œuvre de l'école ombrienne. Et lorsque le premier chargement d'or du Nouveau Monde – découvert le jour de son élection – parvient à Séville, le pape Borgia l'utilise pour faire peindre d'or le plafond à caissons – signé Sangallo – de la basilique Sainte-Marie-Majeure.

Et puis vint Jules II (1503-1513). « Le » pape, celui qui va pleinement accomplir la Renaissance de Rome. En dix ans de pontificat, celui qui fut fait cardinal par son oncle décide de marquer son règne par le geste le plus audacieux qui soit : raser l'antique basilique de Constantin, totalement délabrée, et doter la papauté et le tombeau de Saint-Pierre d'un temple digne d'être reconnu comme le cœur de la chrétienté. Il sera achevé cent vingt ans et dix-huit papes plus tard. Quoiqu'il ait haï Borgia, Jules II parachève son œuvre d'élargissement du pouvoir pontifical, seule sauvegarde de l'indépendance spirituelle de la papauté à ses yeux. S'il chasse César Borgia d'Italie, c'est pour mieux continuer son entreprise de reconquête. Dans la ville, il reprend les chantiers de Sixte IV et invite, avec un goût sûr, les génies de la Renaissance artistique à y collaborer : Bramante, Michel-Ange et Raphaël. Lorsqu'il meurt, Jules II laisse à son successeur, le dispendieux Léon X, fils de Laurent de Médicis, le dessin du Vatican que nous connaissons et des artistes pour continuer son œuvre, grâce auxquels Rome éclipse enfin Florence. Les successeurs de Jules II vont dès lors parachever l'embellissement et la rénovation de la ville. Alexandre Farnèse, élu sous le nom de Paul III (1534-1549), fait abattre les maisons lépreuses du Champ de Mars. Il construit le palais Farnèse, dont il confiera la décoration à Vignola et à Della Porta. À Michel-Ange, il commande une nouvelle place pour le Capitole et la fresque du *Jugement dernier* dans la chapelle Sixtine. Et, parce que l'orage menace Rome avec la pression des

Turcs, les velléités belliqueuses de Charles Quint et la contestation de Luther, Paul III convoque le concile de Trente qui met un terme à la suprématie des cardinaux. La Réforme allume ses premiers incendies au nord de l'Europe. Elle alimente la fronde du peuple romain que travaille la terreur de l'enfer et de la fin des temps. Les papes, s'ils sont corrompus, entraîneront-ils toute l'Église dans les enfers ? À cette violence, à cette contestation, Sixte Quint (1585-1590) trouve une réponse magistrale : faire de Rome la capitale de la Contre-Réforme, où sera réaffirmé tout ce que conteste Luther – la liturgie, l'art à son service, le culte des saints. Sixte Quint est en cela le dernier grand pape de la Renaissance. Celui qui ouvre aussi l'ultime chantier de Rome. Un chantier grandiose et « sacré » qui lui vaudra le nom de « pape Urbaniste ». Sur les plans de Domenico Fontana, Sixte V ouvre des avenues qui relient les basiliques à celle de Saint-Pierre. Marque les places avec des obélisques surmontés d'une croix. Achève la restauration de l'aqueduc romain, crée vingt-sept fontaines, des places, de nouvelles églises et agrandit la bibliothèque Sixtine. Enfin, il ouvre considérablement la ville au ciel, en bâtissant les sept collines romaines qu'il dote de palais, d'églises et de jardins de rêve.

Avec lui, Rome est entrée dans l'éternité.

Rencontres romaines

La commémoration des cent ans de Federico Fellini m'a ramenée à Rome, qu'il a aimée comme une déesse fantasque oscillant entre indiscipline chronique et docilité cruelle. Je suis étonnée qu'il ne soit pas fêté avec plus de pompes. L'hommage se résumait, à quelques rares exceptions près, à une exposition programmée pour un mois à la bibliothèque Angelica, où serait présentée une sélection d'images, photos, tournages et films, sous le titre : « Federico Fellini. Ironique. Railleur.

Et centenaire. » Mes amis me disent que je devrais plutôt aller à Rimini, sa ville natale, dont il fit le décor de son film *Amarcord*, et qui le considère comme un de ses plus illustres enfants. D'ailleurs, on était en train d'inaugurer là-bas un musée consacré à son œuvre, et on avait préparé une énorme *mostra* qui allait faire le tour de la Péninsule pendant l'année entière. Et tous de m'assurer, autour d'un verre de bienvenue, que le réalisateur, qui incarne comme nul autre « la » Ville et le cinéma italien, serait un peu passé de mode auprès de la nouvelle génération. « Et Cinecittà ? » où il avait tourné la presque intégralité de ses films ? « Oui, tout de même, ils prévoyaient de célébrer le maître avec une installation conçue par un de ses amis, un ancien collaborateur, Dante Ferretti. Ça s'appellerait *Le Livre des rêves.* » J'espère que cette légère désaffection des Romains pour Fellini n'est qu'une éclipse – comme si Rome pouvait tomber en désuétude ! Comme si le rêve cessait d'être la nourriture de l'homme – cette créature douée d'enthousiasme et d'angoisse et que l'aile de l'ange pouvait un jour frôler. « Lorsque j'avais six ou sept ans, j'étais convaincu qu'il existait deux vies, l'une où l'on vivait les yeux ouverts et l'autre les yeux fermés », confessait le cinéaste. Aussi, dès l'aurore, l'enfant Fellini s'appliquait-il à noter ce que sa mémoire avait retenu de son existence nocturne et parallèle. Adulte, il a continué son récit, mais c'était à sa caméra qu'il confiait le soin de fixer le monde qui le hantait la nuit, et qu'il projetait alors dans ses films, en taillant ses personnages dans le tissu de ses songes. Puis il a cherché dans la permanence de Rome le principe mystérieux du rêve, qui soutient le réel tout en paraissant le nier. Comment douter que ce qui l'attachait à la Ville éternelle ait été son éternité même, qu'il ne pouvait retrouver qu'en explorant son passé ? Marcello Mastroianni, son double à l'écran, pour ne pas dire son avatar, me l'a fait entendre un jour que j'étais à Rome.

J'étais allée interviewer Vittorio Gassman qui m'avait longuement parlé de la dépression qui l'avait accablé – « Je suis trop lâche pour me donner la mort, mais tous les soirs en m'endormant, je priais le ciel de ne pas me réveiller le lendemain » – et dont il se relevait à peine, puis du métier de comédien et de son paradoxe. Lorsque Marcello Mastroianni était arrivé, il avait évoqué sur un ton léger les différences entre l'acteur de cinéma et l'acteur de théâtre. « Le cinéma ? C'est pour les paresseux, n'est-ce pas Marcello ? » Mastroianni, complice, avait joué le jeu. « Au cinéma, il suffit de laisser faire. On m'installe dans une loge. Des jeunes femmes charmantes me pouponnent, me maquillent. Je les laisse faire… » Le lendemain, Gassman m'a emmenée visiter Cinecittà où il avait installé les décors et la scène – hors normes bien sûr – de son nouveau spectacle dans un immense studio désert et Mastroianni nous a accompagnés. Nous avons circulé dans la ville tous les trois, Gassman au volant de sa voiture, une sorte de 4 x 4 avant l'heure, s'amusant à haranguer les chauffeurs de taxis ulcérés – à l'italienne – par le chaos de la circulation et qui, enthousiastes, le reconnaissaient. « Maintenant, je vais calmer le jeu, nous a dit Gassman, alors que trois taxis avaient entrepris de le suivre, *per fare la rivoluzione.* » Et à leur endroit : « *Ciao ciao ! Ci vediamo domani !* » « C'est formidable, a souri Mastroianni, comme les Romains restent intègres, authentiques et… inflammables. Tu pourrais te faire porter au pouvoir d'une façon aussi grotesque qu'un imperator de péplum. » J'étais d'un seul coup propulsée dans un film de Fellini, et plus précisément cette séquence de *Roma* tournée sur le périphérique. L'agitation, les klaxons, les insultes, les embouteillages… tout y était. Et pendant ce temps, les deux acteurs continuaient le numéro bien rodé qu'ils me destinaient. L'un, Gassman, dans le rôle du prince du Nord, ironique et brillant, l'autre, Mastroianni, dans celui du *giullare*, terme intraduisible, ni tout à fait bouffon, ni vraiment jongleur – un

Romain tel que Fellini les avait dépeints, la virilité fatiguée par l'accumulation des siècles, et tout à fait consentants à la fatalité. Nous avions fini par atteindre Cinecittà, endormie, presque vide, énormément hantée par le fantôme du père de la *Dolce Vita*. Le tournage des grandes séries n'avait pas encore relancé l'activité des studios. On répétait la pièce que Gassman avait écrite, *Ulysse ou la Baleine blanche*. Les deux acteurs m'avaient montré le légendaire Teatro 5 studio qui était dévolu au Maître depuis le tournage de la *Dolce Vita*, où il avait entièrement reconstitué la via Venetto, et l'était resté, même si le film avait été, dès sa sortie, interdit par le Parti communiste et la Démocratie chrétienne. « Ça ne l'a pas empêché d'obtenir la Palme d'or à Cannes », sourit Gassman. Et l'ombre de Fellini continuait de palpiter dans celle des starlettes qui apparaissaient de temps à autre, plantureuses et outrageusement maquillées, peut-être attirées par la présence des deux monstres sacrés. « Vous avez vu cette notion barbare de la féminité ? » m'avait dit Gassman. Leurs silhouettes ressuscitaient les *mamma* gargantuesques ou les prostituées railleuses et grasses d'*Amarcord* ou de *La Strada*. Je retrouvais, autour de moi, les mouvements de funambule des récits de Fellini, entre fantasmes débridés et réalité crue, entre visions et constats, entre passé et projections futures. « Eh ! Les songes de Fellini étaient peut-être des rêves prémonitoires », me fit alors remarquer Mastroianni. Je saisis maintenant toute la justesse de ce propos. Fellini a filmé, jusqu'à la parodie, ce qui nous étouffe aujourd'hui – la dissipation de la beauté dans les fumées industrielles, la guerre des femmes contre les hommes, la brutalité des hommes envers les femmes, les excès de la presse à sensation et des paparazzis, la corruption, la télévision commerciale et jusqu'à la décadence des mœurs du Vatican. Il les a projetés sur notre temps avec une lucidité torturée, extravagante et mélancolique ; elle n'a pourtant jamais altéré sa bienveillance pour les petites gens, son amour pour les déclassés ni sa tendresse pour les parias : tout ce cœur fellinien qui déborde dans ses films, et épargne ainsi à son œuvre le désespoir qui la guettait. Comment s'en étonner ? Federico Fellini a toujours laissé ouvert le ciel de Rome. N'était-il pas, *aussi* et d'abord, le scénariste du film réalisé par Roberto Rossellini, le très inspiré *Onze Fioretti de saint François d'Assise* ?

Saint Pierre à Rome

Passé la porte Saint-Sébastien, sur quoi débouche la via Appia Antica que vous suiviez depuis les thermes de Caracalla, aux hauts murs de briques brunes arc-boutés contre une végétation explosive de lierre et de jasmins, la via s'ouvre largement. Bordée d'ateliers désuets, de garages provinciaux, de chats sardoniques, elle plonge vers le sud jusqu'aux catacombes de Saint-Calixte et, plus loin après des ruines rouges dressées sur une prairie et un reste d'aqueduc romain, jusqu'à la succession de sarcophages, de statues et de monuments funéraires – le cimetière des nobles romains. Et toujours ces dalles en opus incertum au sol, et ces pins parasols, et les fantômes des six mille esclaves de l'armée défaite de Spartacus, crucifiés là, et dont les croix s'alignèrent depuis Rome jusqu'à Capoue vers où file la via Appia. Mais bien avant ces lieux, passée la porte San Sebastiano, un *charme* vous a déjà saisi. Sur la gauche de la via se dresse la petite église de Santa Maria in Palmis. Sur sa façade, ces mots, gravés sur une plaque : « *Quo Vadis domine.* » Est-ce le « *Quo vadis* » prononcé par Pierre, devant Jésus qui venait de lui apparaître, alors qu'il fuyait Rome et les persécutions de Néron contre les chrétiens ? À quoi Jésus répondit, comme il est relaté dans les *Actes de Pierre*, « Je vais à Rome me faire une fois encore crucifier ». Pierre avait alors fait demi-tour. Il était reparti pour consentir à son martyre. C'est ici, bien plus qu'à la puissante et formidable basilique Saint-Pierre où sont ses reliques, qu'on ressent la présence de cet apôtre sur qui toute la Rome chrétienne repose. « Tu es Pierre, et sur cette pierre je bâtirai mon Église. » Ici qu'on pèse à son poids de chair l'acte de foi et d'amour qu'il fallut à cet homme pour ne pas abandonner ses frères chrétiens et, une fois capturé, pour demander qu'on le crucifiât la tête en bas, par humilité et respect pour la passion du Christ. Non loin, dans la basilique – bien triste et bien déserte – Saint-Sébastien-hors-les-Murs, on peut se recueillir devant l'autel où sont exposées deux empreintes des pieds de saint Pierre, que certains prétendent être celles de Jésus. Mais l'église où il faut aller, en pèlerinage, sur les pas de l'apôtre, c'est San Pietro in Montorio. Non plus pour la vue dont on y jouit sur Rome depuis son parvis, mais parce que c'est là, dans cette église que Pierre aurait été crucifié. Les rois catholiques d'Espagne avaient fait édifier une chapelle commémorative sur ces lieux, au sommet de la colline du Janicule. On la rasa au XVe siècle pour reconstruire celle dans laquelle on entre par une volée de marches. Déjà, les œuvres exposées dans la nef justifient qu'on s'attarde un après-midi entier à San Pietro in Montorio. Michel-Ange avait dessiné pour son ami Piombo les motifs des deux sculptures que celui-ci exécuta – une *Flagellation*, et une *Transfiguration* du Christ. C'est pour cette église qu'on commanda à Raphaël son dernier chef-d'œuvre, la *Transfiguration*, déplacé plus tard au Vatican. L'une de ses chapelles est l'œuvre du Bernin. Mais le clou de cet ensemble religieux, et le lieu le plus symbolique de la Rome chrétienne, le plus émouvant lorsqu'on pense à saint Pierre, on le trouve dans la cour : le Tempietto de Bramante. Il s'élève sur le lieu même du martyre de l'apôtre. L'édifice le plus harmonieux de la Renaissance, assurent les critiques d'art. On entre dans ce temple parfaitement circulaire après avoir franchi la ronde des fines colonnes qui soutiennent sa coupole. On descend dans la crypte. Exactement au centre du pavement de marbres, est conservé le trou où aurait été plantée, à l'envers, la croix où Pierre fut cloué. À l'envers, Roma se lit Amor.

L'air de Rome

Je lis avec gourmandises le journal de voyage des écrivains qui passèrent par Rome, et parmi eux, celui des plus réfractaires à la foi catholique et à son Église. Et je m'amuse, de page en page, à suivre l'effet de Rome sur leur esprit critique, et sur leurs certitudes. Ernest Renan, plein de positivisme, au premier rang de tous. Raillant cette foi dans ses *Notes d'Italie,* et les superstitions du peuple. Écrivant, péremptoire : « C'est surtout à Rome que la supériorité du paganisme sur le christianisme frappe, quand on voit le rabougri, le béotien s'installer sur le beau. » Et encore : « Les dévotions populaires ici sont charmantes. [...] Il me fait peine de songer qu'il faudra un jour que cela disparaisse. Ces dévotions sont ridicules, mais du moment qu'elles sont pratiquées par le peuple et par les femmes, elles deviennent intéressantes. » Un peu plus tard – le corset scientifique commence à se défaire : « Quand les trois cents églises de Rome carillonnent à la fois, il n'y a pas de philosophie qui tienne, c'est comme si trois cents nymphes agaçaient saint Antoine. Quand on a le sens religieux tant soit peu vif comme moi, cela électrise. » Et finissant par écrire, devant Saint-Pierre et la ville : « Cela est divin. J'ai senti cela d'une façon ineffable. Toute cette Rome est un ensemble unique, comme La Mecque. » Sainte-Beuve, l'agnostique, le désenchanté, lors de son court et unique voyage en Italie, éprouve de son côté « une certaine douceur fondue et tout italienne » : « Saint-Pierre que je viens de voir, m'aura appris à ne pas trop dire de mal en détail des mauvaises qualités et du mauvais goût. Il y a un certain degré de puissance, d'ordonnance et d'abondance qui couvre tout ce qui désarme ! Cela va ici à la sublimité. C'est comme pour le gouvernement papal de Rome même : tout ce mélange de faux et de pompe a fait par moments une sublime grandeur. »

Thérèse à Rome

Mon éditeur italien a choisi la sculpture du Bernin pour la couverture de mon livre, *La Passione di Teresa d'Avila*, et puisque j'étais à Rome, je suis partie à la recherche de la statue dont j'avais pris connaissance pour la première fois en couverture du livre de Georges Bataille, *L'Érotisme.* Non, ce n'est pas celle qui se dresse en majesté à l'entrée de la basilique Saint-Pierre, et qui représente la sainte debout, la plume à la main, recueillant les pensées inspirées par le ciel qui firent son *Château intérieur.* Elle n'est pas non plus dans l'église qui lui est consacrée dans le quartier Pinciano, construite au début du siècle dernier. Elle est visible dans l'église Santa Maria della Vittoria. J'ai aimé, de cette sainte, qu'elle se soit dressée contre l'esprit de défaite qui enténébrait son siècle. Et je ne cesserai jamais de m'étonner qu'on ait d'elle, en France, l'image d'une femme aride et jaune comme un os de seiche, quand il y eut peu de mystiques aussi sensuelles dans leur conception de la vie, de la foi, et de la prière. Outre les délices qu'elle m'a offertes à la lecture de son *Château intérieur*, outre la façon dont elle m'a fait toucher au plus près la compréhension du mystère de la Trinité, outre l'exemple de vie et de courage insolent qu'elle nous a légué, je garde d'elle le défi qu'elle m'a lancé par-delà les siècles : « *Ir adelante* », aller de l'avant. « Aventurer nos vies », avec joie et éclat. « Le monde est en feu, et le monde a besoin d'amis forts. » Voici quelques-unes de ses injonctions, en viatique pour la journée, alors que je prends le chemin de la via Venti Settembre où se dresse l'église et en son chœur, la statue : « Dieu ne se gagne que par l'amour. » « Il ne s'agit pas de craindre mais de désirer. » « Nul ne se perd sans le savoir, et nul ne reste dans l'erreur sans le vouloir. » Le plaisir à l'idée d'aller voir, de mes yeux voir, la si fameuse statue du Bernin était décuplé par les lignes d'André Fraigneau, découvertes le matin même : « Les confessions de sainte Thérèse d'Avila sont des Saisons en Paradis. » Dans la nef surchargée de marbres et de dorures, il était impossible de ne pas l'apercevoir tout de suite, tant la chapelle Cornaro, du nom du cardinal qui commanda sa décoration au Bernin en 1646, l'impose au visiteur. Au-dessous d'un éclairage savamment mis en scène derrière un faisceau de rayons dorés, toute en hauteur, voilà sainte Thérèse quand elle vécut l'expérience de la Transverbération – son cœur fléché par la pointe d'amour de l'ange – en avril 1560. Il n'y avait que ce virtuose du baroque, qui possédait le secret de donner un mouvement, un élan même à la roche, pour transcrire le mouvement de l'âme de Thérèse dans son extase. La composition de marbre est superbe – surélevée sur un nuage de pierre. J'ai saisi au premier coup d'œil l'intention de son créateur, et combien la chapelle d'où on la contemple est le seul endroit qui rende à l'œuvre sa puissance, et sa pudeur suggestive – rien du corps n'apparaît hors la main, abandonnée, et un pied nu qui traduit à lui seul toute la lévitation de l'âme. Rien n'y est froid, le marbre, légèrement rosé donne la touche de vie dans toute l'intensité que fut ce moment de Transverbération. Le reste : un souffle dans un froissé de plis et de marbre, d'ombres et de reflets sous la flèche d'or de l'ange. Dans cette église, au pied de cette statue, toute l'équivoque érotique entretenue par l'exploitation photographique du visage de Thérèse, depuis un angle d'où nul visiteur ne peut la voir, s'effondre au premier regard. Et comme il est curieux encore que le Bernin n'ait pas respecté les indications que Thérèse a données de cet épisode. L'ange ne se tient pas à sa gauche, comme elle le raconte, mais à sa droite. Il ne tient pas la flèche de sa main gauche, mais de sa main droite encore. Sans doute l'emplacement de la chapelle, l'obligation pour le sculpteur d'organiser la scène – Thérèse d'abord et derrière elle l'ange – de façon qu'elle soit vue dès l'entrée dans l'église, expliquent cette liberté. Elle n'entame en rien le sentiment religieux que sa contemplation provoque, ce « recueillement charmé » que les frères Goncourt, dans un style tout aussi baroque, illustrent dans leur roman *Madame Gervaisais* :

> Elle se mit à aller au Gesù. Elle n'y priait pas. À ses lèvres ne montait pas encore une formule de foi, un acte d'invocation, une récitation pieuse, mais elle y restait agréablement dans une vague paresse de contemplation priante. Sa pensée molle s'abandonnait à l'amoureux de cet art jésuite, épandu et fondu comme la caresse d'une main sensuelle – dans le travail magnifique du décor et de l'adoration de la richesse des choses. Elle aimait, sur sa tête, cette voûte, semblable à une arche d'or, fouillée d'ornements, de caissons, d'arabesques, illuminée par des baies où se détachaient, fouettées de soleil, des grâces de Saintes. Elle aimait la fête enflammée de ce plafond où s'enlevait, dans les couleurs de gloire du Bachiche, l'Apothéose des Élus, leur mêlée triomphante sur des vapeurs, pareilles à des fumées d'encens, et qui, débordant de la bordure turgide et gonflée de fleurs, répandaient des lambeaux déchirés du ciel, de vrais nuages arrêtés à la voûte, où de grands anges agitaient des remuements de jambes et des frémissements d'ailes. Cette roulée ondulante, ce milieu palpitant, ce spectacle pâmé, ce demi-jour versé du transparent cerise des fenêtres, et où glissaient ces flèches de lumière, ces rayons visibles, transfigurant de couleurs aériennes des groupes de prière, cet éclairage mêlant un mystère de boudoir au mystère du Saint des Saints, cette langueur passionnée des attitudes enflammées, abandonnées, renversées, ces avalanches de formes

heureuses, ces corps et ces têtes s'éloignant, dans la perspective des tableaux et des statues, avec le sourire d'un peuple de vivants célestes, la suavité partout flottante, ce qui semblait divinement s'ouvrir là d'une extase de sainte Thérèse, finissait par remplir Mme Gervaisais d'un recueillement charmé, comme si, dans ce monument d'or, de marbre, de pierreries, elle se trouvait dans le Temple de l'Amour divin.

Rome hors les murs

J'ai rencontré Umberto Croppi, alors assesseur à la politique culturelle et à la communication de la commune de Rome. « Tu dois aussi voir ce que Rome innove en matière d'art contemporain », m'avait dit ma cousine. Elle regrettait que je sillonne toujours les mêmes endroits, obstinée à y revenir ou à ne prospecter que les quartiers de la Rome historique. Je doutais – et peut-être le redoutais-je – que la ville éternelle ait mis un pied dans le XXIe siècle.

« Là était le défi ! reconnaît Umberto Croppi. Éviter de laisser cette ville devenir un musée, un conservatoire de l'Antique. À chaque époque, Rome a été un foyer de l'art contemporain : considérez le baroque, le futurisme ! Il fallait qu'elle redevienne ce laboratoire de la créativité artistique qu'elle a toujours été, et qui est l'essence même de ce pays. »

La capitale de l'Italie, qui avait toujours su jouer le spectacle de sa grandeur – qu'on songe au Colisée ou à la fontaine Trévi –, s'est ouverte d'un seul coup à l'art contemporain. En 2010, deux musées – spectaculaires – ont vu le jour hors les murs. Deux ? En vérité, plus que cela. Le MAXXI, au nord-ouest, le Macro 1 au nord-est, le Macro 2, au sud, dans le quartier en pleine mutation d'Ostiense. Sans oublier dans le quartier de l'Eur (prononcez « éour »), l'ambitieux Nuage, signé Massimiliano Fuksas, en guise de palais des congrès. Il fallait souligner l'exploit à sa juste mesure. La capitale italienne faisait partie des « mauvais élèves » de l'Union européenne en matière d'urbanisme et de transports publics. Créer de nouveaux pôles, dans une ville diffuse, étalée anarchiquement, et à l'heure de coupes claires dans les budgets culturels, relevait de l'exercice de haute voltige. Aussi, ce vaste programme, au terme d'une décennie de discussions, de plans urbanistiques modifiés, de modernisation des réseaux ferroviaires, était-il à lire comme l'ambition d'une métropole – souvent critiquée pour la pusillanimité de ses projets – de renaître sur la scène internationale de l'art contemporain. L'État avait donc doté « Roma capitale » d'un ovni – le musée national des Arts du XXIe siècle (MAXXI), signé par l'Anglo-Irakienne Zaha Hadid, et planté dans un quartier-dortoir de la petite bourgeoisie, et sur l'angle d'une caserne désaffectée.

« Le MAXXI, je le définirai comme un vertige baroque, m'a dit Pio Baldi, son directeur. L'œuvre de Zaha Hadid est un clin d'œil au style qui triomphe dans la capitale. »

Le MAXXI, dédié en partie l'architecture contemporaine, en partie aux plasticiens contemporains, a rempli son double pari : combler l'absence, en Italie, d'un lieu national égal au Musée de la reine Sofia de Madrid, au Tate de Londres ou au Musée d'art moderne de Mario Botta à San Francisco ; et surtout créer un double mouvement : vers le contemporain dans la ville éternelle, et vers la ville éternelle chez les artistes du monde entier. L'implantation du MAXXI dans le quartier Flaminio est restée fidèle à la tendance des lieux – créer un électrochoc. Déjà, à une centaine de mètres, derrière le nœud autoroutier qui le traverse, l'architectonie de la coupole du Palais des sports conçu par Pier Luigi Nervi, l'une des stars de l'architecture italienne, avait fait couler beaucoup d'encre dans les années 1960. En 2003, ils ont reçu une nouvelle secousse lorsque Renzo Piano signe les trois scarabées de briques et de zinc de son auditorium, regroupés autour d'un amphithéâtre à ciel ouvert. Les espaces verts, la patinoire, la librairie et le vaste café et restaurant de son agora attirent tous les soirs un public bien plus vaste que celui des mélomanes. Flaminio n'est pas le seul quartier hors les murs qu'oxygènent ces créations culturelles, pas plus que le MAXXI n'est le seul musée à inviter l'art contemporain. Derrière la porte Pia, au nord-est du centre-ville, l'architecte française Odile Decq a transformé les deux bâtiments industriels de l'ancienne brasserie Peroni en un vaste musée d'art contemporain, le Macro Nuovo, géré par la ville. Depuis la rue, il ne frappe pas les imaginations, mais il fait exploser toutes les conventions une fois l'entrée franchie. Dans l'agora, le rouge est mis. L'énorme cube asymétrique carmin, comme en suspension, renferme l'auditorium, tandis qu'en pente douce et noire, ou en escaliers et passerelles métalliques, on pénètre aux espaces d'exposition. Les touristes découvrent par la même occasion les richesses de ce quartier qu'ils ne traversaient jamais. Quartier emblématique de l'architecture romaine du XIXe siècle, où d'anciens ateliers alternent avec de beaux immeubles résidentiels et le parc de la villa Adda. Il a permis de révéler un des trésors méconnus des lieux : le quartier de Coppedè et ses délires art nouveau. Mais c'est au sud de la ville, par-delà le mur Aurélien, que s'est opérée la plus importante révolution urbanistique de Rome. Dans le quartier Ostiense, exactement. Entre la pyramide de Cestius et la colline du Testaccio, composée des tessons d'amphores brisées que, dans l'Antiquité, les Romains venaient jeter ici, devenu un lieu de rendez-vous des jeunes noctambules. Sur ce tissu d'une Rome ouvrière et laborieuse, où s'étendaient les halles et les abattoirs, on a installé le « Macro Futuro », le siège de l'Économie alternative et tous ses accessoires, jusqu'au biobar et au biorestaurant, ainsi que l'école d'architecture. La toute fraîche Città dei Giovani, tout comme les facultés de l'université Roma 3 s'y sont implantées. Un peu plus loin, l'ancienne centrale hydroélectrique Montemartini convertie en musée accueille la statuaire du Capitole et joue sur un choc esthétique né du contraste entre les pistons et les machineries modernes, et les fresques de pierre et les bustes de marbre de l'Antiquité.

Flaminio, porta Pia, Ostiense… Il faudrait encore parler de l'Eur (initiales d'« Exposition universelle de Rome ») plus au sud encore. Vitrine monumentale de l'Italie fasciste, ce quartier fut construit dans les années 1930 pour accueillir une exposition universelle programmée en 1942, et dessiné par Marcello Piacentini, inventeur à Rome d'une architecture dite rationaliste. L'Exposition n'aura jamais lieu, mais un incroyable décor sorti tout droit des cartons de De Chirico a surgi de terre : palais de la civilisation du travail, que les Romains appellent le Colisée carré, grandes avenues larges et aérées, un palais des offices, des agoras, un lac, bref, l'ébauche de cette « Troisième Rome » rêvée par le *Duce* et ouverte sur la mer. C'est ici qu'aujourd'hui Massimiliano Fuksas a construit son Nuage, un palais des congrès tout en verre, coiffé d'une structure translucide. Des banques internationales et de grands groupes industriels ont fixé leurs sièges dans le quartier, et une kyrielle de musées y ont été ouverts : musée national des Arts et Traditions populaires, musée de Préhistoire et d'Ethnographie, musée du Haut Moyen Âge, musée de la Civilisation romaine (et ses incroyables maquettes) et musée de l'Astronomie. Les berges du lac, restaurées, paysagées, sont l'une des pistes qu'affectionnent les joggers ; et nombreux sont les citadins qui s'attardent ici en fin de semaine, quand le temps n'est pas assez clément pour poursuivre jusqu'aux plages de Fregene, leurs préférées.

Là ne s'arrêtent pas les rêves d'une Rome rajeunie, ouverte au nouveau millénaire.

Campagnes romaines

Gagnons ce fameux mont Albain, que les Italiens d'aujourd'hui appellent le Monte-Cavo. C'est sur un sommet, à près de mille mètres au-dessus de la mer, que *Jupiter Latialis,* le grand dieu des peuples de l'antique Latium, avait son Olympe. À ses pieds dorment, dans leurs vasques cratéiformes, les beaux lacs Albano et Nemi. Tout autour, les splendides oasis : Frascati, Castel Gandolfo, le fameux bourg pontifical, Albano avec son avenue de chênes verts, Rocca di Papa, Arricie et son magnifique viaduc, Genzano, et enfin Civita Lavinia, dont la tour crénelée commande la coupe abrupte du Nemi.

Ferdinand Gregorovius.

Naples

Dites Naples et le linge vient aux fenêtres, la Mafia dans les ruelles malsaines, le vol à la tire sur les scooters chevauchés par de jeunes voyous. Dites Naples et deux *bambini* morveux, le regard de braise, appuyés sur un mur tuméfié par le temps, sembleront crier toute la convoitise du monde. Dites Naples et des poubelles apocalyptiques débordent sur la voie. Qu'on feuillette le florilège de clichés, au propre et au figuré, et ce sont ces images qui resurgissent. La *mamma* grasse, assise devant la porte de son *basso*, cette pièce en rez-de-chaussée où s'entasse toute la famille la nuit, quand le jour, sur les pavés en pente, elle happe un peu d'air frais, dresse la table, harangue le voisin. Bien sûr, Naples, c'est toujours et encore cela : une population grouillante, une fourmilière qui étale dans les *vicoli* ce que la vie a de plus intime, draps, ordures et drames, et cache dans les recoins ce que sa subsistance exige de plus secret : les vols et les trafics de cigarettes, les complicités délictueuses avec la Camorra et les filouteries des jeunes *banditi*. Cette même plèbe que croquait Alexandre Dumas dans *La San Felice*, ces mêmes gémissements – douleur ou plaisir – qui s'échappaient des pages de Malaparte, ces mêmes odeurs qui tordaient le nez de Jean-Paul Sartre. Naples, « un paradis habité par des diables » écrit Guyot de Merville en 1718.

Mais Naples, c'est bien autre chose. Un éblouissement, un coffre à trésors d'architecture et plus que des murs vérolés, les pierres de lave noire dressées en porches sublimes qui ouvrent sur des palais magnifiques, des envolées d'escaliers invraisemblables, à double, triple révolution : ceux des palais mitoyens de Mastelloni et de Trabucco, sur la piazza della Carità, du palais dello Spagnolo, via dei Vergini, du palais Serra di Cassano, via Monte di Dio et celui du palais Sanfelice, via della Sanità. Il y a ces cours intérieures délabrées et sombres mais où des allégories du XVIe siècle narguent le temps. Naples, c'est le plaisir que prirent ses architectes à privilégier la splendeur à l'utile, le superflu à l'économie. Naples, c'est, au détour d'une rue, la beauté d'une *piazzeta* – piazza del Gesu, piazza de San Domenico Maggiore, édifiée en 1656 pour conjurer le mauvais sort qui frappa la ville de la peste. Naples, ce sont les cloîtres de la via dei Tribunali, tel celui du couvent de San Gregorio Armeno ; le si beau monastère Santa Chiara et ses majoliques entre les quartiers espagnols et le centre historique ; le foisonnement des églises gothiques ou baroques, aux horaires d'ouverture erratiques et dont presque chacune recèle mieux qu'un chef-d'œuvre, un saisissement. Ainsi le Christ voilé de Sansevero dans la fastueuse chapelle du même nom, couché dans son marbre sculpté par Giuseppe Sanmartino. Ou comment faire du marbre un voile et susciter, chez celui qui regarde, l'irrépressible désir de le soulever, pour découvrir le visage du Christ. Ainsi les crânes de bronze de Santa Maria delle Anime del Purgatorio ad Arco. Ainsi, cette surprise, dans l'église San Domenico Maggiore, des énormes malles recouvertes de velours et rangées, comme dans un train, sur les étagères de la sacristie, et qui renferment les cercueils des souverains aragonais et des membres de leur cour, prêts pour un improbable embarquement vers l'Achéron. On aurait tort de circonscrire au quartier de Spaccanopli ou du *centro storico*, à la via de Toledo ou du Tribunali, les délices napolitaines même si, comme l'écrit Roger Peyrefitte, « la vraie Naples, merveilleuse, pittoresque, émouvante est celle de la rue… ».

Il y a la charmante marina du Castel del Uovo, et bien sûr, le très riche musée archéologique où ont été protégés les trésors que les fouilles de Pompéi, d'Herculanum et de la campagne napolitaine ont ramenés au grand jour.

De l'autre côté de l'énorme et hémisphérique place del Plebiscito, à partir du palais Royal, on remonte, par la promenade du bord de mer et ses jardins, jusqu'au Pausilippe – le lieu où finissent tous les chagrins, selon l'étymologie. On s'y rend le cœur résonnant des vers de Nerval, bien sûr. « Rends-moi le Pausilippe et la Mer d'Italie »… C'est là qu'on prend toute la mesure de l'émotion qui gagnait les voyageurs à la découverte de la baie de Naples – une conque de marbre préparée pour y recevoir la mer. « Cela est beau, je ne sais pas dire autre chose, cela est grand et cela est doux ; cela fait plaisir à tout l'homme, cœur et sens ; il n'y a rien de plus voluptueux et il n'y a rien de plus noble. […] On n'a qu'à regarder, à se laisser vivre ; on a toute la vie avec un seul regard », écrit Hyppolyte Taine. Et encore : « Il n'y a pas de mot pour exprimer la grâce et la douceur des montagnes enveloppées dans leur dernière teinte, dans le vague violet de leur robe nocturne. Le môle, la forêt des barques, par leur noirceur profonde, les rendaient encore plus charmantes, et Chiaïa, vers la droite, arrondissant autour du golfe sa ceinture de maisons illuminées, lui faisait une guirlande de flammes. » Ou Hans Christian Andersen qui ne peut plus « détacher les yeux ni les pieds de ce rivage », et dont « l'âme entière est plongée dans le ravissement ». Le spectacle de la mer dans la baie, si palpitante qu'on la croit vivante, a obligé la ville à construire une longue terrasse panoramique le long de la via Petrarca qui mène au Pausilippe pour juguler les embouteillages. Bien sûr, la prolifération d'immeubles modernes sur toute la colline étouffe les grandes villas posées sur les falaises. Il faut faire un effort d'imagination pour voir la côte comme la voyaient Taine, ou Byron ou Stendhal qui se plut à Naples « où l'on est amoureux jusqu'à cinquante ans ». Descendons vite au petit port de pêche de Marechiaro, au bord de l'eau, pour retrouver les sortilèges de la baie, et les heures très heureuses des années 1960. Depuis ses terrasses, sous des pergolas de vignes, on admire le dessin, sur l'horizon, du Vésuve panaché de fumées bleues, du cap de Sorrente et de Capri. L'eau clapote sur les rochers. Les barques des pêcheurs dansent. Et il n'y a pas un bar qui s'abstienne de passer la plus célèbre des chansons napolitaines, composée ici par le poète Salvatore Di Giacomo – *La Fenestella.* Alors, oui, « voir Naples », avant de mourir.

Un grand moment

J'étais à Naples quand est sortie la superproduction hollywoodienne consacrée à Alexandre le Grand réalisée par Oliver Stone. Je suis allée voir ce film – un peu chahutée par mes voisins : je n'avais pas compris que les places étaient numérotées et qu'il était hors de question de ne pas respecter l'attribution de mon siège. Je n'ai jamais autant ri pendant une grande fresque historique. Non que j'aie trouvé le film drôle en soi, mais j'ai été entraînée par le rire énorme qui secouait la salle. Les enfants de la grecque Neapolis se tordaient sur leurs fauteuils à la vision qu'avaient les Américains de leur héros. La scène où Alexandre, couvert d'une peau de tigre, feint un rugissement de lion lors de son repos du guerrier, l'apparition d'Aristote en vieillard inspiré alors qu'il n'avait que trente ans quand il fut engagé par Philippe de Macédoine pour être le précepteur d'Alexandre, celle de Ptolémée en ivrogne précieux et bouclé, portant une sempiternelle couronne et prenant l'air sur le penthouse de son temple... Je ne sais pas si les Napolitains ont jamais autant ri devant les films de Totò, pourtant l'idole de Naples.

Les métamorphoses de Naples

Aujourd'hui encore, la mauvaise réputation de Naples dissuade les voyageurs de lui consacrer les journées entières qu'elle mérite. On ne fait qu'y passer pour embarquer vers Capri, Procida ou Ischia. Les visiteurs d'une heure à peine, d'un jour, s'ils ne grimpent pas sur les *aliscafi*, filent vers Pompéi ou Herculanum, ou respirer les dernières roses de Paestum. Et, sans le savoir, passent à côté d'une des plus belles capitales du monde, cosmopolite dans ses strates, est et ouest à la fois, grecque et normande, espagnole et autrichienne, païenne et chrétienne, raffinée et crasseuse, joyeuse et désemparée, athée et superstitieuse. À Naples, l'homme est indissociable de la pierre, l'art de l'histoire, le rire des larmes.

« Naples n'a jamais laissé personne insensible. On l'aime passionnément ou on la déteste résolument. Ici, on ignore les demi-teintes, m'a dit le réalisateur et metteur en scène Prospero Bentivenga, un Milanais qui a fait le pari de venir s'installer dans cette ville. Les artistes sont adorés ou haïs et, de leur côté, adorent ou haïssent la cité de Parthénope, la petite sirène morte de désespoir sur les rives de la baie parce qu'Ulysse lui avait résisté. La structure de Naples, c'est la même chose : ordures, Camorra, violence, et en même temps, beauté, sourires, générosité. Le cocktail est très stimulant. Il faut créer et produire pour chasser les ombres noires et les parties occultes de la ville. »

Cette démarche est celle du Napolitain, frère de Pulcinella, acteur en diable, pousseur de *canzionetta*. Pour gagner sa vie, ou de quoi survivre pendant la journée, il a développé cette qualité d'intelligence, la *furtizia,* la vivacité et la virtuosité d'adaptation. Naples, c'est aussi une solitude et un courage. Vouloir rester dans la ville et tenter de la restaurer pour lui redonner le lustre qui en fit au XVIIIe la capitale la plus belle et la plus peuplée d'Europe, l'inventrice du premier funiculaire, de la première ligne de chemin de fer, de la première galerie. De nombreux particuliers multiplient les actions pour sauver le centre historique de la ruine. Le directeur de la maison d'édition Intra Moenia, Attilio Wanderlingh, et sa femme, Ursula Salwa, croient dans le pouvoir de la culture pour réveiller la cité et attirer une intelligentsia européenne. Lorsque je les ai rencontrés, place Bellini, où ils ont installé leur maison d'édition et un café littéraire, ils déploraient que ces initiatives soient construites sur du sable, que tout soit toujours à refaire à cause de la défaillance des autorités à vouloir agir pour qu'un dialogue soit renoué entre la bourgeoisie et le peuple. Ils regrettaient que la bourgeoisie du Volmero et l'aristocratie du Pausilippe refusent encore de se hasarder le soir dans le centre historique, et ne dépassent pas les limites du théâtre San Carlo, le mythique et splendide opéra de la ville qui avait ébloui Stendhal. Attilio n'avait pas attendu des pouvoirs publics qu'ils donnent l'exemple. C'est grâce à lui qu'aujourd'hui, la majorité des places de la ville ont été dégagées de leurs parkings sauvages illégalement tenus par la Mafia. Deux ans de menaces et d'entêtement, d'interventions répétées des juges, et il avait gagné, imposant l'exemple à la municipalité. Il avait réitéré son combat pour que la galerie dei Principi, abandonnée, sise juste en face du très beau Musée national, livrée le soir aux trafics et aux sans-abri recouvre son lustre d'antan. Giuseppe Morra, directeur d'une galerie d'art contemporain et d'une fondation pour la propagation de la culture, avait racheté les jardins des chartreux du monastère San Martino qui domine Naples. Sept hectares en espaliers, en plein centre de la ville que convoitaient les promoteurs immobiliers et qu'il a sauvés d'une éradication certaine. Il avait rendu cet espace à son activité d'origine, vignes et jardins potagers, figues et fleurs, cultivés comme autrefois par les moines et l'ouvrait parfois pour un festival de poésie ou pour y inviter des artistes. Comme toujours à Naples, rien n'est jamais acquis. La restauration de l'immense Albergo dei Poveri qui étend sa façade baroque et ses cent soixante-quatorze fenêtres sur la place Carlo III n'est pas encore tout à fait achevée. Au fur et à mesure des élections, on a rêvé de multiples fonctions pour ce qui fut l'Hospice royal des pauvres, construit par la couronne d'Espagne. Cité pour la jeunesse, vaste musée qui aurait été dès lors plus grand que le Louvre, il devrait finalement retourner à sa destination première – un centre d'accueil pour les indigents. Dans les églises, les cierges brûlent pour la résurrection du centre de Naples et de tout le Mezzogiorno. Les prières montent-elles jusqu'au Ciel ? L'argent manque, et la Camorra sévit toujours qui sait souffler le froid, et étouffer plus d'un enthousiasme.

Stabat Mater

« Les jours de bonheur, vous préférerez Cimarosa, dans les moments de tristesse, Mozart aura l'avantage », écrivait Stendhal de son compositeur tellement aimé – et parmi toutes ses œuvres, son *Matrimonio segreto* – qu'il avait projeté, en 1820, de faire graver sur sa propre tombe cette épitaphe : « *Quest'anima adorava Cimarosa.* » La prédilection de Stendhal pour ce musicien napolitain soulève un coin du voile sur la richesse de la cité de Parthénope, dont j'oublie trop souvent qu'elle s'est illustrée avec des noms aussi éclatants que Scarlatti, Porpora (Ah ! son *Alto Giove* !), Pergolèse, mais encore Francesco Durante, Léonard de Vinci, Francesco Feo, Leonardo Leo, Pietro Auletta, Francesco Supriani, Gian Francesco de Majo, Niccolò Jommeli, Tommaso Traetta, Piccinni ou Paisiello. Cette pléiade de génies rappelle aussi l'éclat de Naples au XVIIIe siècle, « capitale du monde musical » comme l'appelait le président de Brosses. Et que la ville fut la première à édifier un opéra, le théâtre San Carlo, dont Rossini prit la direction au début du XIXe siècle. Si Stendhal aima Cimarosa, il s'emballa tout autant pour le monument lyrique. « Mes yeux sont éblouis, mon âme ravie. Il n'y a rien en Europe, je ne dirai pas d'approchant, mais qui puisse même, de loin, donner une idée de ce théâtre. » Un autre compositeur nous permet d'approcher le raffinement de la culture musicale et la place qu'elle tenait dans la société napolitaine et qu'elle y garde encore un tant soit peu, ne serait-ce que dans le goût de sa population pour la *canzionetta*. Le merveilleux Jean-Baptiste Pergolèse, dont la musique et le tragique destin – fauché à l'âge de vingt-six ans – étreignent le cœur. Cet orfèvre de la polyphonie composa à vingt-deux ans la *Messe solennelle à dix voix*, pour pleurer avec toute la population les horreurs du séisme dont Naples fut victime, en 1732, et avec elle les *Vêpres solennelles* à cinq voix. Rongé par la tuberculose, Pergolèse dut quitter son poste de maître de chapelle du prince Ferdinando Colonna Stigliano, écuyer du roi de Naples, pour se réfugier au couvent des Capucins, à Pouzzoles. C'est là, en mourant dit la légende, comme Mozart avec son *Requiem*, qu'il jeta les dernières notes de son sublime *Stabat Mater*. Comme Mozart encore, personne ne voulut payer ses obsèques, pas même son protecteur. Son corps fut jeté à la fosse commune.

Les timbrés de Naples

Naples a eu d'autres fidèles pour réclamer son redressement. Trois ludions jeunes et pauvres se sont engagés dans la bataille, et ils ont connu leur heure de célébrité. Pendant deux ans, ils ont posté des centaines de lettres avec de « faux » timbres pour dénoncer le chaos de la ville et l'affranchir de la mauvaise réputation qui collait à son nom. J'étais allée les voir dans leur immeuble de la banlieue populaire de Pozzuoli pour qu'ils me racontent leur histoire. Sur la cuisinière, la petite cafetière napolitaine sifflait à toute vapeur. Tout avait commencé par la vieille machine à coudre de la grand-mère de Mauricio De Fazio. Le jeune homme s'était demandé si, en piquant un papier, il pourrait obtenir la dentelure d'un timbre. Maurizio, installé derrière l'antique Singer, m'a fait une démonstration. Il a pris une feuille, l'a piquée selon un carré au format d'un timbre et m'a montré. L'illusion était presque parfaite. Puisque c'était possible, ils avaient aussitôt décidé non pas de contrefaire des timbres pour en tirer profit, mais pour affranchir des enveloppes envoyées dans toute l'Italie, avec sur leurs faux le résumé des scandales de la ville, dessinés sur un mode humoristique. « On ne pensait pas que ça durerait deux ans ! N'importe quel facteur pouvait découvrir la plaisanterie. »

Mais les préposés à la poste italienne n'avaient ni repéré ni dénoncé la « fraude ». Les délires de plus en plus provocants des trois amis furent dûment oblitérés. Le cachet de la poste faisant foi.

« C'était un moyen fabuleux pour dénoncer les affres de Naples et proclamer que tous les Napolitains ne sont pas des mafieux... » Maurizio De Fazio, vingt-cinq ans, architecte, Pierluca Sabatino, vingt-sept ans et Lello Padiglione, vingt-huit ans, tous deux géomètres, puisaient une partie de leur inspiration dans les spots officiels du gouvernement, diffusés à la télévision. « Au lieu d'allouer des budgets, et de mettre en route de véritables politiques de prévention, les pouvoirs publics se contentaient d'un clip publicitaire. Et *basta* ! Ils ne faisaient rien mais s'offraient une conscience tranquille. »

Ils m'avaient parlé de la drogue dont Naples était la plaque tournante. Rien n'était entrepris à aucun niveau, sauf de faire apparaître de temps en temps, à la télévision, un surréaliste monsieur en gris qui expliquait aux toxicomanes que la drogue « brûlait la vie ». « Il y avait, en même temps, un spot pour vanter les mérites du méthane. Nous avons fait un timbre pour conseiller aux drogués d'abandonner l'héroïne et de s'adonner à ce gaz. »

Très vite, les trois complices s'étaient piqués au jeu. Ils avaient imprimé des timbres commémoratifs : « Journée spéciale de l'eau putride et fangeuse à Naples » (où il était impossible de boire de l'eau du robinet). « Bicentenaire de la Camorra » (la « pieuvre » qui, tous les jours, gagnait du terrain). « Semaine spéciale de l'intimidation mafieuse » (augmentation de 15 % chaque année des assassinats d'intimidation et des règlements de compte). « Championnat napolitain de la voiture volée » (la Fiat 500 restait la préférée des voleurs). Ils avaient dessiné, comme sur les dépliants touristiques, les tours du commissariat de police rebaptisé « Centre mondial de la contrebande ».

Tout était passé sous leurs stylos. Le clientélisme politique, la prostitution, les stars du porno recrutées dans la rue, les films X pirates, la pollution effrayante et qui tuait les enfants – pendant les conflits au Moyen-Orient, ils avaient demandé que Naples bénéficie elle aussi d'une distribution de masques à gaz. Dans cette ville où aucun chauffeur ne respectait les feux rouges, où les façades lézardées des *palazzi* étaient envahies de publicités sauvages, pourquoi s'interdire ces plaisirs ? Quand le mur de Berlin était tombé, ils avaient fabriqué un timbre spécial pour sa réédification « pour que les publicitaires, spoliés par cette destruction, retrouvent leur surface d'expression ». La forme était délirante et provocatrice, mais le fond restait grave. Et la blessure vive. « Le Nord déclare que nous sommes une honte pour l'Italie. Les Milanais refusent d'entendre nos artistes, refusent notre histoire. Et pourtant ! San Carlo fut le premier des théâtres lyriques. Nous possédons le plus grand fonds de manuscrits musicaux d'Europe. Naples a construit le premier chemin de fer d'Italie, fabriqué le premier bateau à vapeur de la Méditerranée. Le Nord veut nous enfermer dans notre misère. À qui profite le crime ? À la Camorra, bien sûr. »

Mais les meilleures plaisanteries ont une fin. Deux ans après la fabrication du premier timbre, deux journalistes d'*Il Matino*, qui les avaient collectionnés, avaient publié leurs œuvres avec enthousiasme, et la majorité des médias, répercuté la nouvelle. L'humour de leurs créateurs n'avait pas été du goût des autorités. Un matin, trois *carabinieri* avaient frappé au domicile respectif des redoutables bandits. Ils avaient saisi « tout le matériel » – « une machine à coudre et des crayons de couleur ! » s'était esclaffé Pierluca – et emmené les délinquants au poste sans ménagement, bien menottés. « Dans cette ville où tout est corrompu, les autorités ont bloqué neuf policiers pour nous seuls ! » avait ajouté Maurizio dans un même éclat de rire.

Maurizio, Pierluca et Lello avaient été accusés de fraude et de contrefaçon. Fort heureusement pour eux, les geôles de Poggioreale – la prison de Naples – étaient remplies de trois fois plus de détenus qu'il n'y avait de places. « Hélas, nous n'avions plus la vieille Singer pour en faire un timbre. » Ils avaient alors été astreints à résidence et interdits de la moindre correspondance… S'ils étaient privés de sorties – un temps seulement –, ils avaient gagné un large public à Naples, et dans l'Italie tout entière. Un grand éditeur de Rome leur avait signé un contrat pour publier leurs œuvres et le livre s'était fort bien vendu. Un très sérieux monsieur les avait harcelés pour les enrôler dans son cercle de philatélie, assuré qu'ils entraîneraient avec eux toute une nouvelle génération d'amateurs de timbres – et, m'avaient-ils dit, ils avaient eu les plus grandes peines à lui expliquer qu'ils ne connaissaient rien au sujet. Les collectionneurs leur avaient fait des offres mirobolantes pour acquérir ce qu'il leur restait d'originaux. Ils s'étaient alors offert une ultime et suprême insolence pour avertir leurs fidèles que la plaisanterie avait pris fin : ils avaient emprunté la machine d'une tante et posté dans tout Naples et toute l'Italie un timbre à leur effigie avec pour légende : « Enfin sous les verrous. »

La reine de Naples

Qui concevrait de passer à Naples sans déguster sa spécialité la plus connue ? Si fameuse qu'elle a été copiée dans le monde entier et constitue le best-seller par excellence de la gastronomie ? Si célèbre que les Napolitains ont voulu déposer sa recette pour en protéger la propriété intellectuelle ? Et qu'aujourd'hui, l'association Verace Pizza Napoletana, qui défend la réputation de la véritable pizza napolitaine, et ce depuis 1984, a créé un concours international pour primer la meilleure pizza du monde. Certains voyageurs ne se rendent d'ailleurs à Naples, son berceau, que pour découvrir ses subtilités, déguster ses saveurs, apprendre ses règles d'or. Ah ! cette pizza qu'aucun Napolitain ne dégusterait à l'heure du déjeuner – on la réserve pour le repas du soir ! C'est que la mozzarella, fromage au lait de bufflonne, indispensable à une délicieuse Margharita, ne se trouve qu'ici, en Campanie. Les tomates qu'il faut fraîches, ont, elles aussi, leur appellation d'origine contrôlée – San Marzeno, sur les pentes méridionales du Vésuve (comme les pâtes ont une seule origine que réclament les puristes, au pied du volcan : Gragnano où Rossini commandait ses macaronis qu'il se faisait livrer par cargaisons à Bologne et à Florence). Il y a encore son indispensable et odorante feuille de basilic pour la mettre aux couleurs de l'Italie, qu'elle défend avec superbe. Il n'est pas difficile de trouver les temples les plus célèbres pour déguster cette spécialité dont on dit qu'elle était servie aux pêcheurs quand ils rentraient tard et qui avait la réputation de se dilater dans l'estomac et de calmer les faims les plus dévorantes. Il y a la queue devant ces pizzerias. Alors, debout dans la rue, nanti d'un numéro, il ne vous restera qu'à attendre qu'on vous appelle. Il est traditionnel d'aller au Sorbillo, la pizzeria la plus célèbre de Naples, sur la populaire via dei Tribunali, au numéro 32. D'autres lui préfèrent l'Antica Pizzeria da Michele, sur la via Cesare Sersale, et moi, celle de la Marina du Castel del Uovo, pour le charme des lieux. Selon l'association AVPN, ce serait la Pizzeria Da Attilio, de Attilio Bachetti, via Pignasecca, au numéro 17 qui ferait la meilleure pizza du monde. C'est encore à James de Coquet que je laisse le plaisir de parler d'elle et de ses artistes, dans son article « La pizza n'attend personne » :

> Le pizzaïolo est un personnage qui s'apparente au gardien de but d'un onze de foot : il tient dans ses mains la fortune de l'équipe. Il lui faut, à lui aussi, du sang-froid, de la détente et du coup d'œil. Le matin, il a préparé son appareil dans un pétrin identique à ceux de la boulange. Et pour cause : la base d'une pizza est de la pâte à pain. De la farine, un peu d'eau, du sel, du levain. Une simplicité biblique que l'on chercherait en vain aujourd'hui dans une Galilée dépeuplée de ses anges. La pâte bien pétrie, bien lisse, l'artiste la laisse reposer une heure. Ensuite, il la découpe en cubes du volume d'un demi-pavé qu'il dépose dans des casiers bien aérés. Dans ce courant d'air, le dessus va se bomber tels les fameux pavés du Nord, calvaire des coureurs du Paris-Roubaix. C'est l'heure du coup de feu. L'opérateur se saisit alors de deux pavés, les jette sur le marbre. Flac… Les saupoudre de farine. Youpi… Leur administre à chacun une claque avec les paumes de ses mains. Plouf… Il a maintenant devant lui deux disques de la largeur d'une assiette à dessert dont il redresse le pourtour entre le pouce et l'index. Il ne reste plus qu'à poser la garniture : de la tomate concassée, des copeaux de *mozzarella*, deux feuilles de basilic et une giclée d'huile d'olive. C'est rituel. Aucun concile n'y pourrait rien changer. À ce moment-là, le

cocélébrant entre en scène. Armé d'une pelle en bois, il prend les disques et les introduit dans un four maçonné, chauffé avec du bois sur lequel on projette de temps en temps de la sciure de résineux. Pour ajouter un parfum champêtre. Il faut être un fameux *pizzaïolo*, pour ne pas flancher. C'est le cas de Genaro, que j'ai vu opérer dans les cuisines de Da Ciro a Margellina, en plein cœur de Naples. [...] La pizza n'est pas faite pour attendre. On doit la déguster le plus vite possible. À l'instar du supplice du pal, elle commence bien et finit mal. Au bout de quelques minutes, elle devient *morbida.* Elle prend la consistance d'une serpillière.

Pompéi, Herculanum et Oplontis

On ne peut pas aller à Naples sans aller aussi à Pompéi et à Herculanum. « Je ne dirai rien de Pompéi : c'est la chose la plus étonnante, la plus intéressante, la plus amusante que j'aie rencontrée ; par là seulement on connaît l'Antiquité. Que d'idées sur les arts vous donnent la fresque du minotaure et tant d'autres ! Je vais à Pompéi trois fois par semaine au moins », écrit Stendhal. À Pompéi, passé la porte de l'ancien port, on embrasse d'un seul coup d'œil ce qu'était une cité romaine, avec ses temples, ses rues, ses amphithéâtres et ses thermes, ses gymnases et stades, ses villas et ses lupanars, ses petits restaurants de coin de rue où l'on mangeait au bar, sur le pouce, et ses fontaines. En la couvrant d'un manteau de sept mères de cendres et de pierres ponces, l'éruption du Vésuve la fixa telle qu'elle était en 79 de notre ère et pour dix-huit siècles. Et si l'on a visité auparavant le Musée archéologique de Naples, qui conserve les fresques, les mosaïques, les sculptures, la vaisselle et les objets quotidiens trouvés sur le site, si on les a précieusement gardés en mémoire pour en décorer, par l'imagination, les sites libérés des alluvions qu'on parcourt, on ne peut qu'être ébloui par l'art de vivre en Italie au Ier siècle de notre ère, son raffinement et son élégance. On se glisse dans les grands atriums, on se faufile dans les *cubicula* ouverts dans les maisons. On caresse le satin des murs, la soie des mosaïques au sol, la douceur des dalles. Lorsque je m'y rends, je garde toujours pour la fin la visite de la villa des Mystères et, dans celle-ci, celle du triclinium. Les quatre murs de cette pièce sont entièrement peints de fresques dessinées sur un fond d'un rouge vibrant. Dix scènes exposent ce qui, selon certains, devait être le rite d'initiation d'une religion à mystères, et selon Paul Veyne, les scènes profanes d'une journée de noces dans une riche famille. Paul Veyne, avec *La Villa des Mystères à Pompéi*, a répondu aux questions que nous posent, par-delà vingt et un siècles, l'imposante matrone, le petit garçon absorbé dans sa lecture, le fêtard qui a perdu sa sandale. Qui sont-ils ? Que font-ils dans ce qui ne peut être un moment banal d'une simple journée ? Pourquoi certains personnages sont-ils couronnés de myrtes ? Et ce silène ? Et ce satyre ? Et cette femme hiératique, assise sur un siège solennel et qui nous fixe de ses grands yeux ? Rien d'ésotérique dans ces fresques, que la couleur timbre d'une atmosphère secrète, ouatée, suggestive d'interdits, a répondu Paul Veyne. Tous ces personnages prépareraient la célébration d'un mariage. Nous ne serions pas invités à assister à quelques rites initiatiques en l'honneur de Mithra ou d'Isis, mais dans le gynécée d'une noble famille où la maîtresse de maison – la femme assise – entourée de ses esclaves et de son petit garçon, prépare sa fille à ses noces. Les satyres, Dionysos ivre et déchaussé ne sont là que pour témoigner de la proximité que le dieu du vin, des plaisirs et de l'amour, dieu aussi de la fidélité conjugale, entretient avec les simples mortels. La jeune fille, avant d'être vêtue pour ses noces, adopte une posture de soumission, celle imposée aux femmes. La démone, les ailes déployées, serait une figure récurrente de l'iconographie hellénistique, présente pour jeter l'anathème sur les voyeurs éventuels de ce qui adviendra bientôt – la défloration de la jeune épousée. On pourrait regretter que l'énigme qu'entretenaient ces fresques soit elle aussi déflorée. On jette un ultime coup d'œil à la jeune femme, la dernière sur notre gauche en sortant. Le mystère renaît. Il est dans le regard qu'elle nous adresse, légèrement triste, peut-être pensif. Que sait-elle que nous n'ayons toujours pas découvert, ou tout à fait oublié ?

Des quatre villes connues qui furent détruites par le volcan, Pompéi est celle dont l'étendue est entièrement revenue à l'air libre, même si les fouilles n'ont pas exhumé tous ses vestiges, ce qui fait son incomparable attrait au regard d'Herculanum. Cette cité, aujourd'hui, est recouverte par une ville moderne – et particulièrement laide comme toutes les agglomérations qui se succèdent depuis Naples jusqu'à Pompéi et plus loin encore. Le quai de gare qui accueille le visiteur en provenance de Rome glace plus d'un enthousiasme. Mais je doute que l'État italien puisse un jour expulser toute sa population pour la reloger décemment ailleurs, afin de faire avec la cité antique d'Herculanum ce qui fut fait à Pompéi. La cité, sans doute une villégiature de la noblesse romaine, plus raffinée que Pompéi, fut découverte, en 1709, au hasard d'un forage demandé par le duc de Lorraine dans sa villa de Resina. Au lieu de l'eau attendue, ce fut une antiquité. Ce que le duc découvrira à la suite de son exploration sera pillé et dispersé, jusqu'à l'interdiction de fouilles que lui impose la papauté. Lors de l'éruption du Vésuve, Herculanum a été ensevelie sous quinze mètres d'une coulée de lave devenue extrêmement dure à percer. Aussi, à la découverte de Pompéi quelques décennies plus tard, en 1763, dont les fouilles étaient plus aisées, les archéologues délaissèrent Herculanum. Le site ne sera plus exploré que sporadiquement. On entre à Herculanum avec l'impression de descendre dans les caves de la civilisation. La plus belle part du site, enclavée en contrebas des immeubles modernes, reste la somptueuse villa des Papyrus que fréquenta Virgile, où ont été trouvées les statues des deux coureurs en bronze qu'on admire au Musée archéologique de Naples, saisissants de vie, et qu'on s'attend à voir s'élancer d'un instant à l'autre. Ou encore ces mosaïques d'une finesse et d'une beauté exceptionnelles, telles celles de la bataille d'Alexandre contre Darius, ou les natures mortes de fruits et de fleurs – si réalistes que les oiseaux tentaient d'en picorer les figues et les grains de raisin. La villa aurait appartenu à Pison, le beau-père de Jules César. Elle doit son nom aux deux mille rouleaux de papyrus retrouvés sur les lieux. J'ai eu la chance de visiter cette demeure princière, remarquablement conservée, avant qu'elle soit interdite aux visiteurs, pour permettre la continuation des fouilles et la préserver d'une trop grande fréquentation. Sa fermeture ampute le site de son joyau. On peut toutefois se consoler de cette privation à Oplontis, qu'on atteint en prenant le train pour Torre Annunziata – une demi-heure de trajet. Cette ville n'a rien à envier, en laideurs modernes, à Herculanum. Mais là se dresse la villa qui fut sans doute celle de Poppée, seconde épouse de Néron. Elle ne fut découverte qu'en 1964, trop tard pour subir les dommages provoqués par une science archéologique balbutiante, comme à Herculanum, et elle est de fait dans un état de conservation remarquable. On y pénètre par un jardin d'oliviers et de lauriers-roses qu'encadrent deux péristyles. De l'extérieur, si l'on parvient à faire abstraction de l'arrière-plan d'immeubles et de béton, l'illusion de remonter le temps est vertigineuse, avec les toits de tuile, les colonnes prodigieuses, la succession des cours et des terrasses. Les portiques sont soutenus par des fûts décorés de stucs délicats. Des fresques et des mosaïques où les motifs géométriques alternent avec des figures de griffons et de sphynx tapissent les salles intérieures. On découvre dans les dessins du sol et des parois ce que dut être le jardin au temps de Poppée – le luxe des fruits et la profusion des fleurs. Le mur d'un vaste atrium s'enrichit d'un temple en trompe-l'œil. Rome, et les délices qu'on prêtait à Capoue, sont sous nos yeux.

Côte amalfitaine

Ravello

« D'aussi loin qu'il m'en souvienne, me raconte Netta, la propriétaire de la *trattoria* Cumpa Cosimo, Ravello a dû sa survie à sa beauté, à son climat et à sa situation géographique. » Netta sait de quoi elle parle, sa famille n'a jamais quitté cette petite ville de deux mille cinq cents habitants. Son restaurant dont elle supervise les marmites a vu passer depuis un siècle le beau monde de l'art, de la littérature, et même de la politique. La sexagénaire raconte volontiers ce que lui contait déjà son père, Cosimo, qui jardinait à quelques pâtés de maison de là, chez le roi Victor-Emmanuel, alors en exil pendant la Seconde Guerre mondiale. « Tu vois, Cosimo, lui avait dit le souverain en enfermant une poignée de terre dans son mouchoir, lorsqu'il put quitter la cité. Je prends cette terre avec moi parce qu'elle m'a protégé, mais je ne reviendrai jamais ici. »

Ici ? Une terrasse perchée sur le mont Torello, à quelque trois cent cinquante mètres au-dessus la Méditerranée, gardée du reste du monde à l'est par un à-pic vertigineux sur la mer, à l'ouest par la gorge du Dragon, au point que la ville a été rebaptisée la « Terrasse sur l'infini ». Pour rejoindre le port d'Amalfi, que Ravello surplombe, seize kilomètres d'une sente à flanc de rochers sont d'ailleurs nécessaires. Seize kilomètres, pour gravir trois cent cinquante mètres ! C'est dire le surgissement rocheux, vertical, de ce mont, et l'éblouissement de tous ceux qui parvenaient à son sommet, comme sur le pont d'un navire majestueux et immobile, à quoi les nuées filant contre ses flancs donnent son mouvement, et l'illusion d'une lente avancée dans l'espace. On ne peut pas connaître cette ville et sa culture actuelle sans comprendre combien son histoire est intimement liée à sa géographie. Cette position de nid d'aigle a attiré, au cours des siècles, les riches familles en exil ou en fuite, et a marqué à jamais son destin. L'histoire a commencé à la fin du IVe siècle avec un certain Rufolo, consul de Rome, qui avait décidé de quitter la Ville éternelle, menacée par les invasions barbares. Or, qu'y avait-il de plus imprenable que la chaîne des Lattari, sortes de montagnes à la mer et, parmi elles, ce pic étêté, d'où l'on jouissait d'une vue à trois cent soixante degrés sur le golfe de Salerne, le cap de Sorrente, Capri et le large – cet horizon d'où surgissaient souvent les barques des Sarrasins ? Au IXe siècle, âge d'or de la ville, Ravello est devenue la villégiature des doges d'Amalfi, la République maritime alors la plus prospère de Méditerranée. Ils fuyaient ici les intrigues et les canicules estivales. C'est que l'air qu'on y respire est l'un des plus toniques de la Péninsule, un cocktail d'effluves marins portés par les courants ascendants, chargés du parfum des pins maritimes accrochés à flanc de falaises, et des senteurs aromatiques des herbes de montagne. Influence de la splendeur des lieux, de leur inaccessibilité et de leur hauteur ? Les résidants de Ravello finirent par vouloir garder leurs distances avec Amalfi et firent sécession. Le nom de la ville était né : « Ravello », déformation de « Rebelle ». Indépendante, la cité s'enrichit davantage. Elle se spécialise dans la fabrication de draps de laine, s'orne de remparts et de tours de vigie, de palais et de jardins, devient même un évêché. Elle tutoie plus que jamais l'azur.

En se promenant dans les ruelles fleuries, entre les *palazzi* et les *piazzette* de cette bourgade qui n'en finit pas de collectionner les appellations gracieuses et les superlatifs, « Perle de la Costiera », « Résidence des dieux », « Joyau de la côte des Délices », on saisit l'effet magique de cette montagne sur ses visiteurs, ce sentiment d'être dégagé des lourdeurs du quotidien, des pesanteurs de la ville, et l'engouement pour son éther qui n'a jamais plus cessé depuis d'attirer les artistes du monde entier. Tout s'y déroule comme au théâtre, dont la scène principale serait la large piazza Vescovedo où se dresse le *duomo* (XIIe siècle), bordée en ses coulisses par la villa Rufolo et ses jardins, façades anciennes ocre et rose. En guise de fosse d'orchestre, gardée par un bouquet de pins parasols, la Méditerranée et ses eaux cristallines et turquoises. Vertigineux, époustouflant, magique, on ne le répétera jamais assez, quitte à emprunter la plume d'écrivains illustres, qu'on pourrait croire blasés en matière de paysages et de poésie : entre beaucoup d'autres, Boccace, au XIVe siècle, si ravi par le site qu'il y plantera quelques scènes de son *Décameron* ; André Gide, bien plus tard, venu y écrire son *Immoraliste*, et qui s'y trouve « suspendu entre le ciel et la terre, mais bien plus près du ciel ». Si près d'ailleurs que la légende veut que saint Pantaléon de Nicomédie, martyr chrétien en 303, choisit ce lieu comme tremplin pour grimper directement au paradis. Dans la crypte du *duomo*, où un pupitre en marqueterie de marbre rappelle la foi et l'amour du seigneur Confaleone pour son épouse, une ampoule conserve le sang du saint. Il se liquéfie tous les 27 juillet. Ce jour-là, chaque année, sur la place, entre les tables où l'on sirote granités au citron et *cappuccino*, les pèlerins amateurs de miracles croisent dans les rues les passionnés de musique. C'est que Ravello est devenue, depuis 1953, un lieu de festival renommé dont les spectacles courent sur toute l'année. Concerts, ballets, théâtres, *mostra* de peintures ou de photographies. Et bien sûr, qui ont toujours lieu dans les jardins de la villa Rufolo, plusieurs concerts consacrent Wagner comme l'invité perpétuel de la ville, par gratitude de Ravello pour le compositeur allemand. L'auteur de la *Tétralogie* vint dans ces murs, alors qu'il travaillait depuis plus de vingt-trois ans sur son opéra *Parsifal*. Il désespérait de trouver la note juste, le décor parfait pour parachever son cycle. On lui avait vanté Ravello et les charmes d'une villa qu'aurait rénovée un gentilhomme écossais. Lorsqu'il était arrivé sur les lieux, Wagner avait été pris d'enthousiasme devant la vue germanique, le spectacle viril des crêtes déchiquetées. Il avait été excité par la succession des vignes en terrasses et des oliviers en fruits qui avaient accompagné sa montée depuis Naples, le 26 mai 1880, à dos de mulet. Dans l'enceinte de la villa Rufolo, au pied de la tour, à l'ombre de cet Alhambra italien, l'inventeur de « l'art total » a un coup de foudre – mieux, une révélation : « J'ai enfin trouvé les jardins de Klingsor ! » s'exclame-t-il. Klingsor, le magicien de *Parsifal* dont les jardins devaient agir comme un sortilège sur les chevaliers du Graal. Dès lors, les jardins suspendus de la villa Rufolo n'allaient plus cesser de voyager dans le monde, portés par les décors des opéras de Wagner. Avec eux, c'est tout Ravello qui part charmer l'imaginaire des mélomanes. Le public n'a plus qu'une idée en tête : aller en Italie goûter, *in situ*, l'envoûtement des lieux.

Si Wagner était venu à Ravello, c'est qu'un autre étranger, déjà, y avait attiré beaucoup d'artistes. L'Écossais Francis Nevile Reid avait acheté les ruines de la villa Rufolo en 1851, alors que Ravello était quasiment déserte – depuis trois siècles, elle n'en finissait pas de s'abandonner aux ronces et aux chèvres. Quelques années plus tard, Lord Grimthorpe avait risqué l'ascension pour, à son tour, tomber amoureux de la petite cité au point de faire construire, sur le site d'une ancienne demeure médiévale et de ses jardins, deux demeures, plus romantiques l'une que l'autre. Ce fut la villa Cimbrone, au bout du promontoire rocheux et sa fameuse « Promenade sur l'infini », où une enfilade de bustes de marbre semblent flotter dans le bleu, puis la villa Rondinaia, creusée dans la falaise. Les deux Britanniques n'étaient pas seulement riches, ils étaient aussi philanthropes. Avec eux, le destin de Ravello allait s'inverser. Ils installèrent le réseau d'eau potable public, ouvrirent une école, commandèrent la construction de la route qui relie Ravello à Amalfi. Puis ils avaient instauré l'élevage du ver à soie, la pratique de la floriculture. Ils avaient personnellement enseigné aux enfants l'art du jardinage, et leur avaient inculqué l'esprit de la libre entreprise. Comme les deux hommes étaient épris d'art, on vint leur rendre visite du monde entier. Le ton était donné, ou plutôt le la. Désormais, toute la vie culturelle de Ravello gravitait autour de ces trois villas, Rufolo, Cimbrone et Rondinaia. Le gratin de la vie culturelle européenne et américaine s'y donnait rendez-vous. « Il y a tant de quiétude ici que je voudrais y mourir, finir ainsi, dans une telle douceur, parmi des parfums qui suffisent à vous rendre ivre » écrit Pasolini. Et puisque la ville était riche d'anciens palais, pour la plupart du XIIe siècle – villa Episcopio, palais Confalone, palais Sasso, palais del Toro, et d'antiques couvents, on les transforma petit à petit en hôtels pour accueillir les hôtes de plus en plus nombreux, et les visiteurs de la ville. Pousser leurs portes, se glisser dans leurs jardins brodés d'espèces rares et fleuris d'agrumes, admirer les colonnettes de leurs balcons et les arabesques de leurs façades, est un des grands bonheurs qu'offre Ravello, à laquelle on abandonne ses pas au hasard des rues et des volées de marches, emplies de fantômes célèbres et du souvenir d'amours sulfureuses. La fille de Lord Grimthorpe – en fait la fille naturelle du roi Édouard VII, qui n'était autre que Violet Trefusis, femme de lettres, y avait donné rendez-vous à ses deux amantes, Virginia Woolf et Vita Sackville-West. Plus tard, en 1938, Greta Garbo s'était réfugiée à la villa Cimbrone pour vivre sa passion avec le chef d'orchestre Leopold Stokowski. Et en 1948, Tennessee Williams avait vécu là le plus fort de son idylle avec l'écrivain Gore Vidal... Vingt-quatre ans plus tard, ce dernier revint sur les lieux de ses amours pour acheter la villa Rondinaia, où il passera le reste de sa vie. Il manquait l'ultime consécration. Enrico Caruso l'offrira à Ravello en 1953. Le ténor décida de créer là un festival de musique chaque été, où viendrait se produire l'orchestre du théâtre San Carlo de Naples, et de célébrer la musique de Wagner dans les jardins de la villa Rufolo, les jardins mêmes du magicien Klingsor. En vérité, on ne compte plus les visiteurs illustres de Ravello, de E. M. Forster à Paul Newman, de Truman Capote à Rudolf Noureev, d'Edvard Grieg à Jacqueline Kennedy. Ni les amoureux d'Italie et de musique, si nombreux que les jardins de Klingsor ne suffisent plus à leur nombre. En 2000, décision fut prise de construire un auditorium – prodige en ces lieux avares de terrains horizontaux ! Le projet fut confié au prestigieux architecte brésilien Oscar Niemeyer. La vaste voile blanche de béton, tendue sur une terrasse en contrebas des jardins Rufolo et qui surplombe la mer, a été inaugurée en janvier 2010, au grand dam des défenseurs de l'intégrité du site classé par l'Unesco... Ils tentèrent d'ailleurs huit recours administratifs pour le faire interdire mais finirent par capituler. L'auditorium est désormais ouvert aux nombreux amoureux de la musique et de Ravello, le pays des Sirènes « modulant tour à tour sur la lyre d'Orphée / Les soupirs de la Sainte et les cris de la Fée »...

Le sentier des dieux

« Connais-tu de la montagne le sentier dans les nuées ? » Quand ils voulaient écouter les sirènes, les dieux empruntaient le sentier qui surplombe la côte amalfitaine d'Agerola à Positano. De ce balcon filant suspendu dans l'azur, ils embrassaient toute la baie de Salerne, depuis la côte du Silence jusqu'à la pointe de Sorrente, et par-delà, Capri et ses fameux rochers, les *faraglioni*. Entre eux, les îlots Li Galli, refuge des femmes-oiseaux à la voie ensorceleuse. Les sirènes se sont tues ; les dieux ont pris leur retraite, mais le sentier demeure. C'est à Bomerano, un quartier d'Agelora, que j'ai retrouvé son départ, non sans mal. L'autobus que j'ai pris à Positano m'a déposée sur la piazza Paolo Capasso, d'où une rue descend avec conviction jusqu'au départ du chemin. Là, de grands panneaux en carrelage confirment que je suis à cinq cent soixante-quinze mètres d'altitude, sur l'un des plus beaux sentiers du monde, dans un paysage protégé par l'Unesco, comme toute la côte, depuis 1997. Si je n'avais pas été convaincue par la vue qui, déjà, s'offre au regard, trois panneaux reproduisent la prose dithyrambique que les lieux ont inspirée à Goethe, D. H. Lawrence et Italo Calvino... Je me mets en route, un sourire aux lèvres : l'enthousiasme des promoteurs du sentier a prêté à Goethe des propos sur... « Simone de Beauvoire » (*sic*). Dans ses premiers mètres, le sentier est large. Il dessert les dernières habitations de Bomerano, et des jardins en espaliers plantés de vignes et d'oliviers. Qui, aujourd'hui, aurait l'énergie de tailler cette route dans les falaises à-pic des monts Lattari – point culminant, 1 460 mètres ? Mais sans ce vertigineux raccourci, il fallait des heures pour rejoindre la mer et ses ports, Amalfi, Furore ou Positano, comme je viens d'en faire l'expérience... Il fallait aussi subsister : au Moyen Âge, les forêts de chênes furent coupées pour approvisionner en bois les arsenaux de la république d'Amalfi. Dès lors, sur des minuscules terrasses taillées sur ces hauteurs, la population a planté un peu de blé, de haricots, de la vigne et, à moindre altitude, des citronniers.

Très vite, la nature sauvage reprend le dessus. Le sentier s'étrécit au fur et à mesure que la pente devient verticale.

Au-dessus de ma tête, un surplomb couvert de stalactites est creusé d'une grotte dite del Biscotto, où se cachaient les brigands qui firent la loi au XVIIe siècle. Parmi eux, aime-t-on raconter dans le pays, il y aurait eu Masaniello, le célèbre meneur de l'insurrection du peuple napolitain contre la couronne espagnole, en 1647… Le sentier se dégage bientôt de ce golfe d'ombre. En corniche à flanc de montagne, on n'a plus que le ciel autour de soi. Les précipices sont fleuris d'herbes folles, d'euphorbes et d'asphodèles. Le romarin embaume et les cistes avec lui. Un troupeau de chèvres sautille dans un éboulis de roches. Leurs sonnailles troublent le silence. On ne m'a pas menti lorsqu'on m'a vanté la vue qui s'offre de ces promontoires étroits. Elle est extraordinaire, « à couper le souffle ». La *costiera* sauvage et douce, âpre et bleue, née de l'étrange mariage de la montagne et de la mer, se découvre à perte d'horizon. Elle est à-pic. Ici, les torrents finissent à la plage. Une pancarte, posée contre le vide, me propose bientôt de visiter Praiano. La descente est rude. Quelques bouquets de chênes et la vue s'élargit : voilà, cent cinquante mètres plus bas, le beau monastère Saint-Dominique (XVIe siècle) et l'église de Santa Maria a Castro, ouverte aux quatre vents et aux oiseaux. Je me repose devant les très jolies fresques de la Vierge des Grâces, du XVe siècle. Le dénivelé est tel que j'ai l'impression de survoler le village en contrebas, les tours de garde de Sciola, Grado et de la Toricella, les coupoles en majoliques des églises. Le jour de la Saint-Dominique me dit une femme sans âge dans son jardin, en août, le couvent est entièrement illuminé de bougies, de cierges et de lamparos. Elle m'explique l'origine des édicules votifs décorés de fresques peintes sur majoliques et placés le long des interminables escaliers jusqu'aux villages. Ils datent du XVIIIe siècle et les lampes à huile qu'ils protégeaient balisaient les sentiers – sauvant la vie aux imprudents piétons qui se risquaient sans éclairage aux flancs des gouffres. À Praiano, je m'offre une longue halte pour admirer la Méditerranée dans sa version Tyrrhénienne, transparente, à la fois turquoise et outremer, puissamment lumineuse. De retour sur le sentier des dieux, me revoilà en montagne. J'hésite à continuer, tant le vertige me paralyse les jambes. À petits pas, rasant la paroi, l'œil rivé sur le sol, je progresse sur le sentier pendant ce qui me semble être une éternité – une demi-heure me dira ma montre. Il traverse des combes plantées de chênes verts. Dans leurs gorges, des torrents ont creusé une succession de bassins qui dégringolent jusqu'aux plages – certains, comme le Schiatto, alimentaient des moulins et les machines des fabriques de papier. Au lieu-dit Canetti, une maison abandonnée raconte à elle seule la rudesse de vie des bergers et des paysans, et la pauvreté qui les poussa à émigrer en Amérique jusqu'aux années 1960. Quelques pins dispensent une ombre fraîche, et un arbousier sauvage ses fruits. Le temps de me rafraîchir, je suis repartie vers Nocello. D'ailleurs, le sentier s'élargit, des marches sont taillées à même le roc et parfois, un garde-fou en bois permet qu'on s'y appuie. La vue sur la côte, sur Positano maintenant à mes pieds devient de plus en plus éblouissante. Après quatre heures de marche depuis Bomerano, cette douceur est bienvenue et plus encore l'arrivée au petit village de Nocello, sous une charmille couverte de pampres. Ce village, inaccessible aux voitures, est une halte délicieuse, d'autant plus qu'il est doté de quelques *trattorie* en terrasse où l'on me sert de généreux spaghettis aux fruits de mer... De là, je commence à descendre vers Positano, par un zigzag de mille sept cents marches inégales, taillées dans le roc. Plus je vais, plus la végétation s'épaissit. La mer et l'Italie reprennent leurs droits sur la montagne : voilà les premiers citronniers, les daturas, les bougainvillées, les agaves et les figuiers de Barbarie. Les parfums embaument tandis que monte la rumeur des vagues. Enfin, j'atteins les hauteurs de Positano, villégiature romaine comme l'atteste la découverte, en 2004, d'une villa patricienne, et port prospère aux XVIe et XVIIe siècles. Ruiné au XVIIIe siècle, ce village de pêcheurs, très pauvre, a ressuscité dans les années 1950 grâce au tourisme. Des célébrités du monde entier – Jacky Kennedy ou Rudolf Noureev – ont rendu fameuse sa dégringolade de maisons couleur de dragées jusqu'à la grève, où trône le *duomo* depuis le Xe siècle. Je descends encore. Entre les jasmins et les bougainvillées, j'entrevois, entre les ruelles étroites taillées d'escaliers, sa coupole en majolique et enfin, enfin la grève où dorment les barques de pêcheurs. « – Oh, là-bas, c'est là-bas / Que mène notre route ! »

Paestum

Les débris presque effacés d'un amphithéâtre, et trois temples qui me rappellent ce beau vers de Delille :

Leur masse indestructible a fatigué le temps.

Ces monuments sont admirables ; ils révèlent à l'âme des sensations extraordinaires, abandonnés comme ils sont dans une solitude inculte et sauvage. Le plus remarquable, et le mieux conservé est celui que l'on s'accorde à nommer le temple de Neptune.

André Hyppolyte Lemonnier.

Sicile

Siciliano vero

Le Sicilien aime passionnément son île, cette Amérique de l'Antiquité, et tout autant sa mer, qui le distingue plus qu'elle ne l'isole. Ou plutôt ses trois mers, tyrrhénienne, ionienne et méditerranéenne, toutes trois prolifiques, par où sont venus ceux qui l'ont fécondée de dieux, de plantes et d'amour, et souvent de sang. Le Sicilien est le seigneur du large. Son bateau est un objet de vénération qu'il façonne, invente et décore ; la pêche, une fête avec sa liturgie et sa geste : madrague des thons à Favignana ou Mazara del Vallo, harponnage des espadons à Messine, palangre à Vendicari. Lorsqu'il est à l'étranger, son amour décuple : la Sicile devient l'idéal d'un éternel retour qu'entretiennent les enfants des six millions d'hommes qui émigrèrent au cours des siècles. Lorsque le Sicilien revient, c'est l'épisode du fils prodigue qui se rejoue dans la maison, dans le quartier, et dans le village tout entier. Cette terre oblige. Elle crée des liens sûrs comme des amarres que la proximité renforce encore. De Sicile on est cousin, du village on est frère. Parce qu'ils étaient tous les deux de Prizzi, le juge Falcone a demandé son aide à Rudolf Giuliani, l'ancien maire de New York. Giuliani lui a prêté les services du FBI. Le Sicilien emporte la Sicile dans son cœur quand il voyage. Aucun temple n'est plus beau que Segeste, aucun théâtre que Taormine. Certes, il a quelques raisons de faire la fine bouche. Quelle montagne rivaliserait avec l'Etna ? Quel volcan avec le Stromboli ? Quelles îles avec ses archipels nés du souffle d'Éole sur les pétales d'une marguerite ? Il a les espaces arides du centre, les douceurs africaines de Palerme et les vergers de Catane. Aller visiter les vestiges des grandes civilisations ? Elles sont toutes venues à lui ! Syracuse, Agrigente et Sélinonte lui racontent, à domicile, les mythes grecs. Existe-t-il plus de beauté romaine qu'à la villa Casale ? Les Romains lui ont apporté palais et jardins, les Sarrasins, fontaines et norias et mille parfums d'Orient. Où donc les Normands, mieux qu'à Cefalu ou Monreale, ont-ils signé leur présence ? Et que dire de la beauté des villages médiévaux, tels Sperlinga et Gangi ? Du somptueux baroque de Raguse, de Noto ou de Modica ? Il y a toujours mieux à la maison et, sauf la famille, rien ne vaut le déplacement. Mais honte sur le Sicilien s'il faillit au rendez-vous du clan ! Invité au baptême de l'arrière-neveu ou au mariage d'une lointaine cousine, inutile d'invoquer une résidence à Adélaïde, en Australie, à New York ou à Buenos Aires, villes privilégiées où gagner sa subsistance. L'absence ferait offense. Refuser une invitation et oublier d'inviter sont deux impardonnables affronts qu'il faut mesurer à l'aune du culte que le Sicilien voue à la famille. La Sicile est sa terre mais la famille est sa patrie. Rien ne saurait la surpasser. Le patriarche lui doit protection absolue contre le monde sous toutes ses formes, le vice ou le fisc ; elle lui doit en retour l'honneur et la prestance. « *Fare bella figura* » est plus qu'une règle de conduite, c'est un code moral. Et nul ne laisserait un des siens, fût-il le pire des renégats, dormir ou mendier dans la rue. Dès lors, dehors, on montre. Qu'on est beau, qu'on est fertile, qu'on se respecte, qu'on respecte : la femme sa vertu et son mari, le fils son père et ses aînés, la sœur son frère et sa réputation, les enfants la *mamma* adorée – objet d'un culte : le « mammismo ». Le « *fare bella figura* » a son lieu :

la *passeggiata*, promenade du soir dont aucune génération ne s'abstiendrait, vêtue de ses plus beaux atours. Elle a ses moments privilégiés, ses fragments d'apothéose : les sacrements – baptêmes, communions, mariages et par-dessus tout, les enterrements. En Sicile, les cimetières sont plus soignés que les villages. Le Sicilien est d'une générosité éblouissante. Il a l'invitation large et prodigue. Refuser, ne serait-ce que « pour ne pas déranger », c'est l'offenser. Sa maison est un foyer, il l'a conçue pour recevoir. Dans les campagnes, la porte s'ouvre sur la table. Tout y est à portée de main pour l'hospitalité. Le vin, l'huile d'olive et le pain. Voilà la trilogie de l'île aux trois caps et aux trois mers – la vigne, l'olive et le blé. Tous sont les produits du jardin, du verger, du pays, qu'on ne songerait même pas à trahir en servant ceux du voisin. On les cultive comme des trésors, on les plante pour les petits-enfants. On revient des quatre coins du monde pour les récoltes, les moissons et les vendanges. Chaque lopin fête son fruit comme un miracle dans l'exubérance et les bénédictions : les amandes à Agrigente, l'aïl à Trecatagni, le blé à Enna, et aussi les châtaignes et les sardines, les olives et l'espadon. Il faut des saints pour présider aux semailles et aux moissons, parce que les saints sont les vrais parrains du Sicilien. Il entretient avec eux une relation verticale. C'est qu'eux seuls ont su le protéger quand les rois et les nobles l'oubliaient dans sa misère. Sainte Rosalie a sauvé Palerme de la peste ; sainte Agathe a détourné la lave de Catane ; et sainte Lucie a brisé la famine qui sévissait à Syracuse. Mais gare à la vendetta si le saint faillit ! Désaimé, il est relégué aux oubliettes. Ainsi, saint Michel fut puni de sa paresse à faire pleuvoir sur Caltanissetta, et enfermé dans une église en ruines. Quant à sainte Christine, elle fut bannie à jamais de Palerme où elle n'obtenait rien, au profit de la brave Rosalie qui trône aujourd'hui dans la châsse à sa place. En Sicile, même lorsque la façade semble décrépie et la maison menacer ruine, l'intérieur est une bonbonnière. Dans le salon, qui rutile de tous ses feux, on expose toutes ses richesses. Les meubles dont on a hérité et les cadeaux de mariage, objets de subtiles allégeances qu'il s'agit de mettre en scène sous des dentelles et sur des guéridons aux pieds chantournés. En décoration encore plus qu'ailleurs, le Sicilien déteste la ligne droite. Les palais de Palerme apparemment en ruine, les maisons de Catane défraîchies, les cubes hideux de béton qui tiennent lieu de villas cachent toutes ces pièces décorées, embellies, bibelotées jusqu'à l'excès, ouvertes à l'étranger, à l'ami de passage, et qu'il convient d'admirer mille fois et de louer sans réserve. Le pire qu'on puisse faire à un Sicilien, c'est lui faire honte. Le Sicilien a les meilleures qualités et les pires défauts. Fidèle, il est rancunier. Homme d'honneur, il est mortellement susceptible. Homme de parole, il n'a aucune ponctualité. Maniaque chez lui, il souille ses rues. Solide, il a la sensibilité d'une feuille au vent. Hospitalier, il est chroniquement méfiant. Comme son climat, torride l'été et glacial l'hiver, il est aussi l'homme de tous les paradoxes : farouche individualiste, il vénère l'aristocratie. Taciturne à la ville, il est exubérant dans les fêtes. Il aime le luxe et méprise l'argent. Croyant jusqu'à l'extase, il est superstitieux jusqu'aux gris-gris. Mais le plus paradoxal tient à sa forte identité : envahi depuis des siècles par les Grecs, les Romains, les Sarrasins, les Normands, les Espagnols et les Piémontais, il est resté lui-même, non pas italien, mais sicilien. Unique. Comme si sa terre aux trois volcans pouvait seule forger son âme. Et faire de lui le plus aimable, le plus aimé et le plus attachant de tous les Méditerranéens.

Vingt-quatre heures à Palerme

Je suis arrivée tôt le matin par une journée curieusement nuageuse et fraîche pour un mois de mai. Je ne connaissais pas Palerme. L'aridité du paysage vu depuis le hublot de l'avion m'a surprise. Plantée au bout d'une mince péninsule, une sorte de montagne grise et nue cachait la ville. Pour cette unique journée, j'avais établi de visiter la chapelle palatine, le cloître des Eremiti et la crypte des Capucins puis de passer une nuit au mythique Grand Hôtel et des Palmes, avant de partir pour le centre de l'île, le lendemain matin. J'ai récupéré ma voiture de location et j'ai démarré. Il s'est mis à pleuvoir et ce temps ajoutait à l'impression de tristesse que dégageait l'autoroute, les banlieues. J'ai suivi les pancartes « *Centro storico* ». Petit à petit, les immeubles modernes se sont espacés pour céder la place à des bâtisses du XIXe siècle. Je venais de m'engager sur la via della Libertà lorsque j'ai entendu, au loin, ce qui ressemblait à deux coups de tonnerre, ou à la sèche explosion de pétards. La circulation déjà dense s'est ralentie, jusqu'à s'immobiliser tout à fait. La pluie a redoublé. J'entendais des sirènes de police. Une ambulance a remonté la file. À son passage, la lumière bleue de son gyrophare s'est noyée sur mon parebrise. Je suis restée bloquée ainsi une bonne demi-heure et le trafic a repris, au pas. À deux ou trois blocs de là, j'ai vu l'ambulance arrêtée et des voitures de police avec un agent qui faisait de grands moulinets du bras pour inciter les automobilistes à accélérer. Lorsque j'ai atteint le lieu de l'événement, j'ai regardé à mon tour. Sur le trottoir, sous un drap qui ne masquait pas la large flaque de sang que diluait la pluie, un corps gisait de tout son long. Des agents en uniforme s'agitaient autour de lui. Cette vision m'a glacée et j'ai vigoureusement accéléré. Une demi-heure plus tard, j'étais à l'hôtel dont l'entrée monumentale, avec ses lustres, ses colonnades et ses palmiers en pot, avec le large et sombre escalier qui accédait à un premier étage théâtral, n'avait rien de chaleureux. Deux des derniers grands aristocrates de l'île s'étaient réfugiés sous son toit après avoir vendu, un à un, leurs meubles avant leurs propriétés. J'avais demandé la chambre la moins onéreuse puis, en présentant mon passeport, j'ai voulu savoir où Wagner avait dormi, puisqu'il s'était installé ici pour terminer son *Parsifal*, et si l'armoire où il enfermait son linge qu'il mouillait d'essence de rose avait gardé ce parfum. Enfin, j'ai prononcé le nom de celui pour qui j'avais désiré descendre dans cet hôtel, y flâner quelques heures – Raymond Roussel, l'écrivain, inventeur de bizarreries littéraires – « les rails en mou de veau » si chers aux surréalistes – pianiste et tireur d'élite français, l'auteur d'*Impressions d'Afrique* et de *Locus solus*, l'ami de Proust et de Philippe Soupault. Le concierge a esquissé un sourire étrange où je notai une pointe sardonique. Oui, Raymond Roussel s'était bien suicidé dans cet établissement et je n'étais pas la première à poser la question, ou bien à vouloir rencontrer quelqu'un qui aurait connu un témoin de cette mort mystérieuse, survenue un 14 juillet 1933. Après une enquête hâtive et une autopsie bâclée, les fonctionnaires de l'Italie fasciste avaient conclu à un suicide mais de nombreux détails contredisaient cette thèse, et des incohérences dans les conclusions ajoutaient au mystère qui déjà, nimbait la personnalité de cet écrivain marginal, aux mœurs qu'on disait sulfureuses. Pourquoi Raymond Roussel était-il parti pour Palerme au lieu de la Suisse où il devait se faire soigner pour sa neurasthénie ? Qui était le mystérieux jeune homme qu'il avait engagé comme chauffeur pour ce périple, et qui disparaîtrait après la mort de l'écrivain deux mois plus tard ? Comment était-il mort ? Suicide ? Overdose accidentelle ou provoquée ? L'écrivain sicilien Leonardo Sciascia avait mené son enquête qu'il avait publiée dans ses *Actes relatifs à la mort de Raymond*

Roussel. Après leur lecture, je ne sais pour quelles raisons, j'avais décidé, le jour où je viendrais à Palerme, de passer une nuit dans l'hôtel où il avait rendu l'âme. Mais, après l'accident dont je venais d'être témoin, dans le climat sombre de ce jour de pluie, l'idée me séduisait beaucoup moins et j'avais hâte de retrouver l'animation de la ville, ses rues, ses jardins ombragés de palmiers, et la beauté que me promettaient ses trésors. La chapelle palatine, tout d'abord, dont mon désir avait été excité à la lecture des lignes de Guy de Maupassant, dans *La Vie errante* :

> La plus belle qui soit au monde, le plus surprenant bijou religieux rêvé par la pensée humaine et exécuté par des mains d'artiste, est enfermée dans la lourde construction du Palais-Royal, ancienne forteresse construite par les Normands. [...] Quand on pénètre dans la chapelle, on demeure d'abord saisi comme en face d'une chose surprenante dont on subit la puissance avant de l'avoir comprise. La beauté colorée et calme, pénétrante et irrépressible de cette petite église qui est le plus absolu chef-d'œuvre imaginable, vous laisse immobile devant ces murs couverts d'immenses mosaïques à fond d'or, luisant d'une clarté douce et éclairant le monument entier d'une lumière sombre, entraînant aussitôt la pensée en des paysages bibliques et divins où l'on voit, debout dans un ciel de feu, tous ceux qui furent mêlés à la vie de l'Homme-Dieu

C'était exactement cela : un saisissement, une beauté qui vous pénétrait comme la lumière qu'elle diffusait et j'étais sortie ravie et revigorée de cette première visite que j'avais fait durer, lanternant d'une nef à l'autre, caressant les colonnes d'un marbre différent pour chacune, et le pavement somptueux comme un tapis d'Orient, m'imprégnant de la vision de ce Jean-Baptiste tout en mosaïques prêchant dans le désert, de la chaire, du porte-cierge pascal et du ciel d'or. À la sortie de la basilique, après un dédale de petites rues noires de monde, animées et joyeuses, où l'italien se mâtine de l'accent guttural d'Afrique du Nord, je n'ai eu aucun mal à trouver les Eremeti dont je savais que l'église, dans un style arabo-normand, était coiffée de cinq coupoles rouge orangé, rondes comme les tombes marocaines des saints, au Chellah de Rabat. Je suis immédiatement tombée sous le charme de son cloître, délicieux et délicat, fleuri à ravir d'essences tropicales, d'orangers, de cactus et de jasmin. Encore une longue promenade dans le vieux Palerme, avec cette atmosphère d'abandon propre à beaucoup de grands ports du Sud – ses immeubles délabrés des quartiers de la Kalsa et de la Loggia, leurs palais pour beaucoup heureusement restaurés, leurs placettes et leurs églises gothiques et, enfin, depuis la belle porta Felice, la promenade du bord de mer d'où l'on embrasse toute la baie. Il me restait encore à découvrir la fameuse crypte des Capucins dont on m'avait beaucoup parlé, sur un ton très mystérieux. Elle est là, en haut d'une colline, son entrée gardée par un petit couvent où sont encore ses moines en robe de bure brune. Depuis la grille qui protège l'entrée de la crypte, une longue allée descend doucement, puis un large escalier de pierre. Une odeur, douceâtre, m'a empli les narines et petit à petit, j'ai découvert ceux qui font le décor du lieu, allongés ou pendus aux murs des galeries creusées dans la colline. Des cadavres qui n'ont sur les os que la peau parcheminée et les vêtements les plus luxueux de leur ancienne garde-robe. Cardinaux en soutanes de soie, la mitre encore sur le crâne, notables en habit accrochés comme à des portemanteaux, femmes en robes de taffetas, de soie, de simple coton, coiffées de bonnets de dentelle ou de plumes ou, toutes jeunes, d'organdi blanc et la tête couronnée d'un diadème de fer pour dire leur virginité. Enfants et nouveau-nés dans leurs berceaux. D'autres trépassés allongés dans leurs niches. Tous grimaçants. Tous à faire perdre le goût du paradis rencontré dans la chapelle palatine ou dans le cloître des

Eremeti aux arcatures si délicates. Depuis le XVIe siècle, on avait pris l'habitude de déposer les morts dans ce lieu à cause de la qualité de l'air propre à lyophiliser les chairs. Particulièrement sec, il évitait aux corps de se décomposer, permettant ainsi aux familles de visiter leurs défunts à leur guise, notamment au Jour des morts. Pourquoi étais-je venue ici, après m'être tout juste remise de la vision de ce cadavre le matin même qu'avait aggravée mon arrivée à l'Hôtel des Palmes ? Et Rosaria Lombardo, cette petite fille de deux ans, dans son cercueil de cristal, intacte, dont on s'attendait presque à ce qu'elle ouvre les yeux et sorte enfin de son sommeil ? Son tout jeune corps avait servi de cobaye aux potions qu'un médecin avait mises au point pour embaumer les défunts. Le praticien avait rendu l'âme peu après son expérimentation, emportant avec lui le secret de sa formule miraculeuse – je pouvais en juger un siècle plus tard. Le soir tombait lorsque je suis sortie de la crypte, de nouveau plongée dans cet état d'âme glauque, avec surtout cette odeur fade en mémoire, qui semblait avoir imprégné tous mes vêtements. J'avais hâte de retrouver ma chambre d'hôtel et d'y prendre une douche brûlante, et peut-être, si la vaste armoire à glace qui l'avait connu était toujours dans la suite de Richard Wagner, pourrais-je y sentir les essences de rose qu'il affectionnait et dont, longtemps, disait-on, ce meuble avait gardé le parfum. Aux Palmes, le concierge m'a avertie qu'on m'avait donné l'une des chambres du deuxième étage qui n'avaient pas encore été refaites au goût du jour. Elle était inhospitalière au possible. Un vaste cube au plafond duquel pendait un énorme lustre en bronze. Des meubles massifs en acajou vernis sertis de dorures. Un lit assorti encadré par une tête et un pied de lit hauts, dans le même bois. Après une très longue douche, je me suis couchée. Je devais quitter Palerme très tôt le lendemain mais il me fut très difficile de trouver le sommeil, submergée par les images mortifères que l'heure passée devant l'écran de télévision, pour prendre les nouvelles du jour, avait réveillées. Ce que le matin même j'avais pensé être un accident de la circulation était en fait un règlement de comptes. Un chef de la Mafia avait été exécuté de plusieurs balles dans la tête par deux exécutants, juchés sur une motocyclette. C'était donc cela, les détonations qui m'avaient surprise lorsque j'entrais dans la ville ? Des coups de feu ? Dans ma tête, les images se bousculaient : les trépassés de la crypte, le mort du matin, le sourire sardonique du concierge. J'ai enfin fini par m'endormir. Quelle heure pouvait-il être lorsque je me suis réveillée ? Deux, trois heures du matin ? Le temps de me rappeler où je me trouvais et un grincement, puis une lueur dans la chambre m'ont glacé le sang. Je me suis redressée sur mon lit vaste comme un bateau. La lumière venait de l'entrée. Elle barrait d'un rai jaune la moquette du sol. J'ai allumé et je me suis levée, les pieds à tâtons, en me retenant de demander s'il y avait quelqu'un, question qui m'a toujours amusée lorsque je l'entendais dans la bouche d'une innocente au cœur d'un suspense policier. S'il y avait vraiment quelqu'un entré par effraction et animé des plus mauvaises intentions, répondrait-il à l'appel de sa future victime ? Mais là, dans cet hôtel réputé, se pouvait-il qu'il y ait un intrus ? Je découvris alors que la double porte de séparation avec la chambre mitoyenne était entrouverte. J'ai poussé les battants du bout de l'orteil. La pièce d'à côté était entièrement vide, et allumée. Il n'y avait bien entendu personne. J'ai éteint et j'ai soigneusement refermé les deux portes derrière moi, regrettant qu'elles soient dépourvues de serrure. Enfin, je me suis recouchée. Une heure plus tard, j'étais de nouveau alertée par le même grincement, les mêmes portes ouvertes, mais sans lumière aucune cette fois-ci. Un frisson m'a contracté le cuir chevelu et des fourmis m'ont picoté les doigts. J'ai hésité à appeler la réception mais je me voyais mal, à cette heure, lancée dans des explications filandreuses, accueillant le veilleur de nuit pour qu'il ferme une porte qui n'avait pas de clé. Alors, de nouveau, j'ai allumé, je me suis levée, j'ai repoussé les deux battants et, par mesure de précaution, j'ai fait glisser le massif repose bagages et, entre les pieds du meuble et le mur d'en face, j'ai coincé ma valise, certaine qu'aucune force au monde ne pourrait plus ouvrir cette porte… Il m'a fallu une heure pour me rendormir et lorsqu'enfin le sommeil a eu raison de ma vigilance, l'aube pointait derrière les rideaux. Quand je me suis réveillée, le soleil embrasait la fenêtre. Il faisait un temps radieux. J'étais en retard et je me suis habillée en hâte. La vue du barrage que j'avais bricolé pendant la nuit avec ma valise et la banquette m'a rappelé ma terreur nocturne. Fin prête à partir, après une courte hésitation, le cœur battant, j'ai ouvert la double porte de séparation. La chambre vide était plongée dans un silence profond et une pénombre que lui assuraient les doubles tentures. J'ai allumé et tout inspecté de cette pièce, rigoureusement identique à ma chambre, les meubles en moins. Un étrange malaise m'a envahie. J'ai alors prestement tout refermé et j'ai dévalé les deux étages sans attendre mon reste. Au moment de régler la note, le réceptionniste m'a demandé d'une voix neutre si j'étais satisfaite de mon séjour et si j'avais bien dormi. L'idée qu'il s'amusait, avec la complicité de quelques autres employés de l'établissement, à terroriser les voyageuses solitaires, ou les touristes trop curieuses des mystères du Grand Hôtel, m'a effleurée un court instant. Je lui ai assuré que tout s'était très bien passé. Mais au moment de quitter l'hôtel, je me suis ravisée. Je suis revenue sur mes pas : « Dites-moi, dans quelle chambre s'est donc suicidé Raymond Roussel ?

– La 204. C'est celle que vous aviez demandée, non ? »

Au cœur de l'île

Ce qui frappe avant tout, dès qu'on quitte l'autoroute qui relie Palerme à Catane, c'est le paysage immense, les étendues grandioses, vides et fracturées de roches, d'un vert puissant au printemps, brûlées l'été sous les vagues des blés fauchés. Du ciel et pas un chat. Une île dans l'île, un monde particulier, loin des côtes et des temples, des langueurs africaines et des vastes palais : c'est Enna et ses déserts alentours. Nul ne fait le voyage au centre de la Sicile sans éprouver un sentiment de déréliction. Comment cette terre, convoitée des siècles durant, conquise au prix de sanglantes batailles, décrite par les poètes comme la villégiature des dieux, comment cette terre s'est-elle désertifiée ? On aperçoit de très loin, d'où qu'on vienne, le mont Giuliano – l'un des trois monts sacrés de Sicile avec l'Eryx et l'Etna –, où à mille mètres d'altitude se perche Enna, cette cité appelée autrefois « l'*Urbs inexpugnabilis* ». Quelque chose de torride et de gigantesque, donnant l'idée de l'indomptable et de l'inaccessible. On se souvient des mots du grec Callimaque en approchant ce bastion : « le nombril de l'île », devenu « le Belvédère de Sicile » tant il est vrai que depuis le château Lombard, au sommet, on peut embrasser tout l'espace, les Madonie et les Nebrodi, l'horizon et l'Etna. Encore faut-il venir au printemps, seule saison où ces terres se départent des brumes qui les enveloppent le reste de l'année et entretiennent le mystère. Enna est l'Olympe de Déméter, le lieu où se décident les saisons, les moissons et leur abondance. À Pâques, on y vénère toujours la déesse de la fertilité. Dans l'ombre de la Vierge, comme il y a deux mille ans, les pénitents déposent sur l'autel de Marie les coupes d'orge et de lentilles germés. Qui sourirait de ces offrandes propitiatoires ? Enna, qui souffre du plus fort taux de chômage de la Sicile, vit essentiellement du blé. Les terres céréalières qui occupent le tiers des surfaces cultivées se concentrent ici. « La Nature déploie toutes ses couleurs, la terre est belle, parsemée de fleurs d'une infinie variété », écrit Ovide de ces campagnes si délicieuses que Diane et Minerve y résidaient six mois par an. Plus d'un voyageur se répète ces phrases en découvrant Enna et ses voisines Caltanissetta et Calascibetta, éberlué par la laideur des constructions qui s'étagent le long de leur rue principale. Ni la découverte de leurs cathédrales, ni celle de leurs palais, ni les trésors du musée Alessi à Enna n'atténuent la surprise. Déjà Vivant Denon, en 1778, ne cachait pas sa déconfiture : « Nous fûmes désolés en voyant que l'imagination des poètes avait tout fait, et que la nature ne se prêtait à rien », écrit-il après sa visite de la ville et du lac de Pergusa où Pluton enleva Perséphone.

Ovide aurait donc affabulé ? Une visite à la villa romaine du Casale, près de Piazza Armerina, apporte le plus somptueux des contredits. Cette grandiose demeure patricienne découverte dans les années 1950, sans doute domaine de l'empereur Maximilien Héraclius (286-306) et qu'un glissement de terrain ensevelit en 1161, possède l'ensemble de pavements en mosaïques le plus grand, le plus coloré, le plus stupéfiant et le plus bavard de toute l'Italie. Une sorte de chapelle Sixtine au sol, qui raconte le panthéon romain et les lieux tels qu'ils furent jadis, et tels que les dépeignit Ovide. Des forêts et des rivières, des lacs et des vergers où fleurs et fruits abondent. Les scènes de chasse évoquent une faune à plumes et à poils ; celles de la vie quotidienne, où se mêlent les épisodes de la mythologie, révèlent la garde-robe et l'outillage d'un petit peuple laborieux et bucolique, complice des nymphes et des satyres. Trois mille cinq cents mètres carrés d'un monde révolu et enfoui qui saute aux yeux. Qui n'éprouve pas de vertige, au bord de ce précipice du temps ? On entend les flèches déchirer l'air et frapper les cerfs, et le rire des femmes à la cueillette des cerises. Des jeunes femmes en bikini jouent sur la plage. Les mères ont attelé deux oies pour tirer la voiturette de leurs bambins. La voilà donc, cette Sicile couverte de forêts de chênes, ruisselante de sources et de rivières, giboyeuse et joyeuse, que tour à tour envahirent Sicanes et Sicules, Grecs, Carthaginois, Romains, Byzantins, Normands, Souabes, Angevins, Espagnols et Piémontais. On la retrouve encore, à une quinzaine de kilomètres de Piazza Armerina, après la jolie ville d'Aidone. Le site de Morgantina, ville grecque du VIe siècle avant J.-C., nichée au creux d'une crête, ressuscite avec son agora et son marché, les jardins de Perséphone et la douceur de l'Antique. Mais alors, que sont devenues les forêts d'Ovide ? Tout au long de la route qui mène à Leonforte, pas un chêne, pas un pin. Une nudité d'Auvergne et des panneaux triangulaires et bleus qui stipulent « *Salvi bosce* », « Sauvons les arbres ». Aucune haie ne fractionne les immenses plantations de blé, cultivées en latifundia depuis que Rome, en 212 avant J.-C., a ordonné un défrichement massif pour faire de la Sicile le grenier à blé de l'empire. Aujourd'hui, les cultures occupent la quasi-surface de l'île. Dès lors, les pluies, violentes, rageuses, ruissellent sur les pentes dénudées en emportant la terre et des pans de route, ces *frane* qui surprennent le conducteur non averti. Et les sols privés de haies ne retiennent plus que cinq pour cent des pluies.

Une fois encore, je me suis perdue sur les routes du centre, à force de carrefours sans indications et de routes déviées pour cause de glissement de terrain. Un berger pousse une cinquantaine de moutons qui cheminent sans hâte le long de la chaussée. Je lui demande ma route et, comme beaucoup de Siciliens d'ici, il affiche de prime abord un air méfiant, voire taciturne. Une fois la glace rompue, il abonde en détail sur les complications que je rencontrerai sur ma route. Où va-t-il ainsi, alors que je ne vois aucune ferme à l'horizon ? Il m'indique le haut d'une colline du bout de son bâton. Son chien court inlassablement autour des bêtes. Mon berger m'explique qu'il emmène son troupeau vers un nouveau pâturage sur les terres où le blé ne peut pas pousser. Comme dans tous les pays du monde, la météo reste un inépuisable sujet de conversation et j'ai droit à ses considérations sur la sécheresse qui sévit chroniquement, sur les rudesses du climat de plus en plus hostile, avec ses rares précipitations annuelles qui s'évaporent dès que tombées d'un ciel avare, alors que les besoins en eau se font, chaque année, plus impérieux. Afin de lutter contre la sécheresse, me dit-il encore dans un italien que j'ai le plus grand mal à saisir, la Cassa del Mezzogiorno s'est lancée dans un vaste programme de reboisement pour fixer les pluies. Mais cet organisme d'État, créé au lendemain de la Seconde Guerre mondiale, s'est heurté à « d'autres pouvoirs » – et je devine lesquels – qui tiennent aussi les sources, propriétés privées en Sicile. À mon tour, je chercherai vainement ces bois prétendument plantés, sur ces terres dévolues à la monoculture du blé, seule céréale qui puisse être moissonnée en mai, avant la canicule. C'est que cette province fut aussi le fief de la Mafia. Gangi la délicieuse au Nord, Mussomeli la sauvage à l'Ouest, ont abrité de puissants parrains et défrayé la chronique. Les édifices qui défigurent les villes, dont on ne sait jamais s'ils sont encore en construction ou déjà en ruine, signent leurs méfaits, et tout autant l'abandon des rares fermes du pays. Leurs murs délabrés se dressent parfois dans la splendide vastitude du paysage et rappellent ce « lumière et lamentation », dont l'écrivain Giuseppe Bufalino affublait ces verrues greffées sur des merveilles. Ils témoignent de la réforme agraire entreprise en 1950, lorsqu'un pour cent de la population possédait cinquante pour cent des terres, et de son échec. La Mafia, de retour aux affaires après la chute du Duce, a peu à peu repris ses propriétés. Mafia, sécheresse, chômage. L'émigration a vidé le centre de l'île et continue, à une moindre mesure, sa lente hémorragie.

Comme il est étrange que Piazza Armerina, cette cité du XIIe siècle, soit si peu évoquée dans les guides ! Et pourtant, quelle découverte ! Palais et demeures médiévales dévalent les rues depuis les hauteurs coiffées du château Sant'Elia. Ruelles pavées, escaliers en cascades, façades normandes, *palazzi* espagnols, *duomo* baroque, aucune ville du centre n'offre un tel ensemble architectural ni un tel charme. Toute la population, sur son trente-et-un, est dans la rue pour la promenade du soir. Jusqu'à tard, les enfants courent après les ballons et les adolescents après l'amour. Ils forment de grandes vagues, filles d'un côté, garçons de l'autre, qui s'entrecroisent, pouffent, s'interpellent, s'éloignent et reviennent. Il n'y a que la succession des envahisseurs au cours des siècles, et l'immensité des propriétés qui expliquent cet autre paradoxe : deux tiers des Siciliens vivent à la campagne et pourtant quatre-vingt-dix pour cent d'entre eux habitent « en ville ». Ce sont elles que l'on découvre, en sillonnant l'entrelacs des petites routes qui sillonnent le cœur de l'île. Elles surgissent de cette campagne vide, serrées contre le rocher le plus vertigineux et le plus abrupt qu'a pu expulser le magma originel. On les voit, au détour d'un virage, juchées sur les hauteurs les plus invraisemblables comme l'éléphant du cirque sur son tabouret. Leurs maisons ocre grimpent les unes sur les autres, comme à Leonforte et sa magnifique fontaine, ou bien elles taillent leurs espaces dans la roche comme à Sperlinga, que domine l'énorme et médiéval château rupestre édifié en l'an mil. Partout, elles s'agglutinent à l'ombre des églises. Pour échapper à qui ? À quoi ? À la suffocante chaleur des étés, aux froidures de l'hiver, au vent puissant qui sème, un peu partout, des éoliennes sur les crêtes ? « Ici, à Petralia Soprana, il n'y a rien à faire, c'est ainsi », m'annonce Antonietta en servant le *canello* commandé, inquiète seulement de savoir comment je trouve son cornet fourré de ricotta. Elle répondait à mes regrets de ne pouvoir visiter l'église de Maria di Loreto, fermée à double tour, et à mes louanges sur le charme de la petite place del Popolo. Ces beautés n'ont pas retenu ses fils au village. Eh bien qu'ils aient, comme chaque Sicilien, leur pays dans le sang, ils ont dû partir. « Je ne dis pas que quelques Siciliens ne puissent échapper à cette sorcellerie, mais il faut les faire partir jeunes, très jeunes. À vingt ans, c'est déjà trop tard », soupirait déjà le prince Salina, sous la plume de Lampedusa. L'auteur du *Guépard* évoque ce charme qui retient, à jamais, le cœur des Siciliens à leurs terres, fût-elle ingrate, et les pousse toujours à y revenir, fût-ce le temps de vacances. Quant à ceux qui restent au pays, ils quittent leurs demeures tôt le matin et partent aux champs. Je les croise parfois, en tracteur, à dos de mule ou à pied, qui poussent leurs moutons, plus rarement leurs vaches. Ou bien ils reviennent de leurs jardins, la remorque de leur triporteur chargée jusqu'à la gueule d'artichauts en gerbes.

C'est dans les villages du Nord, qui bordent le massif des Madonie, que le *modus vivendi* sicilien est le plus manifeste : les femmes à la maison, les hommes dehors, à converser entre eux, assis sur les bancs de pierre le long des façades où flétrissent toujours deux ou trois faire-part de décès, affiches immanquablement bordées de noir, dont la taille et le nombre disent la fortune de la famille. Aux jours d'hiver, ils préfèrent les cafés-pâtisseries, où les télévisions suspendues déversent en boucle la retransmission des derniers matches de foot. Ils compatissent au désespoir de l'automobiliste égaré dans ces raidillons étroits qui tiennent lieu de rues. À condition que vous le leur demandiez, ils vous aideront toujours dans vos manœuvres épuisantes pour sortir du labyrinthe, avec une gentillesse inouïe, une inépuisable disponibilité. Mais ils ne vous en diront pas plus sur l'histoire de la ville. C'est leur affaire. Ce serait faire offense que d'interroger plus avant sur cette « reine de Gangi » par exemple, cette femme qui s'habillait en homme et qui fut arrêtée ici avec cent autres *mafiosi*, dans les années 1950. Ce n'est pas un hasard si les assassins des Vêpres siciliennes trouvèrent refuge à Sperlinga, assurés du silence de leurs hôtes.

Lorsqu'on quitte le nord des Madonie pour s'enfoncer vers l'ouest, l'atmosphère et le paysage changent de kilomètre en kilomètre. Un temps plus vallonné qu'au centre, plus jardiné aussi. Des murets de pierres sèches bordent les champs d'oliviers. Des amandiers sèment leurs flocons de fleurs dans la sonnaille un peu rauque des troupeaux. L'herbe verte, piquée de narcisses et de cailloux ronds, évoque l'Irlande ou la Bretagne. Au fur et à mesure de cette plongée, la nature s'ensauvage. On approche de Mussomeli et son curieux château qui semble en équilibre sur une crête vertigineuse. Des rocs déchirent l'ondulation des terres. Tout est de nouveau vide, torturé, rude, livré au vent et magnifique. « La Sicile est un paradis déguisé en enfer, un enfer déguisé en paradis », a écrit Bufalino dont les mots illustrent ce paysage de plus en plus désolé, creusé de ravines. Et il semble que la souffrance des enfants employés aux mines de soufre, les *carusi*, désaffectées aujourd'hui mais dont la Sicile était alors le premier producteur au monde, ait marqué jusqu'à la nature. J'ai l'impression de remonter le temps au fur et à mesure que je roule sur les petites routes qui conduisent aux mines où des générations d'enfants ont laissé leur santé et leurs vies. Floristella et Grottacalda. Ces mines, qui ne furent fermées qu'en 1988, appartenaient à la famille Pennisi qui fit construire un palais au milieu des terres. Elles employaient des centaines d'ouvriers, hommes et enfants, qui travaillaient nus à cause de la chaleur. « De temps en temps, on rencontre, gravissant le rude escalier, une troupe d'enfants, chargés de corbeilles », relate Guy de Maupassant. « Ils halètent et râlent, ces misérables gamins accablés sous la charge. Ils ont dix ans, douze ans, et ils refont, quinze fois en un seul jour, l'abominable voyage, moyennant un sou par descente. Ils sont petits, maigres, jaunes, avec des yeux énormes et luisants. » Caltanissetta, la capitale du soufre, s'est reconvertie dans les mines de sel et de potasse, et un peu d'agro-alimentaire, mais ses soixante mille âmes se souviennent encore des fournées d'enfants qu'avala la mine. Il est question de créer un musée, *in situ*, pour enrichir les collections rachitiques de l'Institut minéralogique Sebastiano Mottusa, mais rien, sur les lieux, abandonnés et sévèrement interdits, ne confirme le projet. Peut-être ouvrira-t-on un centre de documentation dans la Badia di Santo Spirito, la belle abbaye normande endormie, à quelques kilomètres du centre ? Dans cette ville toute de silences, je trouve à parler avec Alfonso Zamuto, le pâtissier de la place du *duomo*. Il a quatre-vingts ans et il consacre son temps de loisirs à nourrir la mémoire de la mine. Il m'invite à venir voir la collection de documents qu'il compile depuis des années, des photographies, des archives, des tracts et des articles de journaux. Alfonso Zamuto a des liens personnels avec le soufre : il me montre la médaille que son grand-père a gagnée en portant héroïquement secours aux mineurs, lors de la grande catastrophe de 1911 et il s'indigne qu'on oublie toute cette histoire, avec ses souffrances et ses chagrins, sa grandeur aussi. « Ces mines empoisonnées où l'on tue les enfants », comme l'écrit Maupassant, révèlent l'histoire des Siciliens du centre de l'île, qui vivent si loin des douceurs de Taormine, sur des terres étrangères aux voluptés baroques de Lampedusa – terres abandonnées des dieux et des hommes. « Jamais une bonne carte pour eux, pleure Leonardo Siascia. Toujours le bas de l'échelle, toujours la pioche et la bêche, la nuit de la soufrière et la pluie sur le dos. » On saisit alors, d'un seul coup, la dévotion et la vendetta, le fatalisme et l'orgueil, les dialogues avec la mort et le sens de l'honneur. L'âme même de la Sicile.

Rencontre avec un saint

Invitée chez des amis à Palerme, j'avais prononcé le nom que tout le monde a sur le bout de langue lorsqu'il met un pied sur cette île – « Mafia ». Nous étions fin 1992. J'avais alors en tête l'assassinat tout récent du juge Falcone et de son épouse, le 23 mai précédent suivi, deux mois plus tard, par celui de son ami et associé dans la lutte anti-Mafia, le juge Borsellino. Neuf ans plus tôt, presque jour pour jour, la Mafia s'était déjà débarrassée du juge Rocco Chinnici, qui travaillait avec Paolo Falcone dans les enquêtes sur la Cosa Nostra. Un an auparavant encore, elle avait tué le député Pio La Torre, qui avait fait inscrire dans le Code pénal italien un nouveau crime, celui de « conspiration mafieuse » – une arme redoutable contre les réseaux mafieux. Et en 1982, le général dalla Chiesa, grand résistant, le héros de la lutte contre les Brigades rouges, envoyé à Palerme pour éradiquer la Cosa Nostra des terres siciliennes, avait été assassiné à son tour. Mes amis m'avaient raconté combien l'assassinat du juge Falcone, après tous les crimes précédents – et bien d'autres, dont les carabiniers et les agents de sécurité qui les escortaient –, avait suscité chez les gens de Palerme une vague immense d'indignation et de révolte contre certains politiciens italiens qu'ils jugeaient corrompus. Toute la nuit, ils avaient défilé au palais de justice où la dépouille du juge était exposée avec celles des six gardes du corps tués dans l'explosion de la voiture piégée, pour un hommage au courage du magistrat et de ses hommes. Le lendemain, lors des obsèques, la foule était la même, massée devant les portes de la cathédrale dont l'accès lui était interdit, pour protéger les officiels. Houleuse, indignée, pleine de colère contre les représentants de l'État « qui n'avaient rien fait pour empêcher cette tuerie », la rue était au bord de l'insurrection. Pour cette même raison, la veuve du juge Borsellino avait sèchement refusé pour son époux les funérailles nationales qui avaient été organisées pour le juge Falcone. Dans la cathédrale, le cardinal Pappalardo avait alors pris la parole. En guise d'homélie, il avait conspué l'omerta, cette loi du silence que nul n'osait braver. « Lève-toi Palerme ! Ne te résigne par au fatalisme et à la défaite ! » Nous parlions avec mes amis de la personnalité de ce cardinal, de la position résolument hostile au crime organisé de l'Église sicilienne, du tour qu'avait pris sa pastorale – faire entendre l'Évangile aux enfants des bas quartiers de Palerme, ces *picciotti* enrôlés par les mafieux et entraînés à tous les trafics, jusqu'au meurtre. « Tu devrais rencontrer le père Puglisi. C'est un prêtre d'un courage considérable qui œuvre dans le même sens que le cardinal », m'avaient-ils conseillé. « Tu pourras le voir au séminaire. » Je l'avais vu – frêle, marqué pour son âge, cinquante-cinq ans. Lumineux, l'air doux et la parole forte. Un charisme tel qu'il avait amené au repentir et au pardon deux familles mafieuses du village de Godrano, dont il avait été, alors, le curé, et qui se livraient depuis des années à une vendetta sanglante. Cette prouesse lui avait acquis une onde de respect dans la population. Plus tard, le père Puglisi était devenu curé à l'église de San Gaetano, au cœur d'un des quartiers les plus déshérités de Palerme, fief de la Cosa Nostra qui y recrutait ses *picciotti*, souvent chez les enfants de la drogue. Il y avait ouvert le centre Padre Nostro pour y accueillir toute la jeunesse désœuvrée et la mettre en contact avec autre chose que la culture mafieuse dans quoi elle baignait depuis la naissance, avec ses lois et ses fidélités véreuses. Il avait refusé aux « notables » locaux l'organisation des fêtes religieuses, prétextes pour eux à des levées de fonds et des infiltrations au cœur des familles. « Nous avons deux outils prêtés par Dieu pour lutter contre la Mafia et l'affaiblir. Les Évangiles et l'éducation. Et une méthode infaillible – l'amour. » C'est ainsi qu'il présentait, en substance, le fond de sa pastorale. Il avait de l'amour à revendre, mais aussi un immense courage : il avait poussé l'audace, au cœur même du quartier de Bracaccio, jusqu'à inviter toute la jeunesse à une soirée d'hommage et de prières dédiée à la mémoire des juges Falcone et Borsellino. Quelques mois plus tard, le 15 septembre 1993, au jour de son anniversaire, le père Puglisi, Pino pour les enfants et pour ses ouailles, était abattu d'une balle dans la nuque, devant son domicile.

Noto

Dès la porte royale franchie, une double stupeur me saisit. La première, née des merveilles de cette ville classée au Patrimoine mondial de l'humanité, fleuron du baroque tardif, intacte dans sa splendeur. Noto, l'une des plus belles villes de Sicile si ce n'est la plus belle, la plus noble assurément – une mise en scène de palais et d'églises qui conversent comme au théâtre, se répondent en une chorégraphie d'escaliers, de *piazzette* et de cours secrètes, où les statues des fontaines et les sirènes des balcons sourient aux passants. Jusqu'aux ficus denses des places, dont la taille s'accorde à la cadence des façades. Les églises et les couvents surgissent aux faîtes des volées de marches. Majesté et pureté. Perspectives et triomphes d'équilibre. Aucune photographie ne peut rendre l'ampleur, l'accord ni le rythme des volumes et des espaces, ceux du corso et de ses via adjacentes disposées comme autant de demoiselles d'honneur derrière le voile d'une mariée. Il n'y a que l'exquise *Sicilienne* de Jean-Sébastien Bach pour nous tirer par la main, et offrir d'emblée à nos sens toutes les variations du sublime que compose Noto. La seconde stupeur tient à ce qu'il soit toujours question d'installer, à deux coups d'ailes du dôme, une zone entière de prospection pétrolière. Noto donc, serait bientôt engluée dans un réseau de pipeline et de cheminées lugubres, de réservoirs énormes et de foreuses ? Dans le vaste hall du palais Nicolaci, aujourd'hui siège du Municipio, les unes des journaux consacrées à l'événement et agrandies confirment le scandale. Déjà, en 2004, la région Sicile avait donné à quatre compagnies pétrolières un feu vert pour la prospection et l'extraction d'hydrocarbures dans tout le Val di Noto et avec lui, sous le nom de « Fiume Tellaro », le permis de construire sur sept cent cinquante kilomètres carrés tout un complexe de réservoirs et de conduites. Cette région, comprise entre Raguse et Syracuse, recèle des chefs-d'œuvre de l'art baroque – Noto bien sûr et Raguse, mais aussi Modica, Ispica, Rosolini, et encore tout le cap qui plonge dans la Méditerranée jusqu'à l'île minuscule de Capo Passero. Le paysage y est sauvage, lagunaire, frangé de plages désertes. Les ports de madrague comme Marzamemi abritent le souvenir des dernières pêches au thon, quelques établissements balnéaires désuets, des flamants roses et des couleuvres. Les comités de sauvegarde menés par l'écrivain Andrea Camilleri étaient pourtant parvenus à ce que le projet soit rejeté. On avait rappelé le prix que les villes voisines de Gela et Augusta avaient payé pour avoir cru à ce rêve de prospérité lorsqu'en 1960, on se mit à extraire le pétrole sur leurs terres – le triste record du plus haut taux de malformations néonatales et de cancers de l'Italie. Et pourquoi défigurer la campagne de Noto alors qu'après d'interminables retards administratifs, l'ensemble de ses palais et de ses églises venait d'être restauré, et le dôme de la cathédrale, écroulé en 1996 à cause d'une fissure grave, finalement reconstruit ? Comment envisager une prospection pétrolière dans une zone hautement sismique, comme en témoignait l'histoire même de la ville ? Noto avait existé dans une version antérieure, à une dizaine de kilomètres, dans la montagne. En 1693, Noto Antica avait été entièrement détruite par un tremblement de terre. Les survivants avaient reconstruit leur cité, un peu plus en aval, incapables d'envisager le sacrilège d'édifier d'autres foyers sur ce qui devint en quelques minutes, comme à Catane ou à Syracuse toute proche, le cimetière de leurs amours et de leurs proches. Ils avaient demandé aux architectes les plus célèbres d'Italie – Landolina et Gagliardi – de venir dessiner leurs nouvelles résidences dans un style nouveau, moderne, qui devint la plus haute expression du baroque tardif. Ils le firent d'une façon si aboutie que Noto gagna le nom de « Jardin de pierre ». La famille royale en fit sa villégiature et la cour s'y transporta, à la suite de Ferdinand II de Bourbon, roi de Naples et des Deux-Siciles : « Un lieu de rencontres aussi fragrant et délicieux n'existe dans le monde entier qu'à Noto et Alep », écrivait la princesse Vittoria Alliata di Villafranca, depuis l'un des jardins suspendus qui faisaient la gloire des palais et d'où l'on pensait, comme le prince Salina, le *Guépard* de Giuseppe Tomasi di Lampedusa, qu'il fallait que tout change pour que rien ne change.

En guise d'épilogue

Ces choses sont des souvenirs personnels, cependant, et la logique de certaines insistances de ce genre est souvent difficile à saisir. Pourquoi ai-je pu conserver, aussi sacré et indélébile, le souvenir, par exemple, de notre brève pause de l'après-midi, à l'heure du thé, dont nous fîmes plutôt l'heure de café, sur la petite *piazetta* brune de Velletri, juste avant notre poussée finale à travers les Castelli Romani enflammés et notre descente de retour dans la *Campagna* qui s'enténébrait ? Il y avait une étroite terrasse surélevée, avec des marches, devant le meilleur des deux ou trois cafés locaux, et dans cette douce lumière enclose, tiède et mourante, de juin, divers braves gens, contemplatifs et bienveillants, étaient assis derrière les tables débarrassées et, tout en fumant de longs cigares noirs, nous appréciaient selon ces probables travaux de la pensée et de la subtilité que nous prêtons à tant d'incroyablement insignifiantes (dirai-je) simplicités italiennes. Le charme tenait, comme toujours en Italie, à la tonalité, à l'air, à l'heureux hasard des choses, qui font de toute prétention à la positivité, de toute importance revendiquée, des questions comparativement dérisoires. [...] Nous ne restâmes pas longtemps, et n'allâmes rien « voir » ; cependant, nous sentions une intensité, nous nous étendions à notre aise au sein du passé, nous faisions l'expérience de l'intimité, bref, une intimité tellement plus vaste que l'accidentel et l'ostentatoire ; et la difficulté de l'expression juste et reconnaissante de cela est la vieille taxe familière imposée au luxe d'adorer l'Italie.

Henry James.

TABLE

Certifié PEFC

Ce produit est issu de forêts gérées durablement et de sources contrôlées.

PEFC
10-31-1510

pefc-france.org

Achevé d'imprimer par
Corlet Imprimeur
14110 Condé-en-Normandie

Réalisation : Nord Compo à Villeneuve-d'Ascq
Dépôt légal : février 2023
ISBN : 979-10-210-4030-4
Numéro d'édition : 4855
Numéro d'impression : 22100344
Imprimé en France